from
New Morning
Mercies
A Daily
Gospel
Devotional

폴 트립의
소망 묵상

NEW MORNING MERCIES: A DAILY GOSPEL DEVOTIONAL

Copyright ⓒ 2014 by Paul David Tripp
Published by Crossway
a publishing ministry of Good News Publishers
Wheaton, Illinois 60187, U.S.A.

This edition published by arrangement with Crossway through rMaeng2, Seoul, Republic of Korea.
All rights reserved.

This Korean Edition Copyright ⓒ 2020 by Word of Life Press, Seoul, Republic of Korea.
The Korean edition is based on pages 256-377 from New Morning Mercies.

이 한국어판의 저작권은 알맹2를 통하여
Crossway와 독점 계약한 생명의말씀사에 있습니다. 신 저작권법에 의하여
한국 내에서 보호받는 저작물이므로 무단 전재와 무단 복제를 금합니다.

이 책은 New Morning Mercies의 256-377페이지의 내용을 분권 출판한 것입니다.

폴 트립의
소망 묵상

ⓒ 생명의말씀사 2021

2021년 4월 23일 1판 1쇄 발행

펴낸이 | 김창영
펴낸곳 | 생명의말씀사

등록 | 1962. 1. 10. No.300-1962-1
주소 | 서울시 종로구 경희궁1길 6 (03176)
전화 | 02)738-6555(본사)·02)3159-7979(영업)
팩스 | 02)739-3824(본사)·080-022-8585(영업)

기획편집 | 유영란
디자인 | 조현진, 윤보람
인쇄 | 영진문원
제본 | 정문바인텍

ISBN 978-89-04-16753-1 (04230)
ISBN 978-89-04-70058-5 (세트)

저작권자의 허락없이 이 책의 일부 또는 전체를
무단 복제, 전재, 발췌하면 저작권법에 의해 처벌을 받습니다.

일러두기
본서에 삽입된 QR코드는 (재)대한성서공회의 허락을 받고 해당 성경읽기 검색 프로그램에 링크하였습니다.

from
New Morning Mercies
A Daily Gospel Devotional

폴 트립의
소망 묵상

추천사

"로버트 로빈슨의 찬송 '복의 근원 강림하사'는 언제 들어도 공감이 된다. 특히 '저는 걸핏하면 방황하고 사랑하는 하나님을 떠나기 일쑤입니다'(우리말 가사는 '우리 맘은 연약하여 범죄하기 쉬우니'-역주)라는 3절 가사가 그렇다. 우리는 날마다 하나님의 선하심보다 자신의 선함을 추구하려 한다. 하나님께 은혜로이 받아들여지기보다 자신에게 유리한 상황을 만들기 위해 힘겹고 불가능한 짐을 지는 쪽으로 마음이 끌린다. 그런 우리를 도우려고, 로빈슨의 표현을 빌리자면, 위에 계신 하나님 어전의 인(印)을 치려고 폴이 이 묵상집을 쓴 것에 대해 하나님께 감사드린다. 걸핏하면 방황하는 사람, 당신이 만약 그런 사람이라면 이 책은 바로 당신을 위한 책이다."

매트 챈들러와 로렌 챈들러, 텍사스주 댈러스 소재 빌리지 교회 대표목사.
액츠 29 교회 개척 네트워크 대표. 아내 로렌은 작가, 강연가, 가수

"이 묵상집은 복음으로 충만한 이야기와 함께, 우리 일상생활에 도전이 되고 적용점을 줄 만한 내용을 하루하루 제공한다. 폴이 전하는 소망 가득한 메시지와 짝을 이룬 성경 구절들은 복음의 메시지와 예수 그리스도에 관해 더 많이 알게 하는 탁월한 통로다."

페리 노블, 사우스캐롤라이나주 앤더슨 소재 뉴스프링 교회 담임목사

"폴 트립은 생각을 자극하는 힘 있고 간결한 트윗을 통해 갓 우려낸 지혜와 격려의 말을 제공함으로써, 모든 것을 충족시키는 그리스도와 그분의 은혜를 거듭거듭 우리에게 일깨워 주는 일을 매일 아침 여러 해 동안 해 왔다. 이 책은 동일한 일을 더 확장해서 하고 있다. 이 묵상집은 읽는 이의 마음을 강하게 하고, 영적 자양분을 공급해 주고, 방향을 재조정하게 하며, 날마다 하루가 새롭게 밝아오는 시간에 눈을 뜨고 하나님의 신선한 자비를 바라보게 한다."

낸시 리 드모스, 작가, 라디오 방송 "Revive Our Hearts" 사회자

"폴 트립은 여러 해 동안 상담 사역을 통해 얻은 지혜, 성경의 구속 이야기에 대한 통찰, 그리고 우리의 대속주 그리스도에 대한 확고한 이해를 아름답게 엮어 상처받은 이의 마음을 따뜻하게 하고 자족하는 이에게는 도전을 던지는 묵상 시리즈를 만들어냈다. 성경의 진리에 깊이 뿌리내리고 있으면서도 탁월한, 그러면서도 읽기 쉬운 책이라는 사실을 알게 될 것이다. 강력히 추천한다!"

엘리즈 M. 피츠패트릭, 상담가, 강연가, 『자녀교육, 은혜를 만나다』 저자

서문

매일 아침, 나는 복음과 관련된 세 가지 생각을 '트윗'한다. 즉, 기독교 신앙에 관한 짤막한 세 가지 생각을 소셜 미디어 사이트 트위터(tweeter)에 올린다. 트위터를 하는 나의 목적은 우리 삶에 활기를 북돋는 예수 그리스도의 복음의 진리를 사람들에게 알리며, 그 진리로 이들을 위로하려는 것이다.

나는 복음의 은혜란 단지 삶의 종교적인 측면만을 변화시키는 것이라기보다 삶의 모든 면을 규정하고 정체성을 밝히며 그 모든 면에 동기를 불어넣어 주는 것이라는 점을 사람들이 알았으면 한다.

나는 트위터를 통해 사람들에게 복음을 알고 그 복음을 창문 삼아 삶의 모든 것을 바라보라고 강조해 왔다. 주님의 은혜로 그 글들이 사람들의 호응을 얻자, 이를 바탕으로 개인 경건 시간을 위한 책을 내보라고 여러 사람이 권했다. 묵상집을 내보면 어떻겠느냐고 말이다. 여러분이 지금 들고 있는 책은 바로 그런 요청들에 대한 나의 답변이다. 복음에 관한 내용을 가볍게 설명한 하루 분량의 글은 그 트윗 내용을 상술하는 묵상으로 이어진다.

가만히 앉아 1년치 묵상을 써내려간다는 것은 힘겨운 일이다. 그런 힘든 일을 해보려는 내 의지는 글 쓰는 사람으로서의 내 능력에 대한 자부심이 아니라 예수 그리스도의 복음의 놀라운 넓이와 깊이에 대한 확신에 뿌리를 두었다.

집필을 시작하면서, 나는 어떤 영적 탐험, 즉 내가 그토록 소중히 여기는 믿음의 동굴 깊은 곳으로 모험을 떠나는 듯 기분이 들떴다. 나는 전문가라기보다는 순례자나 탐구자로서 그 탐험을 했다. 내가 복음에 통달했다고 생각한 것이 아니라, 아직 내 삶에는 사역자로서 나의 사역의 중심에 자리 잡고 있는 은혜의 메시지에 내가 아직 더 숙달되어야 함을 보여주는 증거가 있다고 생각하면서 이 책을 썼다.

이제 이쯤에서 나는 정직해져야 한다. 내가 이 묵상집을 쓴 것은 단지 독자들만을 위해서가 아니다. 그렇다. 나는 나 자신을 위해서도 이 책을 썼다. 이 묵상집에 그 어떤 현실이나 원리 또는 관측, 진리, 명령, 격려, 권면 혹은 질책이 등장하든 나 자신에게 절실히 필요하지 않은 것은 하나도 없다.

나도 여러분과 똑같다. 예수 그리스도의 복음을 당연히 소중히 여겨야 하지만, 익히 잘 안다는 이유로 그렇게 하지 못한다. 은혜와 관련된 여러 가지 주제들이 점점 친숙해지고 흔해짐에 따라, 이 주제들은 한때 그랬던 것만큼 내 관심을 끌지도 못하고 경외의 대상이 되지도 못했다. 복음의 놀라운 현실이 내 관심, 내 경외, 내 경배를 더는 요구하지 못할 때, 내 삶의 다른 일들이 대신 나의 관심을 끌고 갔다. 은혜를 찬양하기를 그치면 내게 은혜가 얼마나 필요한지를 잊게 된다. 내게 은혜가 얼마나 필요한지 잊으면 오직 은혜만이 줄 수 있는 구원과 힘을 구하지 않게 된다. 이는 곧 자기 자신을 실제보다 더 의롭고 강하고 지혜롭게 여기기 시작한다는 의미이다. 이렇게 되면 그 사람은 마침내 곤경에 처할 수밖에 없게 된다.

그래서 이 묵상집은 여러분과 나를 향해 '기억하기'를 촉구하는 나의 외침이다. 이 책은 죄의 무시무시한 참화를 기억하라는 부름이다. 이 책은 예수님을, 우리가 서야 할 자리에 대신 서신 예수님을 기억하라는 부름이다. 이 책은 예수님의 선물인 의로움을 기억하라는 부름이다. 이 책은 우리 힘으로는 획득할 수 없는, 우리를 변화시키는 은혜의 능력을 기억하라는 부름이다. 이 책은 하나님이 피로 값 주고 사신 그분의 모든 자녀들에게 보장된 미래를 기억하라는 부름이다. 이 책은 하나님의 주권과 하나님의 영광을 기억하라는 부름이다. 이 책은 '기억하기'가 영적 전쟁임을 기억하라는 나의 외침이다. 이 전쟁을 위해서도 우리에게는 은혜가 필요하다.

이 묵상집의 영문 제목(*New Morning Mercies*)은 성경이 하나님의 은혜에 관해 어떤 식으로 말하고 있는지를 가리킨다(애 3:22-23). 그뿐 아니라 내가 생각하기에 우리가 날마다 불러 마땅한 한 유명 찬송가를 떠올리게도 한다.

오 신실하신 주 오 신실하신 주
날마다 자비를 베푸시며
일용할 모든 것 내려주시니
오 신실하신 주 나의 구주

그리스도인의 삶에서 기막히게 멋진 현실 한 가지는, 만물이 어떤 식으로든 부패한 이 세상에서도 하나님의 자비는 절대 낡아지지 않는다는 것이다. 하나님의 자비는 절대 닳아 없어지지 않는다. 하나님의 자비는 때를 못 맞추는 법이 절대 없다. 하나님의 자비는 절대 마르지 않는다. 하나님의 자비는 절대 약해지지 않는다. 하나님의 자비는 절대 싫증나지 않는다. 하나님의 자비는 우리의 필요를 채우지 못하는 법이 절대 없다. 하나님의 자비는 우리를 절대 실망시키지 않는다. 하나님의 자비는 절대, 절대 쇠하지 않는다. 그 자비가 정말 아침마다 새롭기 때문이다. 갖가지 난제, 실망스러운 일, 고난, 유혹, 우리 안팎의 죄와의 싸움에 최적화된 것이 바로 우리 주님의 자비다. 그 자비는 때와 장소에 따라,

경외감을 불러일으키는 자비
우리를 꾸짖는 자비
우리를 강건하게 하는 자비
소망을 주는 자비
우리 마음을 폭로하는 자비
우리를 구원하는 자비
변화시키는 자비
용서하는 자비
필요한 것을 공급해 주시는 자비
불편한 자비
영광을 드러내 보이는 자비
진리를 조명하는 자비
담대함을 주는 자비다.

하나님의 자비는 한 가지 색깔로 찾아오지 않는다. 그렇다. 그 자비는 하나님의 은혜의 일곱 빛깔 무지개 그 다채로운 색깔로 찾아온다. 하나님의 자비는 한 가지 악기 소리가 아니다. 그렇다. 그 자비에서는 하나님의 은혜의 모든 악기 선율이 들린다.

하나님의 자비는 보편적이어서 하나님의 자녀라면 누구나 다 그 자비에 흠뻑 잠길 수 있다. 하나님의 자비는 구체적이어서 각 자녀마다 하나님의 자비가 필요한 특정한 때를 위해 마련된 자비를 받는다.

하나님의 자비는 예측 가능하다. 이 자비는 언제나 흘러넘치는 샘이다. 하나님의 자비는 예측 불가능하다. 이 자비는 의외의 모습으로 우리를 찾아온다.

하나님의 자비는 근본적인 변혁의 신학이다. 하지만 이 자비는 신학 그 이상이다.

하나님의 자비는 모든 믿는 이에게 생명이다.

하나님의 자비는 궁극적인 위로다. 하지만 아주 새로운 삶의 방식으로 나아오라는 부름이기도 하다.

하나님의 자비는 이 자비를 받은 모든 사람을 위해 실제로 모든 것을 영원히 변화시킨다.

그러므로 아침마다 새로운 하나님의 자비를 읽고 기억하며, 자신이 그 자비의 대상임을 기뻐하라. 그 자비는 나 같은 한 낱 저자가 마음으로 납득해 말로 표현할 수 있는 영역을 초월하는 자비다.

"여호와의 인자와 긍휼이 무궁하시므로
우리가 진멸되지 아니함이니이다
이것들이 아침마다 새로우니
주의 성실하심이 크시도소이다."

_애 3:22-23

폴 트립의
소망 묵상

from
New Morning
Mercies
A Daily
Gospel
Devotional

은혜로 새롭게 나아가는, 어제와는 다른 오늘

1

자신의 연약함 때문에 낙심하지 말라.
은혜로써 우리 안에 거하시는 주님이 우리의 능력이 되신다.

낙심될 때 어디로 달려가 힘을 얻는가? 죄를 이길 힘이 없다는 사실을 직시했을 때 누구에게로 고개를 돌리는가? 실패에 직면할 때 자기 자신에게 무엇이라고 말하는가? 하나님이 맡기신 일을 해낼 능력이 없다고 느낄 때 어떻게 하는가? 나는 로마서 8장 1-11절 말씀을 펼친다. 내가 무력하다는 사실이 뚜렷해질 때 이 구절은 거듭해서 내 친구와 위로자가 되었다.

"그러므로 이제 그리스도 예수 안에 있는 자에게는 결코 정죄함이 없나니 이는 그리스도 예수 안에 있는 생명의 성령의 법이 죄와 사망의 법에서 너를 해방하였음이라 율법이 육신으로 말미암아 연약하여 할 수 없는 그것을 하나님은 하시나니 곧 죄로 말미암아 자기 아들을 죄 있는 육신의 모양으로 보내어 육신에 죄를 정하사 육신을 따르지 않고 그 영을 따라 행하는 우리에게 율법의 요구가 이루어지게 하려 하심이니라"(1-4절).

무엇보다 이 구절은 우리가 다시는 죄로 인해 정죄당하지 않으리라는 근본적인 구속의 현실로 우리를 위로한다. 우리가 받아야 할 형벌을 예수님이 속속들이 다 감당하셨다. 죄를 이길 힘이 없어서 실패가 거듭되는 게 확실한 날에도 우리는 자기 죄에 대해 벌을 받지 않는다. 다시 말해 우리는 그런 순간에도 주님을 피해 숨거나 도망칠 필요가 없으며, 오히려 주님의 임재로 달려가 도움과 용서를 구할 수 있다. 그리고 그것이 전부가 아니다.

"만일 너희 속에 하나님의 영이 거하시면 너희가 육신에 있지 아니하고 영에 있나니 누구든지 그리스도의 영이 없으면 그리스도의 사람이 아니라 또 그리스도께서 너희 안에 계시면 몸은 죄로 말미암아 죽은 것이나 영은 의로 말미암아 살아 있는 것이니라 예수를 죽은 자 가운데서 살리신 이의 영이 너희 안에 거하시면 그리스도 예수를 죽은 자 가운데서 살리신 이가 너희 안에 거하시는 그의 영으로 말미암아 너희 죽을 몸도 살리시리라"(9-11절).

하나님은 은혜로써 우리 죄책을 해결하실 뿐만 아니라 죄의 권세까지 처리하신다. 죄는 우리를 약하고 불완전하고 무능력하게 한다. 죄는 우리가 하나님의 율법을 지키는 것을 불가능하게 한다. 죄 사함은 눈부시게 장엄한 일이지만, 하나님은 영으로 우리 안에 들어와 거하시면서 우리에게 새 생명을 불어넣으시고, 주님이 내주하지 않으시면 우리가 하지 못할 일을 바라고 행할 능력을 주신다. 이는 내 연약함을 두려워하거나 부인할 필요가 없다는 뜻이다. 우리는 나는 강하다고 자신을 기만할 필요가 없다. 내 연약함을 위한 은혜가 주어졌다는 걸 알기에 기쁨으로 그 연약함을 마주할 수 있다. 그리고 이 은혜는 한 위격, 즉 성령이시며, 성령님이 나를 거처삼아 능력으로 내주하신다.

더 깊은 묵상과 격려를 위해 에베소서 3장 14-20절을 읽으라.

에베소서 3장 14-20절로 연결됩니다.

2

은혜로 우리는 하나님을 알게 되고
이전에는 볼 수 없었던 영적 현실에 눈뜨게 된다.

"그러나 우리가 온전한 자들 중에서는 지혜를 말하노니 이는 이 세상의 지혜가 아니요 또 이 세상에서 없어질 통치자들의 지혜도 아니요 오직 은밀한 가운데 있는 하나님의 지혜를 말하는 것으로서 곧 감추어졌던 것인데 하나님이 우리의 영광을 위하여 만세 전에 미리 정하신 것이라 이 지혜는 이 세대의 통치자들이 한 사람도 알지 못하였나니 만일 알았더라면 영광의 주를 십자가에 못 박지 아니하였으리라 기록된 바 하나님이 자기를 사랑하는 자들을 위하여 예비하신 모든 것은 눈으로 보지 못하고 귀로 듣지 못하고 사람의 마음으로 생각하지도 못하였다 함과 같으니라 오직 하나님이 성령으로 이것을 우리에게 보이셨으니 성령은 모든 것 곧 하나님의 깊은 것까지도 통달하시느니라 사람의 일을 사람의 속에 있는 영 외에 누가 알리요 이와 같이 하나님의 일도 하나님의 영 외에는 아무도 알지 못하느니라 우리가 세상의 영을 받지 아니하고 오직 하나님으로부터 온 영을 받았으니 이는 우리로 하여금 하나님이 우리에게 은혜로 주신 것들을 알게 하려 하심이라 우리가 이것을 말하거니와 사람의 지혜가 가르친 말로 아니하고 오직 성령님이 가르치신 것으로 하니 영적인 일은 영적인 것으로 분별하느니라 육에 속한 사람은 하나님의 성령의 일들을 받지 아니하나니 이는 그것들이 그에게는 어리석게 보임이요, 또 그는 그것들을 알 수도 없나니 그러한 일은 영적으로 분별되기 때문이라 신령한 자는 모든 것을 판단하나 자기는 아무에게도 판단을 받지 아니하느니라 누가 주의 마음을 알아서 주를 가르치겠느냐 그러나 우리가 그리스도의 마음을 가졌느니라"(고전 2:6-16).

실로 '두말할 필요가 없는' 구절이다. 이 구절은 하나님의 일, 곧 하나님을 알고 그분이 계획하신 대로 사는 데 중요한 것들을 알거나 이해하는 데 우리가 얼마나 무능한지 직시하게 한다. 단언하지만, 우리는 개인적인 체험이나 다수의 연구 결과를 통해서는 하나님이 뜻하신 대로 존재하고 살기 위해 우리가 알아야 하는 것들을 알 수 없다. 지혜의 본체는 오직 계시를 통해서만 알 수 있다. 하나님은 먼저 그 장엄한 구속의 책, 성경을 통해 우리에게 그 지혜를 드러내신다. 그리고 우리의 눈과 마음을 열어 우리가 그 지혜를 받아들이고 이해하게 하신다. 이렇게 조명하는 은혜의 사역이 없으면, 최악의 경우 이 지혜가 우리에게 완전히 감추어질 것이고 최선의 경우라 해도 수많은 어리석은 일로만 보일 것이다. 우리에게는 성령으로써 오셔서 자기 마음을 계시하시는 그리스도가 필요하다. 그래야 우리가 그리스도를 좇아 그리스도의 생각을 품을 수 있다.

이것이 절대적으로 중요한 이유는, 죄가 하는 일 중 하나가 우리 모두를 바보로 만드는 것이기 때문이다. 죄는 이 미친 짓을 우리 모두가 하게 한다. 그래서 여기, 우리의 눈과 마음을 열어 하나님을 알게 하고 그분의 은혜를 알게 하며, 그분만이 줄 수 있는 생명을 구하고 받아들이게 하는 구원의 은혜가 주어진 것이다.

더 깊은 묵상과 격려를 위해 요한복음 14장 15-31절을 읽으라.

요한복음 14장 15-31절로 연결됩니다.

3

> 소망은 다만 일이 잘되기를 바라는 것이 아니다.
> 소망은 모든 일을 지혜롭고 강한 손으로 쥐고 계신
> 하나님 안에서 안식하는 것이다.

우리는 소망(hope)이라는 말을 다양하게 쓴다. 때로 이 말은 우리 힘으로 전혀 어찌할 수 없는 일에 관한 소원을 뜻한다. "기차가 어서 왔으면 좋겠다(hope)", "소풍 가는 날 비가 안 오면 좋겠다(hope)"와 같은 말이 그 예다. 여기서 소망은 어떤 상황에 대한 소원일 뿐이다. 우리는 이 소원을 믿거나 의지하지 않는다. 소망은 꼭 그렇게 되어야 한다는 생각을 나타내는 말이기도 하다. "이번에는 그 사람이 정직하게 행동했으면 좋겠어(hope)", "판사가 유죄 판결을 내리기를 바랍니다(hope)"가 그 예다. 여기서 소망은 내면의 도덕 의식이나 정의감을 드러낸다. 또한 우리는 어떤 행동에 동기를 부여할 때 소망이라는 말을 사용한다. "결국에는 성과가 나기를 바라는(hope) 마음에서 이렇게 했습니다." "결혼해도 저를 연애 때처럼 대하기를 바라며(hope) 그 사람과 결혼했지요."

소망이라는 말은 이처럼 다양하게 쓰인다. 그러기에 성경에서 또는 복음과 관련해 이 단어가 어떻게 쓰이는지 이해하는 것이 중요하다.

성경에서 말하는 소망은 기본적으로 무언가에 대한 어렴풋한 소원이 아니다. 성경에서 말하는 소망은 도덕적인 기대를 나타내기도 하지만, 그보다 더 깊이 들어간다. 성경에서 말하는 소망은 어떤 선택이나 행동에 대해 동기를 부여받는 것만을 뜻하지 않는다. 그렇다면 성경적인 소망이란 무엇인가? 바로, 삶의 방식에 대한 변화를 결과로 보장하는 확신에 찬 기대다. 이 정의를 살펴보자.

첫째, 성경에서 말하는 소망은 '자신에 차' 있다. 그 이유는 내 지혜나 성실함, 힘이 아니라 하나님의 경외로운 능력, 사랑, 신실함, 은혜, 인내, 지혜에 근거를 두고 있기 때문이다. 하나님은 변하지 않는 분이시고 앞으로도 절대 변하지 않을 분이시기에 하나님을 의지하는 소망은 자리를 잘 잡은 안전한 소망이다.

또한 소망은 '보장된 결과에 대한 기대'다. 곧 자신이 계획하고 약속하신 일은 다 이루시는 하나님을 기대하는 것이다. 알다시피, 하나님의 약속은 하나님의 통치를 넘어서지 못한다. 그런데 하나님은 모든 곳, 모든 것을 통치하는 분이시다. 그러기에 하나님의 은혜의 약속을 의지하면 결코 허탈하거나 당황할 일이 없다. 나는 지금 무슨 일이 벌어지고 있는지, 저 모퉁이를 돌면 무슨 일이 나를 기다릴지 알지 못한다. 그러나 하나님이 그렇게 하시며, 하나님이 모든 것을 다스리심을 안다. 그래서 나는 혼란스러울 때도 소망을 품을 수 있다. 나의 소망은 나의 이해가 아닌, 하나님의 선하심과 그분의 다스리심에 달려 있기 때문이다.

마지막으로, 참 소망은 '삶의 방식을 변화'시킨다. 결과가 보장된 소망이 있을 때, 우리는 다른 방법으로는 얻을 수 없는 자신감과 용기를 갖고 살아가게 된다. 이 자신감과 용기는, 그 소망이 없는 사람에게는 어리석어 보일 선택을 믿음으로 하게 한다. 하나님의 자녀는 결코 절망하지 않는다. 바로 예수 그리스도라는 이름의 소망이 그의 삶을 정복했기 때문이다!

더 깊은 묵상과 격려를 위해 시편 20편을 읽으라.

시편 20편으로 연결됩니다.

4

죄는 단순히 나쁜 행동이 아니라
나쁜 행동을 낳는 마음 상태다.
그래서 우리는 스스로 죄를 물리칠 수 없다.

우리가 '산상설교'라고 부르는 가르침(마 5-7장)에서 예수님은 죄가 마음의 문제라고 강력히 주장하신다. 하지만 이를 받아들여서 믿기란 여전히 힘들다. 우리는 두 가지 그릇된 신념을 계속 유지하고 싶기 때문이다. 우리는 첫째, 죄는 단순히 나쁜 행동에 대한 문제라고 믿고 싶어 한다. 우리가 이 그릇된 개념에 집착하는 이유는, 아마도 죄가 우리 본성의 사악한 결함이 아니라고 한다면, 우리 죄의 죄성이 좀 덜해 보이기 때문이다. 혹은 죄가 그저 나쁜 행실일 뿐이라고 한다면, 우리 스스로 자신을 죄에서 벗어나게 할 능력이 더 있는 것처럼 느껴지기 때문이다. 마치 행동 개선 프로그램에 등록해 훈련받기만 하면, 스스로 죄악된 행동에서 벗어날 수 있다는 듯 말이다. 그러나 죄는 단지 행동의 문제가 아니다.

둘째, 우리는 죄의 원인이 우리 내면보다 외부에 더 많이 있다고 믿고 싶어 한다. 같은 반 여자 아이를 때린 남자 아이에게 왜 친구를 때렸느냐고 물으면, 아이는 아마 자기 이야기는 하지 않을 것이다. 그 아이는 어떤 사람이나 상황을 자기 행동의 원인으로 지목할 것이다. 우리는 죄의 원인이 자기 내면에 있다는 사실을 직시하려 하지 않는다. 우리는 자기 자신을 실제보다 더 의롭게 여기고 싶어 한다.

그래서 예수님은 죄가 무엇이며 무엇이 우리가 죄를 짓게 하는지 우리의 그릇된 인식을 다음과 같이 지적하신다.

"옛 사람에게 말한 바 살인하지 말라 누구든지 살인하면 심판을 받게 되리라 하였다는 것을 너희가 들었으나·나는 너희에게 이르노니 형제에게 노하는 자마다 심판을 받게 되고"(마 5:21-22).

"또 간음하지 말라 하였다는 것을 너희가 들었으나 나는 너희에게 이르노니 음욕을 품고 여자를 보는 자마다 마음에 이미 간음하였느니라"(마 5:27-28).

그리스도께서는 이 말씀으로 무엇을 하시려는 것일까? 그렇다, 예수님은 여기서 율법을 다시 정의하시는 것이 아니다. 율법의 원래 의도를 설명하고 계신다. 하나님의 율법은 인간의 마음이 어디에 있는지 드러내는 수단이다. 왜냐하면 죄란 몸의 행실이기 전에 언제나 마음의 문제이기 때문이다. 내 몸을 이용해 다른 사람을 해치는 것은 내 마음속 증오심이다. 성적인 죄를 짓게 하는 것은 내 마음의 음탕한 욕망이다. 그래서 우리에게는 자신을 자신에게서 건져내는 그리스도의 은혜가 반드시 필요하다. 우리는 스스로 다른 많은 일에서는 벗어날 수 있지만 자기 마음에서는 벗어날 수 없다. 하나님은 눈부신 자비로 나를 내게서 구해 내신다.

더 깊은 묵상과 격려를 위해 로마서 3장 9-20절을 읽으라.

로마서 3장 9-20절로 연결됩니다.

5

하나님의 돌보심은 확실하다.
그러니 힘들 때 하나님께 달려가겠는가,
다른 곳에서 소망과 위로를 구하겠는가?

하나님은 다음과 같이 약속하시며 도움이 필요할 때 달려오라고 우리를 부르신다.

"너희 염려를 다 주께 맡기라 이는 그가 너희를 돌보심이라"(벧전 5:7).
"그가 친히 말씀하시기를 내가 결코 너희를 버리지 아니하고 너희를 떠나지 아니하리라 하셨느니라"(히 13:5).
"수고하고 무거운 짐 진 자들아 다 내게로 오라 내가 너희를 쉬게 하리라"(마 11:28).
"여호와는 나의 빛이요 나의 구원이시니 내가 누구를 두려워하리요 여호와는 내 생명의 능력이시니 내가 누구를 무서워하리요"(시 27:1).
"피곤한 자에게는 능력을 주시며 무능한 자에게는 힘을 더하시나니 소년이라도 피곤하며 곤비하며 장정이라도 넘어지며 쓰러지되 오직 여호와를 앙망하는 자는 새 힘을 얻으리니 독수리가 날개치며 올라감 같을 것이요 달음박질하여도 곤비하지 아니하겠고 걸어가도 피곤하지 아니하리로다"(사 40:29-31).
"나의 하나님이 그리스도 예수 안에서 영광 가운데 그 풍성한 대로 너희 모든 쓸 것을 채우시리라"(빌 4:19).
"네 짐을 여호와께 맡기라 그가 너를 붙드시고 의인의 요동함을 영원히 허락하지 아니하시리로다"(시 55:22).

이 구절들은 우리를 초청하고 환영하시는 하나님의 말씀 가운데 일부다. 하나님은 실로 "자비의 아버지시요 모든 위로의 하나님"(고후 1:3)이시다. 하나님은 나를 위해 다른 누구도 할 수 없는 일을 하실 수 있다. 하나님께는 다른 누구에게도 없는 권능이 있다. 하나님은 나의 부르짖음을 기쁘게 들으신다. 설령 내가 그 상황을 자초했을지라도 말이다. 하나님은 내 약함을 절대 조롱하지 않으신다. 하나님은 그냥 팔짱 끼고 서서 "그러기에 내가 뭐랬느냐"라고 빈정거리지 않으신다. 하나님은 내 고통을 전혀 기뻐하지 않으신다. 하나님은 더할 수 없이 동정심이 많으시다. 하나님은 자비가 풍성하시다. 하나님은 절대 넌더리 치며 떠나지 않으신다. 하나님은 절대 내 약점을 내게 불리하게 이용하지 않으신다. 하나님은 특별히 더 좋아하는 사람이 없고 편파적이지 않으시다. 하나님은 지치지 않으신다. 하나님은 조급해하지 않으신다. 하나님은 모든 것을 넉넉히 가지셨기 때문에 절대 포기하지 않으신다. 하나님은 내가 모든 것을 엉망으로 만들었다 해도 내게 한 약속을 물리지 않으신다. 하나님은 내가 최악의 모습을 보이는 날에도 최고의 모습을 보이는 날처럼 자신의 모든 약속에 성실하시다. 하나님은 내 노력으로 그분의 긍휼을 획득하라고 하시거나 어떤 일을 행해서 그분의 자비를 얻으라고 하지 않으신다. 하나님은 내 마음이 얼마나 연약하고 변덕스러운지 아시면서도 내게 능력을 주는 꾸준한 은혜와 함께 여전히 내게 다가오신다. 하나님은 내 필요를 채우기를 기뻐하신다. 하나님은 내 마음에 평강 주기를 즐거워하신다. 하나님은 실로 내게 필요한 모든 것 되신다. 무력해질 때나 문제가 생겼을 때 다른 곳으로 달려갈 이유가 무엇이겠는가?

더 깊은 묵상과 격려를 위해 이사야 12장을 읽으라.

이사야 12장으로 연결됩니다.

6

어떤 예수님을 원하는가?
나를 기분 좋게 할 우울증 치료제 같은 예수님을 원하는가?
예수님은 오직 나의 주권자, 구주, 왕이셔야 한다.

복을 무엇이라고 정의하는가? 무엇을 하나님의 성실하심과 돌보심의 증표로 보는가? '바람직한 삶'을 그림으로 표현한다면 어떻게 그리겠는가? "~만 있다면 만족할 텐데"라고 말할 때 이 빈 칸에 무엇이 들어가겠는가? 다른 누군가의 삶이 부럽다는 생각이 들 때 구체적으로 무엇이 부러운가? 무엇 때문에 하나님의 선하심과 사랑을 의심하게 되는가? 삶에 실망하도록 나를 부추기는 것은 무엇인가? 정직하게 말해 보라. 하나님께 무엇을 원하는가? 아니, 좀 더 도발적으로 표현한다면, 예수님이 어떤 메시아이시기를 원하는가?

예수님과 동상이몽인 사람이 많다. 우리가 꿈꾸고 바라는 것은 주님이 우리에게 약속하시고 또 열정적인 은혜로 우리에게 주고자 행하신 것과 같지 않다. 많은 사람이 하나님께 대한 실망 문제로 씨름하는 이유는 우리가 일상생활에서 하나님이 가치 있게 여기시는 것을 존중하지 않기 때문이다. 하나님이 자연의 힘을 이용하고 인간 역사의 사건들을 다스려 우리에게 주신 것들을 많은 사람이 소중히 여기지 않는다. 어쩌면 우리 대부분은 우울증 치료제 같은 예수님만을 원할 것이다. 그분이 내 기분을 좋게 하고 내 삶을 편안하게 한다면, 우리는 감사하며 그분이 성실하시다고 말할 것이다.

어쩌면 우리는 구속받기보다 통제하기를 원하는지 모른다. 우리는 내 삶에 등장하는 사람들과 상황을 좀 더 내 마음대로 제어하기를 바란다.

우리가 생각하는 바람직한 삶이란 그런 삶일지 모른다. 어쩌면 우리는 구속받기보다 성공하기를 더 갈망하는지 모른다. 우리는 성공하기 위해서라면 거의 물불을 가리지 않는다. 반면, 영원한 가치가 있다고 하나님이 말씀하시는 것은 소홀히 여긴다. 어쩌면 우리는 구속받기보다 사람들에게 인정받기를 더 높이 평가하는지 모른다. 우리는 하나님의 풍성한 사랑 가운데 있을 때보다 주변 사람들에게 인정받을 때 더 크게 기뻐한다. 어쩌면 우리는 구속받기보다 위안과 쾌락을 더 바라는지 모른다. 우리 삶이 더 수월해지고 더 예측 가능해진다면 아마 우리는 만족할 것이다. 어쩌면 우리는 구속받기보다 물질을 더 원하는지 모른다. 우리는 자기 힘으로 획득하는 물질을 차곡차곡 쌓아두면서 그 축적된 규모로 삶의 질을 판단하는 경향이 있다.

 자, 이것들 중 본래 악한 것은 하나도 없다. 이것들에 대한 욕망은 잘못이 아니다. 문제는 이것이다. "어떤 욕망이 내 마음을 지배하는가?" 이것이 중요한 이유는, 어떤 욕망이 내 마음을 지배하느냐에 따라 삶을 평가하는 방식, 크고 작은 결정을 내리는 방식이 달라지고, 가장 중요하게는 하나님의 선하심과 성실하심에 관해 생각하는 태도가 달라지기 때문이다. 나의 메시아는 늘 성실하시다. 내 믿음의 악전고투는 어쩌면 그분이 애써 내 마음과 삶에 이루시려는 것을 내가 사실은 소중히 여기지 않기 때문인지 모른다. 나의 메시아는 우울증 치료제 같은 예수님보다 훨씬, 훨씬 크신 분이다. 그분은 나의 주권자, 구주, 왕이시다.

 더 깊은 묵상과 격려를 위해 누가복음 12장 13-21절을 읽으라.

누가복음 12장 13-21절로 연결됩니다.

7

보다 유쾌한 삶으로 인도하는
여행 가이드 같은 예수님을 원하는가?
예수님은 오직 나의 주권자, 구주, 왕이셔야 한다.

살면서 겪은 고난의 정도로 하나님의 선하심을 판단한다면, 결국 하나님은 선하지 않으시다고 결론 내리게 될 것이다. 내 삶이 얼마나 힘든가를 기준으로 하나님의 사랑을 판단한다면, 결국 하나님은 나를 사랑하지 않으신다고 생각하게 될 것이다. 살아가면서 실망스럽고 슬픈 일을 얼마나 적게 겪느냐로 하나님의 성실하심을 판단한다면, 결국 하나님이 정말로 성실한 분이신지 의문을 갖게 될 것이다. 여기 최종 결론이 있다. 내가 고난을 겪는 것은 그 고난이 나를 위한 하나님의 선한 계획의 한 부분이기 때문이다.

살다 보면, 삶이 마땅히 이렇게 돌아가야 하는데 그렇게 돌아가지 않는 듯한 순간이 있고, 씁쓸하게 좌절하는 순간이 있고, 상실을 겪어야 하는 순간이 있고, 예기치 못한 시련이 내 집 문을 두드리는 순간 등이 있다. 하지만 이는 하나님의 계획이 실패했다는 암시가 아니다. 이런 순간들은 하나님이 나를 잊으셨다는 뜻도 아니다. 이런 순간들은 하나님이 자기 약속에 불성실하시다는 뜻이 아니다. 이런 순간들은 하나님이 나 아닌 누군가를 특별히 더 사랑하신다고 말하지 않는다. 이런 순간들은 하나님이 내 기도에 응답하지 않으실 때가 있음을 증명하지 않는다. 우리가 알아야 할 것, 삶의 지표로 삼아야 할 것은 바로 이것이다. 즉, 살면서 만나는 이런 힘든 순간들은 오히려 나를 향한 하나님의 한 계획이다. 이런 순간들은 우리를 자신에게서 구하고 우리를 변화시키며 우리를 구원하는 은혜의 사역을 지속시키는 하나님의 도구다. 살면서 이런 순간들을 만나는 이유는 우리가 섬기는 하나님이 우리가 정의하는 잠깐의 행복보다 우리의 거룩함을 더 귀히 여기시기 때문이다. 하나님은 우리에게 상황에 따라 오르락내리락하는 잠깐의 감격을 주려고 일하지 않으신다. 하나님은 그보다 훨씬 좋은 무언가를 우리에게 안겨 주려고 일하신다. 바로 영원한 기쁨을 말이다.

사실 하나님은 나의 이기적이고 변변찮은 소원 목록에는 별로 성실하지 않으시다. 하나님은 내 생각에 나를 행복하게 해줄 듯한 것들을 주겠다고 은혜로써 약속하지 않으셨다. 하나님은 내가 꼭 필요하다고 명명한 것들을 모두 채우겠다고 약속하지 않으셨다. 하나님은 '이미'와 '아직' 사이를 사는 내 여정을 최대한 수월하게 해주려고 일하지 않으신다. 자기 자녀가 어려움을 겪을 때 하나님은 마치 기이한 일이라도 일어난 양 당혹스러워 하지 않으신다. 그렇다, 예수님과의 동행은 호화로운 휴가처럼 책임과 시련에서 자유로운 삶이 아니다. 바로 지금, 바로 여기서 예수님과 함께하는 삶은 우리의 목적지가 아니기 때문이다. 예수님은 여행 가이드가 아니시다. 예수님은 우리의 주권자, 구주, 왕이시다. 이 현재의 삶은 본디 우리의 영원한 집이 될 영화로운 마지막 목적지를 준비하는 과정으로 하나님이 정하셨다. 그래서 지금 우리의 삶은 낙원이 아니다. 하나님은 바로 지금, 이 타락한 세상에서 우리가 겪는 난관을 통해 은혜로써 우리를 준비시키는 일을 하신다. 하나님의 자녀 각 사람에게 보장된 결과를 맞이할 준비를 말이다.

더 깊은 묵상과 격려를 위해 사도행전 20장 17-24절을 읽으라.

사도행전 20장 17-24절로 연결됩니다.

8

명령보다는 조언이 더 많이 담긴
건의함 같은 예수님을 원하는가?
예수님은 오직 나의 주권자, 구주, 왕이셔야 한다.

다음 성경 구절이 하나님의 율법을 어떻게 묘사하는지 생각해 보라.

"여호와의 율법은 완전하여
영혼을 소성시키며
여호와의 증거는 확실하여
우둔한 자를 지혜롭게 하며
여호와의 교훈은 정직하여
마음을 기쁘게 하고
여호와의 계명은 순결하여
눈을 밝게 하시도다
여호와를 경외하는 도는 정결하여
영원까지 이르고
여호와의 법도 진실하여
다 의로우니
금 곧 많은 순금보다 더 사모할 것이며
꿀과 송이꿀보다 더 달도다
또 주의 종이 이것으로 경고를 받고
이것을 지킴으로 상이 크니이다"(시 19:7-11).

"내가 주의 법을 어찌 그리 사랑하는지요
내가 그것을 종일 작은 소리로 읊조리나이다
주의 계명들이 항상 나와 함께 하므로
그것들이 나를 원수보다 지혜롭게 하나이다
내가 주의 증거들을 늘 읊조리므로
나의 명철함이 나의 모든 스승보다 나으며"(시 119:97-99).

하나님의 율법은 저주가 아니라 은혜다. 하나님의 율법은 짐이 아니라 하나님의 사랑의 선물이다. 자기 자녀들을 애굽의 종살이에서 속량하신 직후 하나님은 이들을 시내산으로 데리고 가 율법을 주셨다. 하나님이 이렇게 하심은 이들이 하나님의 사랑받는 자녀요 영광스러운 하나님의 구속의 대상이기 때문이다. 나의 창조주이신 하나님은 나를 아시고, 내가 사는 세상을 아시며, 나를 위한 자신의 계획을 아신다. 이 모든 것을 다 아시기에 하나님은 내 삶의 경계를 정할 자로 나보다 무한히 더 자격이 있으시다. 그분은 나의 주권자, 구주, 왕이시지 건의함 같은 예수님이 아니다.

죄 된 본성의 서글프고도 파괴적인 욕망 한 가지는, 자기가 자기를 다스리고 싶어 한다는 것이다. 죄의 사악한 망상 중 한 가지는 내가 하나님보다 더 똑똑할지도 모른다는, 어느 모로 보나 정신 나갔다고 말할 수밖에 없는 생각이다. 하나님의 은혜는 복종하는 마음, 즉 하나님의 권위를 존중하고 하나님의 법을 기뻐하는 마음 가운데서 역사한다.

더 깊은 묵상과 격려를 위해 열왕기하 22장 3절-23장 25절을 읽으라.

열왕기하 22장 3절-23장 25절로 연결됩니다.

9

나를 괴롭히는 사람을 모두 잡아들이는
검사 같은 예수님을 원하는가?
예수님은 오직 나의 주권자, 구주, 왕이셔야 한다.

살면서 복수를 한 번도 꿈꾸지 않은 사람이 있을까? 하나님은 각 사람의 마음에 정의를 향한 욕구를 심으셨다. 그래서 불의를 마주하면 내 손으로 직접 정의를 시행하고픈 마음이 든다. 친구에게 한 대 맞으면 자기도 한 대 때리는 아이를 볼 때 알 수 있다. 친구에게 공개적으로 망신당한 중학생이 그 친구를 자기 인생에서 도려낼 뿐 아니라 자기가 당한 것 못지않게 망신을 줄 방법을 찾는 모습에서도 알 수 있다. 남편이 자신에게 상처를 주었다는 이유로 며칠간 말도 않고 냉랭히 대하면서 괴롭히는 아내의 모습에서 알 수 있다. 사실 우리는 평화보다 전쟁이 더 쉽다는 걸 안다. 우리는 하나님이 내 편을 들어 다른 이들과 싸우시기를 바란다.

바울이 로마서 12장 14-21절에서 이 문제에 어떻게 접근하는지 보라.

"너희를 박해하는 자를 축복하라 축복하지 저주하지 말라 즐거워하는 자들과 함께 즐거워하고 우는 자들과 함께 울라 서로 마음을 같이하며 높은 데 마음을 두지 말고 도리어 낮은 데 처하며 스스로 지혜 있는 체 하지 말라 아무에게도 악을 악으로 갚지 말고 모든 사람 앞에서 선한 일을 도모하라 할 수 있거든 너희로서는 모든 사람과 더불어 화목하라 내 사랑하는 자들아 너희가 친히 원수를 갚지 말고 하나님의 진노하심에 맡기라 기록되었으되 원수 갚는 것이 내게 있으니 내가 갚으리라고 주께서 말씀하시니라 네 원수가 주리거든 먹이고 목마르거든 마시게 하라 그리함으로 네가 숯불을 그 머리에 쌓아 놓으리라 악에게 지지 말고 선으로 악을 이기라."

이 구절은 하나님이 자신의 의로운 공의를 시행하고 원수를 갚을 것이라고 하신 약속 위에 있다. 그러나 이 말씀은 예수님이 내 검사가 되신다는 뜻이 아니다. 하나님은 내가 알거나 내 눈에 보이는 곳에서 어떤 방식으로 그렇게 하겠다고 약속하지 않으셨다. 하나님은 내 일정에 따라 그렇게 하겠다고 약속하지 않으셨다. 하나님은 공의를 위해 자비를 포기하겠다고 약속하지 않으셨다. 하지만 하나님은 보응을 약속하셨다. "하나님의 진노하심에 맡기라"는 말은 본질적으로 "하나님이 하실 일을 너희가 하려고 하지 말라. 하나님이 약속을 지키실 것을 믿고 의지하라"는 뜻이다. 우리가 하나님을 신뢰할 수 있는 이유는 하나님이 우리의 주권자, 구주, 왕이시기 때문이다. 그러면 우리는 실제적으로 어떻게 해야 할까?

1. 절대 악을 악으로 갚지 말라.
2. 모든 사람과 더불어 화평하게 살기를 힘쓰라.
3. 선으로 악을 이기라.

세상에 이 정도 인격을 지닌 사람은 없다. 우리가 경험한 악만 보아도 하나님의 은혜가 얼마나 많이 필요한지 알 수 있다. 감사하게도 그 은혜가 우리에게 주어졌다. 우리는 그저 받으면 된다!
더 깊은 묵상과 격려를 위해 마태복음 5장 38-48절을 읽으라.

마태복음 5장 38-48절로 연결됩니다.

10

커플 매니저 같은 예수님을 바라는가?
예수님이 바로 내가 갈망하는 분,
나의 주권자, 구주, 왕이셔야 한다.

우리는 수직적으로는 하나님과 교제하고 수평적으로는 타인과 교제하며 사는 사회적인 존재로 창조되었다. 하지만 무엇보다 하나님을 향한 사랑이 우리 마음을 다스려야만 인간의 사랑이 주는 참 기쁨을 알 수 있다. 하나님이 우리 마음에서 합당한 자리에 계셔야만 비로소 사람들도 우리 삶에서 적절한 자리를 찾을 수 있다. 우리는 하나님을 향한 사랑에서 안식을 찾아야 한다. 그렇지 않으면 인간관계에 과도하게 집착하고, 오직 구주만이 해주실 수 있는 일을 사람들에게 요구할 것이다. 사람들에게 인정받고 사랑받는 데서 내 정체성과 가장 깊은 행복감을 찾으려 할 것이다. 하지만 절대 효과가 없다. 내 요구에 부응할 만큼 완전한 사람은 없기 때문이다. 사람들은 어떤 식으로든 한결같이 내 기대에 못 미칠 것이다. 어떤 식으로든 모든 인간관계가 나를 실망시킬 것이다. 어떤 식으로든, 어떤 점에서든 사람들의 죄가 내게 피해를 입힐 것이다. 누구도 나의 개인적인 메시아가 될 자격이 없다.

내 마음과 삶에서 하나님이 계셔야 마땅한 자리에 하나님이 계시지 않는다면, 그 자리에 과연 누구를 끼워 넣을지 생각해 보라. 대답은 물론 나 자신이다. 나는 모든 인간관계를 나 중심으로 맺는다. 하나님을 향한 사랑이 내 인간관계를 빚고 내 말과 행동의 동기가 되기보다, 나 자신에 대한 사랑이 나를 움직인다. 사람들과의 관계에서 참을성 있는 종 역할을 하기보다 이것저것 요구하는 왕 노릇을 한다. 하나님이 내 생각과 욕구의 중심에 계시지 않기에 오직 하나님만이 주실 수 있는 것을 내 주변 사람들에게 기대한다. 그러면 인간관계에는 실망과 악다구니만 남게 된다. 도무지 불가능한 관계를 이루려고 더 열심히 기도하고 더 열심히 노력한다. 예수님께 도움을 구하기도 하지만, 사실상 내가 구하는 것은 하나님을 다른 메시아로 교체해 달라는 것이다. 내 눈으로 볼 수 있고 내 귀로 들을 수 있고 내 손으로 만질 수 있는 메시아로 말이다. 이것이 바로 인간관계의 수많은 역기능과 가슴앓이의 원인이다.

그런데 이 모습은 우리에게 은혜가 필요하다는 또 하나의 중요한 논거이기도 하다. 죄는 우리를 자기 자신에게 너무 집중하게 한다. 죄 때문에 우리는 사람들과의 관계에서 종보다 군주 노릇을 하며 산다. 죄는 우리 삶에서 하나님을 망각하고 사람을 높여 그에게 구주의 역할을 기대하게 한다. 죄는 하나님이 우리가 기대하는 이런 완벽한 작은 메시아들을 우리 삶에 허락하지 않으신다는 이유로 그분의 선하심을 의심하게 한다. 죄는 하나님의 영원한 사랑을 찬미하기보다 인간의 사랑을 갈망하게 한다. 우리는 자기 자신에게 속박된 상태에서 점차 벗어날 때 비로소 하나님을 마땅히 사랑해야 할 만큼 사랑하게 된다. 그럴 때 우리는 하나님이 정하신 방식대로 사람을 사랑할 수 있다. 그리고 이런 어려운 싸움을 위해 놀라운 견인(堅忍)의 은혜가 우리에게 있다. 하나님은 우리를 변화시키는 영원한 사랑을 우리에게 부으셔서, 이 사랑을 수단으로 우리가 하나님의 사랑에서 안식을 찾게 하신다. 우리는 이렇게 될 때 다른 사람들을 사랑할 수 있다.

더 깊은 묵상과 격려를 위해 마가복음 12장 28-34절을 읽으라.

마가복음 12장 28-34절로 연결됩니다.

11

황금빛 꿈을 배달하는 쇼핑몰 같은 예수님을 원하는가?
예수님은 오직 나의 주권자, 구주, 왕이셔야 한다.

인생은 한마디로 누구에게서, 어디에서 마음의 만족을 찾는가에 관한 문제다. 내 인생의 모양, 내 인생의 방향은 무엇이 나를 만족시킬지에 대해 나 자신에게 무엇이라 말하느냐에 따라 결정된다. 표현 방식은 다르지만 사람은 누구나 이렇게 말한다. "이것만 있으면 더는 다른 것을 기대하지 않을 텐데." 그렇다면 '~이기만 하다면'이라는 심리 이면에는 무엇이 자리 잡고 있을까?

우리는 모두 꿈을 꾼다. 우리는 모두 인생이 어떠했으면 좋겠다고 꿈꾸고, 그 꿈을 좇으며 산다. 우리는 모두 자기 인생의 주인이 되어 자기 꿈을 실현할 수 있기를 바란다. 우리는 모두 환상에 빠지며 무언가를 마음에 그린다. 이런 능력 자체는 악하지 않다. 하지만 이 능력이 죄의 이기심과 결합되면 우리는 분명 곤경에 처할 것이다.

자, 무슨 일이 벌어지는지 알아보자. 우리는 단순히 꿈꾸는 데만 그치지 않고, 꿈에 마음이 사로잡힌다. 꿈이 인생을 정의하게 된다. 그러면 이제 막연히 꿈꾸지 않는다. 한때 욕망일 뿐이었던 것이 요구로 바뀌고, 오래지 않아 나는 그 요구를 없어서는 안 될 필요로 보게 된다. 전에는 '이런 것이 있으면 좋겠다'고 생각했던 것이 이제는 넘겨줄 수 없는 어떤 것, 없으면 살 수 없는 것이 된다. 그리고 곧 나는 불행해진다. 사는 게 힘들거나 하나님이 불성실하셔서가 아니라, 실질적으로 내 마음을 지배하는 것이 내 손이 미치지 않는 곳에 있기 때문이다. 나는 낙심해서 의기

소침해진다. 꿈을 손에 넣은 것처럼 보이는 사람들이 부러워진다. 나는 왜 그 사람들 틈에 끼지 못하는지 의아스럽다. 하나님이 나를 잊으신 건 아닌지 의심스럽다. 꿈? 좋다, 하지만 꿈이 나를 지배하게 되면 꿈이 내 영적인 삶을 엉망으로 만든다.

꿈이 내 마음을 야금야금 갉아먹을 때 하나님과의 관계에 어떤 일이 벌어지는지 주의하라. 그러면 하나님이 더는 내게 동기를 부여하고 용기와 소망을 주는 분이 아니게 된다. 하나님이 더는 나의 견고한 기쁨의 근원이 아니게 된다. 하나님의 영광이 더는 내 삶의 목적이 아니다. 하나님께 대한 경외가 이제 더는 내가 하는 모든 일의 근거가 아니다. 서글프게도 하나님의 존재는 택배 서비스 정도로 축소되어 버린다. 나의 구주가 꿈을 배달하는 쇼핑몰 같은 예수님이 된다. 내게 꿈을 배달해 주시면 예수님을 예배하고 섬기겠지만, 그렇지 않으면 나는 그분의 선하심과 사랑을 의심하고, 예수님께 삶을 바치고 싶은 마음이 별로 생기지 않는다.

수많은 그리스도인이 이런 슬픈 처지에 있다. "너의 처음 사랑을 버렸느니라"(계 2:4)는 구절은 아마도 이런 사람들을 묘사하는 말인지도 모른다. 하지만 이렇게 허우적거리는 사람들을 위한 은혜가 있다. 내 마음을 위해 싸우는 은혜, 그 어떤 꿈의 흡인력보다 강한 은혜다. 변덕스러운 내 마음의 위험한 꿈을 고백하고, 그리스도 안에서 나의 것인 그 은혜를 향해 달려가라.

더 깊은 묵상과 격려를 위해 마태복음 6장 19-24절을 읽으라.

마태복음 6장 19-24절로 연결됩니다.

12

은혜는 우리로 하여금 너무 힘들다고, 혼자 남겨졌다고,
가진 게 부족하다고 절대 말할 수 없게 한다.

어제도 백번은 했고, 오늘도 백번은 할 것이며, 내일도 백번 할 것이다. 우리가 그 행동을 한다는 것을 우리는 전혀 의식하지 못한다. 이성을 가진 인간이 된다는 것은 상당 부분 그렇게 한다는 것이다. 우리는 자기 인생을 절대 그냥 내버려두지 않는다. 우리는 자기 인생에서 벌어지는 상황, 살면서 겪는 일들을 납득하려고 꾸준히 노력한다. 생업이 무엇이든 우리는 다 신학자요 철학자다. 한 사람 한 사람이 다 고고학자다. '나'라는 사람을 빚은 '문명'의 의미를 이해하려고 변변찮은 내 삶의 둔덕을 자꾸 파고든다.

삶의 의미를 납득하려는 이런 내적 충동이 누구에게나 있기에, 우리는 늘 자기 자신과 대화를 한다. 실제로 우리는 하루에도 백 번씩 자기 자신에게 말을 건다. 자신과 대화할 때는 입술을 움직이지 않는 게 좋다. 그렇지 않으면 사람들이 보고 미쳤다고 생각할 테니 말이다. 어쨌든 우리는 모두 자기 자신과 대화를 한다.

나 자신에 관해, 하나님에 관해, 그리고 인생에 관해 나 자신에게 하는 말은 아주 중요하다. 이 말들이 내 행동 방식, 하나님이 내 삶에 정하신 일들에 대한 내 태도를 빚기 때문이다. 나 자신과 나누는 그 은밀한 대화에서 우리는 하나님의 은혜를 기억하기도 하고 잊기도 한다. 하나님의 은혜를 기억할 경우, 나는 혼자가 아니라고, 한줌도 안 되는 나 자신의 자원에만 의지하지 않아도 된다고, 바로 지금 여기서 하나님이 부르

신 사람으로 존재하며 하나님이 나를 위해 정하신 일을 하는 데 필요한 모든 것이 이미 은혜로써 내게 주어졌다고 말한다. 하나님의 은혜를 기억하면 하나님의 임재와 하나님의 약속을 떠올리게 된다. 결국 인간의 안식은 자신의 의로움, 능력, 지혜를 자기 앞에 닥친 일의 크기에 견주어 보는 데서 찾을 수 없다. 그렇다, 우리는 어디든 나와 함께 가시는 분의 존재, 임재, 성품, 권능, 은혜에 그 일을 견줄 때 비로소 안심할 수 있다.

하나님이 주시는 은혜의 선물 중 가장 좋은 것은 무엇인가? 대답은 쉽다. 바로 하나님이다. 우리의 그 큰 결핍은 다른 무엇으로는 채워지지 않음을 하나님은 아신다. 그렇다, 은혜란 하나님께서 최고의 선물, 이 가장 큰 변화의 힘을 가진 선물로 우리의 가장 깊은 필요를 채우신다는 의미다. 즉, 하나님이 자기 자신을 기꺼이 우리에게 주신다는 뜻이다.

오늘, 나 자신과 대화를 할 때 그 선물을 상기시키라. 선물 중의 선물이 내게 주어졌으니 나는 절대 혼자가 아니다. 내게 필요한 자원도 절대 부족하지 않다. 이 사실에 안심하라.

더 깊은 묵상과 격려를 위해 시편 23편을 읽으라.

시편 23편으로 연결됩니다.

13

기도는 다른 모든 예배 대상을 버리고
날마다 오직 하나님 한 분만을 예배하는 데 자신을 바치는 것이다.

기도는 예배다. 기도는 단순히 내 욕망과 욕구의 주요 목록을 하나님 앞에 내놓는 것이 아니다. 그보다 훨씬 더 깊이 있는 행위다. 기도는 다음 일곱 가지 면에서 예배에 뿌리를 둔다.

1. 기도는 하나님의 존재를 인정한다. 이것이 모든 참된 기도의 핵심이다. 기도는 우주에 나 자신보다 더 궁극적인 어떤 존재가 있다는 인식으로 시작해서 그 인식으로 끝난다. 기도는 성경의 첫 구절 "태초에 하나님이……"에 단호히 강조점을 둔다. 그래서 기도는 하나님을 창조주와 주권자로 알고 인정하는 행위다. 기도는 하나님의 권능, 지혜, 다스리심에 동의한다는 데 뿌리를 둔다. 하나님이 나와 동등한 존재라고 생각한다면 기도는 아무 의미가 없다.
2. 기도는 하나님의 영광을 향해 엎드린다. 이는 기도할 때 늘 요구되는 태도다. 이 우주에 나 자신의 영광, 또는 창조 세계의 다채로운 영광보다 더 큰 영광이 있다는 사실을 제대로 인식하지 않으면 기도할 수 없다. 기도는 다른 어떤 영광으로는 기도하는 사람의 마음이 충족되지 않는다는 인식, 하나님의 영광을 위해 살 때에만 내 마음이 만족하며 안식할 수 있다는 이해에서 흘러나온다.
3. 기도는 하나님의 계획에 복종한다. 기도는 내 삶을 위한 내 계획에 서명해 달라고, 그 계획을 이룰 방안을 달라고 하나님께 요청하는 행위가 아

니다. 기도는 이 세상을 만드신 분이 나를 위한 최선이 무엇인지 아신다는 인식이다. 기도는 백지에 미리 내 서명을 한 뒤 하나님이 합당하게 채우실 것이라 믿고 하나님께 드리는 행위다.

4. 기도는 하나님 나라에 대한 충성을 고백한다. 기도는 이 세상에서 하나님 나라와 나의 나라 간에 벌어지는 싸움에 대한 인식이다. 우리는 기도할 때, 나 하나가 전부인 폐쇄된 나라의 변변찮은 자기중심적인 꿈을 승인해 달라고 하나님께 요청해서는 안 된다. 그보다는 하나님 나라의 계획과 목적에 내 마음을 드리면서, 내가 하나님의 일의 한 부분이 되도록, 그 일의 방해자가 되지 않도록 은혜를 구해야 한다.

5. 기도는 우리에게 필요한 것을 하나님이 마련하신다는 사실에 의지한다. 참된 기도는 공포에 질려서 하는 기도가 아니라 신뢰하고 안심하면서 하는 기도다. 우리는 내 기도를 들으시는 분이 내 가까이 계시면서 내 모든 필요를 성실히, 그리고 기꺼이 채우신다는 것을 알아야 한다.

6. 기도는 하나님의 은혜를 찬미한다. 참된 기도는 은혜에 감격할 때 저절로 흘러나온다. 기도하고 싶은 마음을 주는 것도 은혜고, 기도하는 자를 하나님이 환영하시는 것도 은혜 덕분이고, 하나님이 응답하겠다고 약속을 주신 것도 은혜이기 때문이다.

7. 기도는 하나님의 일에 헌신한다. 결론적으로 기도는 '이미'와 '아직' 사이에 이루어야 할 하나님의 일이 있으며, 그 일을 위한 지혜와 힘이 필요하다는 인식이다.

기도는 우상을 내려놓고 하나님 앞에 기쁘고 겸손하게 무릎 꿇고 예배하는 행위다. 더 깊은 묵상과 격려를 위해 시편 77편을 읽으라.

시편 77편으로 연결됩니다.

14

우리는 인간관계에서 수없이 실망한다.
그러나 주님의 은혜가 내게 족하다.
그 은혜는 우리의 약함 가운데 완전해진다.

우리 모두가 직시해야 할 하나의 진실이다. 즉, 인간관계에서 단 한 번도 실망하지 않을 사람은 없다. 관계에 대한 꿈을 이룰 사람은 아무도 없다. 그래서 우리는 이렇게 묻는다. 인간관계는 왜 그렇게 힘든가? 내 입으로 사랑한다고 말하는 사람들과 화평하게 조화를 이루며 살고 싶은데, 왜 그리 몸부림을 쳐야 하는가? 우리의 인간관계는 왜 수많은 갈등으로 얼룩져 있는가? 인간관계에서 우리는 왜 그렇게 많은 짜증과 상처와 조급함을 겪는가? 이유는 무엇인가?

이 질문에 대한 답변은 명쾌하기도 하고 받아들이기 힘들기도 하다. 우리의 인간관계가 힘든 싸움이 되는 이유는, 우리 모두가 그 관계를 파괴할 만한 한 요소를 가지고 관계에 들어가기 때문이다. 성경은 그것을 죄라고 부른다. 죄는 우리가 자기에 몰두하고 자기중심적이 되게 한다. 죄가 우리로 하여금 자기 자신을 위해 살게 하기 때문이다(고후 5:15). 죄는 말 그대로 우리 각 사람을 이기적인 존재가 되게 한다. 죄로 인해 우리는 섬기기보다 까다롭게 요구하고, 용서하기보다 힐난하며, 다가서기 쉬운 사람이 되기보다 방어적인 사람이 되고, 이해하고 인내하기보다 비판하기에 바쁘다.

이러니 우리의 인간관계가 문제투성이라고 해도 놀랄 일이 아니다. 우리가 인간관계를 맺을 때 끌고 들어가는 죄의 존재와 권세를 생각하면 관계가 존속된다는 것이 오히려 더 놀라울 정도다!

죄의 가혹한 현실에 그냥 다 포기하고 싶은가? 홀로 바다 한가운데 있는 섬에서 평화롭게 살기를 갈망하는가? 그러나 공포에 질리거나 두려워하거나 지금 이 순간 모든 인간관계에 대한 소망을 포기할 필요가 없다. 왜인가? 이런 힘든 싸움을 위해 예비된 은혜가 있기 때문이다. 관계를 위한 소망은 그 관계 당사자인 나 자신이나 상대방에게서는 찾을 수 없다. 그 소망은 은혜로써 그 관계로 밀고 들어오시는 제3의 존재에게서 찾아야 한다. 나는 내 인간관계 속에서 절대 혼자가 아니다. 주님이 나와 함께 계신다. 그분이 내 안에 계신다. 그분이 나를 위해 계신다. 관계라는 힘든 과제를 나 자신은 제대로 해내지 못하지만 그럴 때에도 그분이 이에 딱 들어맞는 은혜를 제공하신다.

야고보서 4장은 인간관계에서 우리가 겪는 갈등과 관련해 아주 솔직한 논의 한 가지로 시작한다. 이 구절은 우리 모두가 직면하는 일에 관해, 그리고 우리가 그 일을 직면하는 이유에 관해 아주 솔직하고 직선적으로 말하되, 거기서 그치지 않는다. 그 첫 단락 한가운데, 상황을 완전히 바꾸어 놓는 이 짤막한 문장이 있다. "그러나 더욱 큰 은혜를 주시나니"(6절). 상처 입는 모든 순간을 위한 은혜가 있다. 내가 죄를 짓거나 누가 나에게 죄를 짓는 순간을 위한 은혜가 있다. 인간관계를 위해 내게 주어지는 은혜는 언제까지나 절대 마르지 않을 것이다. 저 모퉁이를 돌았을 때 나를 기다리는 일을 위한 더 큰 은혜가 있다. 힘든 상황에서도 사랑하고, 용서하고, 잘못을 고백하고, 현실을 직시하고, 신뢰하고, 인내하는 일에 나 자신을 던질 수 있다. 왜냐하면 그럴 때일수록 하나님이 "더욱 큰 은혜를 주시기" 때문이다. 더 깊은 묵상과 격려를 위해 야고보서 4장 1-10절을 읽으라.

야고보서 4장 1-10절로 연결됩니다.

15

우리는 상실과 역경과 실망을 맞닥뜨릴 것이다.
그러나 무엇도 우리를 구속주의 영원한 사랑에서 떼어놓을 수 없다.

나는 성경의 정직함이 좋다. 괜찮지 않은 현실을 괜찮다고 생각하도록 나를 기만하는 공허한 종교적 상투어는 필요하지 않다. 마음의 평안을 누리기 위해 현실의 단편들을 부인하기를 요구하는 그런 유형의 믿음도 필요하지 않다. 엄연한 현실에 눈을 감고 모르는 척해야 하는 그런 상태는 싫다. 그러나 성경은 정직하다. 타락한 세상의 혈흔, 지저분한 속내, 오물이 성경 매 페이지마다 얼룩져 있다. 죄인들의 잔인할 만큼 정직한 이야기가 가득하다. 상하고 망가진 세상을 신랄하게 분석하는 것이 특징인 성경은 우리 모두에게도 정직하기를 요구한다.

요한복음 13-17장은 십자가에 달리시기 전 예수님이 마지막으로 제자들과 함께한 시간을 자세히 전한다. 예수님은 그분이 떠나신 후 제자들이 감당할 삶을 준비시키신다. 예수님은 망가진 세상에서 이들이 앞으로 겪을 일들을 경고하신다. 이 구절은 단순히 "잘 있거라, 너희들을 사랑한다"는 말을 그런 식으로 표현한 게 아니다. 이 구절은 겁이 날 만큼 솔직하다. 예수님은 말씀하신다. "사람들이 나를 박해하였은즉 너희도 박해할 것이요"(요 15:20). 예수님은 말씀하신다. "때가 이르면 무릇 너희를 죽이는 자가 생각하기를 이것이 하나님을 섬기는 일이라 하리라"(요 16:2). 예수님은 말씀하신다. "보라 너희가 다 각각 제 곳으로 흩어지고…… 때가 오나니"(요 16:32). 이 미래는 그리 밝은 풍경이 아니다. 예수님의 말씀은 어쩌면 제자들을 패닉에 빠뜨리기에 충분하다. 그러나 예수님의 말씀은 이게 전부가 아니다. 이 구절은 놀라운 은혜로 물들어 있기도 하다. 이 은혜는 이제 제자들이 겪게 될 모든 일(그리고 우리 또한 겪게 될 모든 일)에 딱 들어맞는 은혜다. 예수님은 자신의 임재와 권능을 제자들에게 거듭거듭 상기시키신다. 예수님은 제자들을 고아처럼 버려두지 않겠다고 안심시키신다(요 14:18). 예수님은 성령님의 계속되는 사역을 약속하며 이들을 위로하신다(요 14:25 이하).

제자들이 앞으로 겪을 시련 중에도 소망을 가질 수 있는 이유(그리고 우리 또한 날마다 겪는 시련 중에 소망을 가질 수 있는 이유)가 요한복음 16장 마지막 절에 잘 나타나 있다. "이것을 너희에게 이르는 것은 너희로 내 안에서 평안을 누리게 하려 함이라 세상에서는 너희가 환난을 당하나 담대하라 내가 세상을 이기었노라"(33절). 이 세상은 살아가기 힘든 곳일 수 있다. 그렇다, 눈앞에 닥친 일을 해결하는 데 필요한 것이 하나도 없다는 느낌이 들 때가 있다. 내게만 계속 특정한 어려움이 닥친다는 생각이 들 때도 있다. 후회로 돌아보는 순간들, 두려움으로 내다보는 순간들이 있다. 하지만 이 모든 날 가운데 평강을 누리며 소망을 가질 수 있는 진짜 이유가 있다. 이 평강은 인생이 잘 굴러가는 듯 보일 때, 주변 사람들이 내 가치를 인정하는 듯할 때, 건강하고 재정 상태도 좋을 때 느끼는 평강이 아니다. 이보다 더 견고한 평강을 찾아야 한다. 나를 두렵게 하고 좌절시킬 힘을 가진 것이 무엇이든 하늘에 계신 아버지는 그것을 두려워하지 않으시며 그 힘에 꺾이지 않으신다. 그 사실을 알면 견고한 평강을 누릴 수 있다. 은혜가 내 마음을 괴롭게 하는 모든 것을 이기신 분께로 나를 연결하며 그 무엇도 끊을 수 없다는 사실을 믿고 의지할 때 평안이 찾아온다. 더 깊은 묵상과 격려를 위해 로마서 8장 31-39절을 읽으라.

로마서 8장 31-39절로 연결됩니다.

New Morning Mercies: A Daily Gospel Devotional / 45

16

**저지른 잘못을 합리화하려고 애쓰는 모든 순간마다
우리는 주 예수 그리스도의 은혜를 부인하는 것이다.**

그렇게 하고 싶은 마음이 굴뚝같다. 아마 자기도 모르는 사이 누구나 다 그런 행동을 할 것이다. 우리가 고백하는 믿음이 참이라면, 이런 행동은 말이 안 된다. 그런데 자기가 저지른 어떤 잘못을 마주했을 때 많은 사람이 일단 본능적으로 그렇게 하려고 한다. 잘못을 포장하는 습관이 우리에게 얼마나 위험한지 인식하지 못한 채 우리는 본능적으로, 아무 생각 없이 그렇게 한다.

우리는 어떤 잘못에 직면하거나 휘말렸을 때, 혹은 내가 저지른 잘못 때문에 마음이 불편할 때 나 자신을 변호하는 식으로 대처하거나 또는 자신의 잘못을 직시하기 싫어서 그 행동에 불편함을 느끼지 않으려고 애쓴다. 그러나 이럴 때 우리는 단순히 자신의 과거를 다시 쓰거나, 단순히 스스로를 의롭게 여기거나, 단순히 자기 자신을 기만하는 것이 아니다. 이는 곧 하나님과 싸움을 벌이는 것이다. 성령님이 바로 그 순간 내게 통찰력을 주시고, 죄를 깨닫게 하시며, 나를 보호하시고, 나를 나 자신에게서 건지는 은혜를 베풀고 계시는데도 말이다. 은혜로써 하나님은 영적으로 눈멀었을 뿐 아니라 스스로 의롭다 하는 우리의 벽을 허무셔서 우리가 자신의 실제 모습을 그대로 보게 하신다. 그렇게 나 자신을 정확히 봄으로써 우리가 그리스도 예수 안에서 주어진 은혜를 추구하도록 도우신다.

고통스러울 만큼 마음 불편한 순간들이 있는 것은 나쁜 일이 아니다. 이런 순간들은 오히려 아주 좋은 현상이다. 이런 순간들은 내 구주께서 오래 참으시며 자상하게 나를 돌보신다는 증거다. 구주께서는 내게 영적인 시력을 주시고 민감한 마음을 주셔서, 내 생각과 욕망과 태도와 행동을 장악하는 죄의 힘에서 점차 자유로워지도록 거듭거듭 일하신다. 개인적으로 내 잘못을 깨닫는 이런 순간들은 언제나 아름다운 은혜가 역사하는 순간이다. 그러나 우리는 그런 순간들을 늘 은혜로 여기지는 않는다. 우리는 자기 잘못을 마주하기 싫어하는 경향이 있다. 내가 틀렸을 때 인정하기 힘들어하는 경향이 있다. 죄를 고백하게 되었을 때 우리는 감사하지 않는다. 내게 아직도 얼마나 큰 은혜가 필요한지 직시하기를 회피하려는 경향이 있다. 그래서 복음에 비추어볼 때 전혀 말이 안 되는 행동에 우리 자신을 내주고는 한다. 자기 잘못을 부인하고, 자기 의를 내세우는 것이다. 겸손히 잘못을 고백할 때 맞이할 결과가 두려워 그러는지도 모른다.

그러나 우리는 자기 죄와 영적 결핍을 직시하기를 두려워할 필요가 없다. 우리가 정직하게 마주하고 인정해야 할 죄 중에는 예수님의 삶과 죽음, 부활 덕분에 우리의 것이 된 은혜가 완전히 해결하지 못할 죄가 전혀 없다. 우리가 그 은혜의 영역 밖에서 할 수 있는 일은 아무것도 없다. 우리가 무슨 행동을 하든 하나님은 그것 때문에 우리에게 등을 돌리지 않으신다. 예수님이 모든 죄를 십자가로 가지고 가셨으니 우리가 죄를 부인하고 자기를 변호할 이유가 없다. 성령님이 하시는 일에 마음을 열라. 고통스럽게 죄를 깨우쳐 주시는 성령님의 사역에 맞서 자기를 변호해 보았자 그 어떤 선한 결말에도 이르지 못한다.

더 깊은 묵상과 격려를 위해 요한일서 1장을 읽으라.

요한일서 1장으로 연결됩니다.

17

이 땅은 낙원이 아니며, 낙원으로 만들 수도 없다. 낙원은 오고 있다.
그리고 예수 그리스도의 십자가에서 우리의 자리가 확보되었다.

우리는 모두 이 세상을 우리가 꿈꾸는 낙원으로 만들려고 한다. 우리는 왜 이런 불가능한 일을 시도하는 것일까? 하나님이 우리 안에 이 갈망을 심으셨기 때문이다. 이 땅에 살거나 살았던 모든 인간의 마음 깊은 곳에는 낙원에 대한 갈망이 있다.

어떤 식으로든, 어떻게든, 우리는 이 모든 상황이 하나님의 원래 의도대로이기를 바란다. 우리는 저마다 나름의 방식대로 현재 세상에 불만족한다. 우리는 모두 망가진 세상에서 살아가는 고통을 느낀다. 우리가 실망에서 실망으로 위태롭게 질주하는 이유는 현실이 결코 우리의 꿈을 받쳐 주지 못하기 때문이다. 살다 보면, 내 힘으로 바꾸기 어려운 일을 만나기 마련이다. 우리는 현실을 검토해 보고 어떻게든 그 현실이 나아지기를 소망한다. 우리는 저마다 이 순간을 낙원으로 바꿔 놓으려고 한다. 하지만 그런 일은 절대 일어나지 않는다. 시도가 실패할 때마다 우리는 좌절한다.

어디가 왜 아픈지 모르지만 어쨌든 아파서 우는 아기의 울음은 낙원을 바라는 울음이다. 놀이터에서 친구들에게 놀림 당한 어린아이의 눈물은 낙원을 바라는 눈물이다. 아이패드를 도둑맞은 중학생의 분노는 낙원을 바라는 분노다. 만족이란 걸 모르는 듯한 상사 밑에서 일하는 젊은 직장인의 좌절은 낙원을 바라는 좌절이다. 냉랭해진 남편을 그리워하는 젊은 아내의 슬픔은 낙원을 바라는 슬픔이다. 예전 같지 않게 몸이 말을 안 들어 기분이 언짢은 노인의 심술은 낙원을 바라는 심술이다. 우리는 모두 탄식하며, 이 탄식은 더 나은 세상을 바라는 탄식이다.

하지만 여기 우리가 직시해야 할 사실이 있다. 하나님은 나의 유익과 하나님 자신의 영광을 위해 나를 이 망가진 세상에 잠시 머물게 하기로 하셨다. 하나님은 이 세상의 역경을 이용해, 내 안에서 시작하신 일을 마치기로 하셨다. 하나님은 나를 홀로 버려두지 않으신다. 하나님은 나를 아무 대책 없이 버려두지 않으신다. 하나님은 아침마다 새로운 자비로 내게 복 주신다. 하지만 하나님은 자신이 원하시는 바로 그곳에 나를 두신다. 다시 말해 이 세상에서의 내 결혼, 내 직장, 내 교회, 내 가족, 내 친구관계는 내가 원하는 낙원이 절대 되지 못한다.

할 말이 아직 남았다. 은혜로써 하나님은 낙원에 내 자리를 허락하셨다. 내가 하나님의 자녀라면, 내 인생의 마지막 장은 내 빗나간 꿈 저 너머에 있는 영원한 낙원에서 진행될 것이다. 예수님의 말씀을 들어보라. "내 아버지 집에 거할 곳이 많도다 그렇지 않으면 너희에게 일렀으리라 내가 너희를 위하여 거처를 예비하러 가노니"(요 14:2). 오늘 어려운 일을 만나거든, 은혜가 내게 곧 다가올 낙원의 입장권을 구입했다는 사실을 기억하라.

더 깊은 묵상과 격려를 위해 요한복음 14장 1-14절을 읽으라.

요한복음 14장 1-14절로 연결됩니다.

18

> 오늘은 나의 목적지가 아니다.
> 오늘은 나의 최종 목적지를 위해
> 하나님이 나를 준비시키고자 의도하신 한 때이다.

이 땅을 목적지로 지향하며 산다면 계속 실망하게 될 것이다. 그럴 때 우리는 비현실적인 기대를 품게 되고 마땅히 저항해야 할 유혹 앞에서 자기 자신을 지키지 못하게 된다. 이 땅을 목적지로 여기며 살면 하나님이 살아 계시며 선하고 성실하고 친절한 분이시라는 사실이 믿기 힘들어진다. 만족하기보다는 불평하기 쉽고, 다른 누군가의 삶을 시기하게 될 것이다. 이 땅을 목적지로 여긴다면 현재 상황과 인간관계에서 얼마나 안락함과 위로를 누리느냐로 행복을 가늠하게 될 것이다. 그리고 하나님의 계획에 발맞춰 나갈 수 없을 것이다.

이 땅을 목적지로 지향하며 산다는 것은 내 모든 소망과 꿈, 바람직한 삶을 정의하려는 노력, 내면에서 느끼는 행복감을 모두 현재의 순간에 쌓아올린다는 뜻이다. 이는 내가 지닌 신학이 영원에 관해 무엇이라고 말하든 마치 이 세상만이 전부인 듯 산다는 뜻이다. 그러기에 나는 이 타락한 세상에서 지금 이 순간을 낙원으로 만들려고 한다. 하지만 타락한 세상의 지금 이 순간은 절대 낙원이 될 수 없다. 그렇다, 내가 하나님의 자녀라면 내게는 내 상상을 초월하는 낙원이 약속되어 있다. 하지만 이 세상은 그 낙원이 아니라는 사실을 알아야 한다. 죄로 망가진 이 세상, 죄의 흉터를 지닌 사람들이 사는 이 세상은 낙원일 수 없다. 우리는 흔히 그렇기를 바라지만 말이다.

미래에 대한 건전한 성경적 교리만이 현재에 대한 건전한 성경적 이해에 이르는 유일한 길이다. 하나님의 모든 자녀에게 영광스러운 최종적 목적지가 있다. 지금 이 세상은 최종 목적지를 준비하는 시간이다. 우리가 겪는 모든 일에는 의미와 목적이 있다. 하나님은 우리가 이 타락한 세상을 살아가면서 겪는 모든 난관을 이용해 우리를 변화시키고 성숙시키셔서 다가올 세상을 맞이할 준비를 시키신다.

또 한 가지 우리가 알아야 할 것이 있다. 이 세상에서의 시간이 단지 준비하는 시간만은 아니다. 다가올 세상에 우리의 거처가 보장되어 있다는 사실은 지금 여기서 우리가 어떤 존재이며 우리에게 무엇이 주어졌는지를 말해 준다. 우리는 어떤 존재인가? 우리는 영광스러운 목적지에 대한 확신을 가지고 길을 가는 순례자들이다. 우리에게는 무엇이 주어졌는가? 우리에게는 장차 영원한 은혜가 보장되어 있다. 그러기에 이 땅을 사는 데 필요한 모든 은혜가 우리에게 주어질 것이며, 그 은혜가 아니고서는 이 여정을 마치는 데 필요한 것을 결코 얻지 못할 것이다. 그러므로 오늘을 낙원으로 바꾸려고 애쓰지 말고, 영원히 내 집이 될 낙원을 위해 하나님이 나를 은혜로써 준비시키고 계시다는 사실에 감사하라.

더 깊은 묵상과 격려를 위해 고린도후서 5장 1-10절을 읽으라.

고린도후서 5장 1-10절로 연결됩니다.

19

공동 예배는 우리의 소유와 성취뿐만 아니라
그리스도 안에서 우리가 받은 것에 감사하게 한다.

그날 아침, 나는 이 타락한 세상을 살며 만난 유혹과 시험거리들을 모두 예배에 가져갔다. 나는 내 가치관을 다시 확인하고 내 찬양의 방향을 다시 조정해야 했다. 나는 다시 한 번 감사하는 사람이 될 필요가 있었다. 좀 더 구체적으로, 삶의 안락함과 위로와 성취에 대해서만 감사할 게 아니라 영원한 가치에 대해서도 감사해야 했다. 은혜를 다시 한 번 깨닫고 이해하고 부르짖으며 찬미할 필요가 있었다. 그날, 죄를 슬퍼하고 은혜를 기뻐하는 감각을 내 마음에 회복시켜 준 것은 두 번째 예배 찬송(not in me)이었다.

나 짓지 않은 죄 아무리 많아도 나 행한 선한 일 아무리 많아도
나 아무리 저들과 달라도 얻지 못하리 주님과 함께하는 일
오 하나님! 자비를 베푸소서 나는 속속들이 죄인이니
나 의롭다 할 소망 내게는 없고 주님께만 있습니다

허름한 옷도 뜨거운 기도도 높이 든 손도 찬양하며 흘리는 눈물도
진리를 암송하는 입술도 깨끗게 못하네 단 하나의 죄도
예수의 생명만이 나의 의, 예수 죽으심 내 죗값 치렀네
내 곤고한 짐 그가 지셨네 예수만이 주네 참된 안식

세상과 멀어져도 아무리 애써도 아무리 베풀어도
깨끗케 못 하네 내 양심을 내 두 손을, 나는 내 영혼 살릴 수 없네
그러나 예수 죽으시고 다시 사셨네 죽음 권세 물리치셨네!
내 하나님은 내게 자비하시네 오직 그리스도 안에서

예수의 생명만이 나의 의, 예수 죽으심 내 죗값 치렀네
내 곤고한 짐 그가 지셨네 예수만이 주네 참된 안식
예수만이 주네 참된 안식

형제자매의 노래를 들으며 한 구절 한 구절 따라 부르니, 내 죄는 내 힘으로 해결이 불가능하다는 사실, 그리고 그리스도 안에서만 찾을 수 있는 해법이 내 모든 죄를 완전히 해결한다는 사실이 기억나기 시작했다. 그리고 내 마음은 둘로 나뉘어, 한쪽은 울고 한쪽은 웃었다. 기억케 하시는 은혜가 마음속으로 물밀 듯 밀고 들어오자 슬픔과 기쁨이 충돌했다.

망각은 사소한 일처럼 보인다. 우리는 자잘한 일들을 매일 망각하며 산다. 한순간 좌절했다가 망각한 것이 기억나고 그러면 그냥 웃어넘기고 하던 일을 계속한다. 하지만 은혜에 관한 한 망각은 사소한 일이 아니다. 망각은 내게서 예배를 앗아가고, 정체성을 앗아가고, 겸손과 용기와 소망을 앗아간다. 예배로 함께 모여서 망각했던 것을 기억하게 하시는 하나님께 감사하라.

더 깊은 묵상과 격려를 위해 골로새서 1장을 읽으라.

골로새서 1장으로 연결됩니다.

20

절망은 소망으로 들어가는 입구다.
그리스도 예수 안에서 내 소유가 된 소망에 감격하려면
먼저 나 자신을 포기해야 한다.

우리는 자기 자신을 너무 신용하는 경향이 있다.

- 우리는 자기 자신을 너무 의롭게 여기는 경향이 있다.
- 우리는 자기 자신을 실제보다 지혜롭게 여기는 경향이 있다.
- 우리는 '바른' 성품을 가졌다고 스스로 자랑스러워하는 경향이 있다.
- 우리는 자신을 실제보다 참을성 있는 사람으로 생각하는 경향이 있다.
- 우리는 자기 자신을 굴하지 않는 사람으로 여기는 경향이 있다.
- 우리는 자신이 순종적이고 고분고분하다고 생각하는 경향이 있다.
- 우리는 하나님 나라에 그다지 헌신하지 않으면서 헌신한다고 생각하는 경향이 있다.
- 한마디로 우리는 그다지 경건하지 않으면서 경건하다고 생각하는 경향이 있다.

이런 경향이 왜 문제인지 알아보자. 자신을 의롭다고 여기면, 실제로는 그다지 성숙하지 않으면서 스스로 성숙하다 생각하면, 내 유일한 소망인 은혜를 구하지 않게 된다. 자기가 은혜의 가치를 깎아내린다고 생각하는 사람은 없다. 하지만 생각과 달리 많은 사람이 바로 그런 행동을 한다. 자기 자신을 보면서 영적으로 아무 문제없다고 생각하기 때문에, 사나 죽으나 우리의 유일한 소망인 은혜를 깊이 존중하지 못하고 은혜의 가치를 제대로 알아보지 못한다. 자신의 결핍이 얼마나 깊은지 아는 사람, 자신에게는 그 결핍을 채울 능력이 전혀 없음을 인정하는 사람만이 그 모든 영적 결핍을 채우는 은혜에 감격할 수 있다.

또 한편, 우리는 자기 자신을 곤궁한 처지로 생각하기 싫어하며, 그래서 자기 죄를 과소평가하는 경향이 있다. 서글프게도 자기 죄보다 남의 죄를 더 걱정하는 사람이 많다. 우리는 자기 자신의 영적 결핍보다 다른 사람의 영적 결핍에 더 관심이 많다. 자기 자신을 의롭다 여기며 자기 죄를 과소평가하기 때문에 나 자신에게서 건져내며 변화시키는 은혜, 하나님의 자녀에게 주어지는 그 은혜를 부르짖거나 그 은혜를 향해 달려가지 않는다. 자기 자신에게 여전히 소망을 두는 한, 즉 스스로 의로워질 수 있다고 여기는 한, 우리는 그리스도 예수 안에서 주어지는 은혜를 추구하지 않는다. 자기 자신을 기꺼이 포기할 때에라야 우리는 하나님이 주시는 구원을 추구할 수 있다.

그렇다, 절망이 소망으로 향하는 문이라는 말은 사실이다. 자기 자신을 소망 없고 무력한 존재로 볼 때 하나님의 은혜를 추구하는 일이 불붙기 시작한다. 사실 우리는 여전히 은혜를 필요로 한다는 사실을 날마다 입증하지 않는가?

간단히 말해, 우리는 스스로 해낼 능력이 없다. 우리는 여전히 하나님의 도움을 간절히 필요로 하는 처지다. 그 사실을 기꺼이 인정하고, 은혜를 찾을 수 있는 곳으로 달려가겠는가?

더 깊은 묵상과 격려를 위해 히브리서 4장 14-16절을 읽으라.

히브리서 4장 14-16절로 연결됩니다.

New Morning Mercies: A Daily Gospel Devotional / 55

21

**그 정도로는 충분하지 않다.
그리스도의 형상을 완전히 본받게 하는 것이
은혜의 계획이다.**

우리는 너무 쉽게 만족한다. 우리의 문제는 구주께 너무 많이 요구하는 것이 아니다. 오히려 그 반대다. 우리는 너무 작은 것에 기꺼이 안주하려 한다. 우리의 개인적인 목표, 바람, 꿈은 우리를 위한 하나님의 계획과 목적에 훨씬 못 미친다. 하나님은 우리 각 사람이 하나님의 아들의 형상을 완전히 닮기를 바라시고, 그에 미치지 못하는 모습에는 만족하지 않으신다. 하나님은 죄와 사망을 최종적으로 완전히 물리치실 것이다. 하나님은 어느 때 어떤 이유로든 자신의 목적을 포기하지 않으실 것이다. 문제는 우리가 종종 하나님의 생각을 공유하지 못하고, 하나님의 목적을 믿지 못할 때가 있다는 사실이다. 다음과 같은 사고방식이 우리를 사로잡는다.

1. '소비자' 사고방식. 우리는 마치 쇼핑하듯 종교생활을 한다. 하나님의 계획에 대한 실질적인 충성심이 없다. 내가 느끼는 필요를 충족시켜 주는 안락한 신앙생활을 기대하며, 만족스럽지 않으면 미련 없이 떠난다.
2. '이 정도면 충분하다'는 사고방식. 우리는 은혜가 우리 삶에 안겨 주는 변화에 감사하지만, 너무 쉽게 만족하고 만다. 성경을 조금 읽고 이해할 수 있으면, 신학적 지식이 조금 있으면, 결혼생활이 약간 좋아지면, 영적으로 조금 성숙하면 우리는 만족한다. 그래서 더는 구하지 않는다. 하지만 하나님은 이 정도의 변화로 끝낼 생각이 전혀 없으시다.

3. '나쁜 일도 쓸모가 있다'는 사고방식. 우리는 하나님이 좋지 않다고 말씀하신 것에서 최선의 결과를 이끌어내려고 애쓴다. 예를 들어, 결혼생활이 주는 안정감에 만족한 부부는 참으로 경건한 결혼생활을 추구하기보다 배우자의 우상숭배와 타협하기를 배운다.
4. '안락함 vs. 거룩함' 사고방식. 우리 마음은 안락하고 유쾌하고 예측가능하며 골치 아픈 일이 전혀 없는 삶을 갈망한다. 우리에게 하신 구속의 약속을 지키시는 하나님의 열심보다는 인생이 얼마나 우리에게 유리하게 돌아가는지에 근거해 하나님의 선하심을 판단하는 경향이 있다.
5. '사건 vs. 과정' 사고방식. 우리는 조급해한다. 우리에게 약속된 선한 일들을 하나님이 행하시기 바라지만, 평생의 과정 가운데 인내하기를 바라지는 않는다. 하나님의 일이 한 과정이 아니라 단번의 사건이기를 바라고, 그렇지 않을 때 우리의 헌신이 지체된다.

오늘 자기 자신에게 물어보라. "나는 하나님께 정말 무엇을 원하는가?" 하나님의 은혜의 목적이 내 삶의 목적인가? 하나님이 원하시는 것을 나도 원하는가, 아니면 그냥 쉽게 만족해 버리고 마는가?

더 깊은 묵상과 격려를 위해 빌립보서 2장 1-18절을 읽으라.

빌립보서 2장 1-18절로 연결됩니다.

22

타인의 평가에 겁먹을 필요가 없다.
하나님은 우리에게 자기를 평가하는 궁극적인 도구를 주셨는데,
바로 하나님의 말씀이라는 거울이다.

어느 날 열두 장짜리 편지를 받았다. 누구도 받고 싶지 않을 그런 편지였다. 나는 읽고 싶지 않았지만, 읽어야 한다는 걸 알았다. 편지를 쓴 사람은 마치 시체를 해부하는 검시관처럼 나를 갈가리 찢어 놓았다. 한 구절 한 구절이 마치 환부를 찾아 몸 각 부위를 도려내는 수술용 칼 같았다. 비판은 가혹하고 가차 없었다. 그 사람이 발견한 내 부족함은 한두 가지가 아니었다. 열두 장이나 되는 편지에서 아량이라고는 거의 찾아볼 수 없었다. 마지막 장을 읽을 때쯤 나는 온 몸의 기운이 다 **빠져나간 것** 같았다. 나는 책상 앞에 멍하니 앉아 있었다. 편지를 쓴 사람은 우리 교회 성도였다. 그러니까 나는 그 사람의 목사였다. 하지만 그 사람은 나를 조금도 존중하지 않았다. 내가 무엇을 읽은 건지 도무지 믿을 수가 없었고, 타인이 나를 그렇게 평가한다는 사실에 온 몸이 마비되는 느낌이었다. 마치 의자에 몸이 달라붙기라도 한 듯 나는 꼼짝도 할 수 없었다. 다음 날, 상황은 더 나빠졌는데 명치가 막힌 듯 답답해서 잠을 잘 수 없었다. 다 그만두고 싶었다. 달아나고 싶었다.

타인의 평가에 그 정도의 위력을 주어서는 안 되지만, 우리는 종종 그렇게 한다. 그래서는 안 된다는 사실을 모른 채, 우리는 자기 정체성과 내면의 평안을 주변 사람들의 손에 맡긴다. 우리는 흠 없는 존재만이 줄 수 있는 것을 그들에게 기대한다. 다른 사람들이 나를 어떻게 보느냐에 따라 롤러코스터를 탄다. 우리는 그 일이 옳아서가 아니라, 어떤 사람들

을 기쁘게 하기 때문에 그 일을 시작한다. 그들의 시선과 인정을 필요 이상으로 중요하게 생각하는 탓이다. 우리는 잘 인정하지 않지만, 사람을 두려워하는 마음이 행동의 동기가 될 때가 많다.

예수 그리스도의 복음은 우리를 이런 상태에서 자유롭게 한다. 무엇보다 복음은 유일하게 믿을 만한 자기 평가 기준을 준다. 바로 하나님의 말씀이라는 완벽한 거울이다. 그리고 복음은 내 정체성을 수평적 차원에서 찾으려는 태도에서 자유롭게 한다. 그리스도 안에서 내게 영원한 정체성이 주어졌기 때문이다. 또한 복음은 사람들에게 알려지고 노출되는 것에 대한 염려에서 자유롭게 한다. 예수님의 보혈로 덮이지 않은 것은 그 무엇도 드러나지 않을 것이기 때문이다. 더 나아가 복음은 사람들의 조언과 평가를 보다 열린 마음으로 들을 수 있게 한다. 나는 내가 죄인인 것을 알며, 내게 주어진 은혜가 내 죄보다 큰 것을 알기 때문이다. 마지막으로, 복음은 타인의 평가 때문에 염려하거나 괴로워하지 않게 한다. 이제 나는 타인에게서 내면의 평안을 구하지 않기 때문이다. 주변 사람들에게 제대로 인정받지 못하고, 이해받지 못하고, 크게 사랑받지 못하고, 존중받지 못해도 평안히 잠자리에 들 수 있다. 내게 중요한 분은 내가 어떤 사람인지, 내 죄와 연약함과 실패를 속속들이 완벽하게 아시지만, 결코 내게 등 돌리지 않으시기 때문이다. 바로 이 현실이 타인의 평가에 얽매인 우리를 자유롭게 한다.

더 깊은 묵상과 격려를 위해 요한복음 16장 32절을 읽으라.

요한복음 16장 32절로 연결됩니다.

23

**오래 참으시는 하나님은
그분의 은혜가 우리를 변화시키기까지
충분한 시간을 들여 충분히 보살피신다.**

하늘에 계신 아버지의 놀라운 인내에 관해 언제 마지막으로 묵상했는가? 기꺼이 기다려 주시는 하나님께 감사를 드린 게 언제가 마지막이었는가? 믿을 수 없을 만큼 오래 참으시는 하나님의 마음이 아니었다면 우리에게는 아무 소망이 없음을 아는가? 하나님의 은혜가 일을 다 하도록 시간을 주는 것이 바로 하나님의 인내다.

성경을 통독하다 보면, 하나님의 인내에 혀를 내두르게 된다. 내가 하나님이라면 아담과 하와는 아침에 타락하고, 예수님은 오후쯤 오셨다가 그날 저녁에 죽으시고 부활하셨을 것이다. 하지만 하나님의 방식은 내 방식과 다르다. 한 해에 또 한 해가 겹치고, 십 년에 또 십 년이 지나고, 백 년에 또 백 년이 지나, 말 그대로 수천 년 세월이 흐른 뒤에야 예수님이 타락의 참사를 처리하러 오셨다. 그런데 성경은 예수님이 한 치의 오차도 없이 적시에 오셨다고 말한다(롬 5:6). 이는 그 모든 세월 동안 하나님이 세상으로 하여금 구주를 맞이할 준비를 시키고 계셨다는 뜻이다.

또 한 가지 인상적인 것은 하나님이 이스라엘을 오래 참으시는 모습이다. 선지서를 쭉 읽어 보면 하나님은 선지자를 한 명만 보내지 않으셨다. 그렇다, 하나님은 한 선지자에 이어 또 한 선지자를 계속 보내셔서 이스라엘 백성이 그분의 자비에 화답할 기회를 주고 또 주심으로써 거룩한 인내를 놀랍게 펼쳐 보이신다. 예수님이 제자들에게 보이시는 인내를 보면서도 나는 가책을 느낀다. 제자들은 예수님이 자신들에게 인내하고 계심을 잘 알아차리지 못하는 것 같다. 예수님이 승천하실 때에도 제자들은 엉뚱한 질문을 한다. 하지만 예수님은 이들을 포기하지 않으신다. 나는 할 만큼 했으니 이제 다른 제자들을 찾아보겠다고 말씀하지 않으신다. 예수님은 은혜가 이 혼란스러워 하는 오만한 자들을 변화시킬 시간을 주신다.

 우리를 오래 참아 주시는 하나님의 인내에 어떻게 감사하지 않을 수 있을까? 하나님은 우리에게 즉각적인 성숙을 요구하지 않으신다. 하나님은 왜 빨리 알아듣지 못하냐고 다그치지 않으신다. 하나님은 딱 한 번만 가르침을 주지 않으신다. 하나님은 오늘 우리가 처한 상황 가운데 찾아오셔서 주권적인 은혜로 다스리시고 우리를 변화시키는 도구로 사용하신다. 그리고 내일, 또 내일 같은 일을 반복하신다. 나는 반복하는 것을 좋아하지 않는다. 나는 주변 사람들이 빨리 알아들었으면 좋겠다. 내 마음이 구주의 마음과 이렇게 멀다니 슬프다.

 이처럼 하나님의 돌보심은 하나님의 인내와 동떨어져 있지 않다. 하나님의 효력 있는 은혜가 우리를 변화시키는 사역을 다 마칠 수 있는 것은 자상하신 하나님이 기꺼이 기다려 주시기 때문이다. 오늘 그 인내에 대해 하나님께 감사하라. 하나님의 인내가 우리의 소망이다. 그리고 나로 그 하나님을 더욱 닮아가게 하시기를 기도하라. 하나님의 자비가 일을 다 마칠 때까지 기쁘게 기다릴 수 있기를 기도하라.

 더 깊은 묵상과 격려를 위해 베드로후서 3장 8-9절을 읽으라.

베드로후서 3장 8-9절로 연결됩니다.

24

우리는 방황한다. 하나님은 우리를 찾아와 화해하신다.
우리는 비틀거리고 넘어진다. 하나님은 용서하고 회복시키신다.
우리는 지치고 고단해한다. 하나님은 은혜로써 힘을 부으신다.

이는 우리를 겸손케 하는, 그러나 반드시 인정해야 할 중요한 사실이다. 하나님과의 관계에 있어서나 은혜로 성장하는 일에 있어서 우리에게는 공로가 전혀 없다. 사실 우리는 자신에게 은혜가 계속 필요하다는 사실을 날마다 입증한다. 우리가 천년 동안 예수님을 따랐다고 한들, 그다음 날이 되면 우리가 예수님을 처음 믿은 날 받은 만큼의 은혜가 다시 필요할 것이다.

예수님은 우리에게 빛을 주는 태양이시다. 예수님은 우리가 숨을 피난처시다. 예수님은 우리를 살리는 물이요, 우리를 먹이는 떡이시다. 예수님은 우리가 그 위에 서는 견고한 반석이시다. 예수님은 원수로부터 우리를 지키는 사령관이시다. 예수님은 우리가 진리를 알도록 복 주는 지혜이시다. 예수님은 우리 죄에 대한 형벌을 담당한 어린양이시다. 예수님은 우리의 매일을 아버지 앞에 가져가는 대제사장이시다. 예수님은 우리 최악의 순간에도 우리를 버리지 않는 신실한 친구이시다. 예수님은 우리 스스로는 결코 획득할 수 없는 영적 부요를 우리가 누리도록 복 주는 분이시다. 예수님은 우리가 자기 죄를 인식하고 마음으로부터 자각하게 하는 분이시다. 예수님은 우리가 길을 잃고 방황할 때 우리를 찾아서 그분의 품으로 데려가는 목자이시다. 예수님이 하시는 이 일들 중 불필요한 것은 하나도 없다. 모두 우리의 영적인 삶에 없어서는 안 될 필수 요소다. 그러나 우리는 그 어느 하나도 스스로 마련할 수 없다. 우리는 마치 아기처럼 자신의 필요를 스스로 채울 수 없다. 우리는 생명과 양식과 건강을 아버지의 사랑에 전적으로 의존하고 있다.

스스로 의로워질 수 있다는 생각은 엄청난 망상이다. 오직 은혜만이 줄 수 있는 것을 자신의 공로로 가져가려 하는 일은, 영적 교만의 극치다. 전에는 내게 필요했던 은혜가 이제는 더 필요하지 않다고 생각하는 것은 재앙으로 가는 지름길이다. 하나님이 은혜로 인내하시고, 죄를 사하시고, 내게서 나를 구하시고, 필요한 것을 마련하시고, 변화시키시고, 구원하시지 않는다면 우리에게는 아무런 영적 소망이 없다. 우리는 어떤 식으로든 절대 영적으로 스스로 서는 존재가 아니다. 오히려 그 반대다. 처음 믿은 그 순간과 마찬가지로, 모든 영적 필요에 대해 우리는 언제나 철저히 구주의 은혜에 의존한다. 우리 자신의 힘으로는 할 수 없다. 우리 자신의 의로움과 능력으로는 열매를 맺을 수 없다. 사실 우리에게 있는 좋은 것 치고 하나님의 은혜로운 손에서 받지 않은 것이 하나도 없다.

그러므로 자랑할 이유가 없다. 우리의 공으로 돌릴 만한 것이 없다. 모든 찬양과 존귀와 예배와 섬김은 다 하나님께, 오직 하나님께만 돌려야 한다. 하나님이 우리를 찾으셨다. 하나님이 우리를 낳으셨다. 하나님이 우리를 지탱하신다. 하나님이 우리를 성숙시키신다. 하나님이 우리를 보호하신다. 그리고 하나님이 최종적으로 우리를 구원하실 것이다. 주님 홀로 영광 받으소서. 아멘.

더 깊은 묵상과 격려를 위해 누가복음 15장 11-32절을 읽으라.

누가복음 15장 11-32절로 연결됩니다.

25

**낙심은, 하나님의 성품과 임재와 약속에 담긴 회복시키는 영광보다
피조물의 깨진 영광에 더 초점을 맞춘다.**

내 마음을 사로잡는 것이 내 생각을 제어하고 내 마음의 욕망을 지배한다. 의도적으로 마음을 다잡아야 하는 공동 예배나 개인 예배 외 사적인 시간에 주로 어떤 생각을 하는가? 깊이 묵상하는 주제가 무엇인가에 따라 자기 자신, 삶, 하나님을 보는 방식이 결정되고, 그 방식에 따라 내가 무엇을 선택하고 어떤 행동을 취하느냐가 결정된다.

내 묵상을 사로잡는 주제는 다음 중 무엇인가?

- 그토록 친한 친구가 신의를 지키지 않았는가?
- 재정 상태가 말이 아닌가?
- 교회에 실망했는가?
- 우리 집안이 역기능 가정이어서 고민인가?
- 결혼생활에 문제가 있는가?
- 자녀 키우기가 날마다 전쟁인가?
- 업무 일정이 정신을 차릴 수 없을 만큼 벅찬가?
- 몸에 병이 있는가?
- 이 타락한 세상에서 하루하루 살아가기가 힘겨운가?

이렇게 질문할 수도 있다. "대체 이 문제를 어떻게 해야 하죠? 내가 여기에 어떻게 반응해야 하죠?" 글쎄, 이 묵상집의 주제 중 한 가지는 성경

적인 믿음이다. 하나님의 존재와 임재와 약속과 섭리를 믿는 진정한 믿음은 어떤 식으로든 현실을 부정하라고 요구하지 않는다. 상황이 좋지 않은데도 좋다고 자신을 설득하는 것은 성경적인 믿음이 아니다. 좋지 않은 일을 좋게 여기려고 스스로 애쓰는 것은 성경적인 믿음이 아니다. 성경적인 믿음은 현실을 정면으로 직시하며, 그러면서도 결코 움찔하지 않는다.

한편, 힘든 현실을 직시하는 것과 그 현실에 사로잡히는 것에는 결정적인 차이가 있다(수 1:1-9에서 하나님이 여호수아에게 권고하신 말씀을 보라). 우리는 묵상의 근원이신 하나님의 영광이라는 창을 통해서 볼 때에만 비로소 현실을 정확히 보게 된다. 문제점을 묵상하면 할수록 그 문제가 극복할 수 없이 커 보인다. 문제 한가운데서 하나님을 묵상한다면, 은혜로 우리와 관계를 맺으신 하나님의 위엄과 영광이 얼마나 장엄한지 다시 한 번 깨달을 것이다. 하나님은 그 어떤 문제보다도 무한히 크신 분이다. 그러므로 눈에 보이는 문제의 크기가 아니라 하나님의 영광이 문제에 대처하는 우리의 태도를 빚게 하라.

더 깊은 묵상과 격려를 위해 시편 143편을 읽으라.

시편 143편으로 연결됩니다.

26

참된 믿음은 흔들리지 않는 두 가지 사실을 기반으로 한다.
하나는, 하나님이 정말로 존재하신다는 것
또 하나는, 하나님은 그분을 찾는 자들에게 반드시 상 주신다는 것.

은혜가 나를 두 주춧돌 위에 세웠습니다.

내 정체성을 다시 세우고
내 목적지를 바꾸고
내 갈망을 다시 빚고
내 생각을 구제하고
내 삶을 개혁한 그 반석.

나 아침에 일어날 새로운 이유를 찾았습니다.

그 이유가 나로
용기와
소망과
기쁨과
자신감과
안식 안에서
하루를 마주하게 합니다.

주님의 은혜가 모든 것을 바꾸었습니다.

그 은혜가
그분의 존재와
그분을 찾는 자들이 받을 상(히 11:6)을
확신하게 합니다.

더 깊은 묵상과 격려를 위해 히브리서 11장을 읽으라.

히브리서 11장으로 연결됩니다.

27

하나님이 무슨 일을 요구하시든 두려워할 필요가 없다.
우리 마음과 손에 능력을 주시는 은혜의 약속이 늘 함께하기 때문이다.

하나님이 모세에게 애굽에서 참혹하게 포로생활을 하는 이스라엘 백성을 인도하라고 명령하셨을 때, 모세가 한 답변을 보라. 하나님이 우리에게 무언가를 요구하실 때 우리가 흔히 보이는 반응과 꼭 닮았다.

"여호와께서 이르시되 내가 애굽에 있는 내 백성의 고통을 분명히 보고 그들이 그들의 감독자로 말미암아 부르짖음을 듣고 그 근심을 알고 내가 내려가서 그들을 애굽인의 손에서 건져내고 그들을 그 땅에서 인도하여 아름답고 광대한 땅, 젖과 꿀이 흐르는 땅 곧 가나안 족속, 헷 족속, 아모리 족속, 브리스 족속, 히위 족속, 여부스 족속의 지방에 데려가려 하노라 이제 가라 이스라엘 자손의 부르짖음이 내게 달하고 애굽 사람이 그들을 괴롭히는 학대도 내가 보았으니 이제 내가 너를 바로에게 보내어 너에게 내 백성 이스라엘 자손을 애굽에서 인도하여 내게 하리라 모세가 하나님께 아뢰되 내가 누구이기에 바로에게 가며 이스라엘 자손을 애굽에서 인도하여 내리이까 하나님이 이르시되 내가 반드시 너와 함께 있으리라 네가 그 백성을 애굽에서 인도하여 낸 후에 너희가 이 산에서 하나님을 섬기리니 이것이 내가 너를 보낸 증거니라…… 모세가 여호와께 아뢰되 오 주여 나는 본래 말을 잘 하지 못하는 자니이다 주께서 주의 종에게 명령하신 후에도 역시 그러하니 나는 입이 뻣뻣하고 혀가 둔한 자니이다 여호와께서 그에게 이르시되 누가 사람의 입을 지었느냐 누가 말

못 하는 자나 못 듣는 자나 눈 밝은 자나 맹인이 되게 하였느냐 나 여호와가 아니냐 이제 가라 내가 네 입과 함께 있어서 할 말을 가르치리라 모세가 이르되 오 주여 보낼 만한 자를 보내소서"(출 3:7-12, 4:10-13).

주 하나님과의 이 놀라운 만남에서 모세는 우리가 흔히 하나님의 명령 앞에서 어떻게 반응할지 견적을 낼 때 하는 행동을 보인다. 그는 우리의 생각과 하나님의 부르심에 대한 반응을 완전히 바꾸는 궁극적인 사실을 간과한다. 그것은 하나님이 얼마나 어려운 명령을 하셨는지, 그에 반해 자신의 지혜와 능력이 얼마나 하찮은지가 아니다. 그것은 자기 백성을 부르신 영광과 은혜의 하나님은 그들이 주님의 부르심에 순종하는 동안 언제나 그들과 함께 가신다는 사실이다. 하나님은 함께 갈 것이 아니면 보내지 않으신다. 하나님은 우리를 보내실 때 구호품만 안겨 주는 분이 아니시다. 하나님은 언제나 자기 자신을 우리에게 주신다. 하나님만이 우리에게 필요한 것을 주실 수 있으며, 그분이 바로 우리에게 필요한 전부이시기 때문이다.

모세가 끝내 "오 주여 보낼 만한 자를 보내소서"라고 할 때, 그는 하나님의 자녀라는 자신의 정체성이 어떤 힘을 지녔는지 잘 몰랐던 듯하다. 모세는 하나님이 택하신 자녀이기에 절대 혼자가 아니었다. 하나님은 결코 자기 자녀에게 과제만 던져 주고 혼자 보내지 않으신다. 모세가 성공하리라는 소망은 그의 개인적인 능력과 지혜가 아닌, 그를 보내신 분의 광대한 영광에서만 찾을 수 있다. 기억하라. 하나님이 우리를 보내실 때는 자신도 함께 가신다! 더 깊은 묵상과 격려를 위해 신명기 31장 1-8절을 읽으라.

신명기 31장 1-8절로 연결됩니다.

28

게으름의 뿌리는 자기 사랑이다.
게으름은 최선보다 안락함을 선택하면서 곤경을 면하려는 것이다.
그러나 은혜는 게으르지 않다.

듣고 있기 괴로운 말이다. 이 말이 내가 아닌 다른 사람에게만 해당되었으면 좋겠다. 나쁜 소식이지만 들어야 할, 그러나 생각하기는 싫은 소식이다. 바로 죄가 우리 안에 존재하는 한 게으름은 늘 우리에게 문제가 되리라는 것이다. 더 읽고 싶지 않아서 다음 장으로 넘어갈지도 모르겠지만, 잠깐 설명을 해보겠다.

고린도후서 5장 15절은 예수님이 "살아 있는 자들로 하여금 다시는 그들 자신을 위하여 살지 않게" 하기 위해 오셨다고 말한다. 이 구절에는 이 땅에 존재했거나 존재한 모든 사람에게 해당되는 한 가지 진단이 담겨 있다. 바울은 여기서 이기심이 죄의 DNA이기 때문에 예수님의 오심과 희생이 반드시 필요했다고 주장한다. 죄는 내 삶의 모든 영역에서 하나님의 존재와 하나님이 하시는 올바른 주장을 무시하게 한다. 그래서 내 삶에서 그분이 마땅히 계셔야 할 자리, 즉 모든 것의 중심에 하나님이 계시지 못하게 한다. 이렇게 되면 나는 그 자리에 나 자신을 밀어 넣는다. 내 삶은 온통 나 중심이 된다. 내 모든 관심사는 나 자신이라는 경계를 넘어서지 못한다. 내 시선은 내 욕구, 내 필요, 내 감정이라는 좁은 공간으로 집중된다. 사실상 모두 나에 관한 것으로 내 삶을 만들어 나간다. 내 안락함, 내 위로, 내 기쁨, 내 성공이 내 마음의 모든 욕망을 게걸스레 먹어치운다. 나는 내가 원하는 것만을 원하고, 원하는 것을 얻으면 행복을 느낀다.

자, 죄인인 나는 나 중심으로 살아가려는 경향이 있기 때문에 힘들거나 불편한 일은 피하려고 애쓴다. 힘든 일, 남을 섬겨야 하는 상황, 인내하라는 요구, 고난이라는 피할 수 없는 현실, 날마다 수고해야 한다는 조건, 나 자신의 나라보다 더 큰 나라의 일에 나를 던지라는 부르심, 또는 나 자신 아닌 다른 분의 영광을 위해 내 은사를 활용해야 한다는 요구가 있을 때 나는 이를 저주하는 경향이 있다.

죄가 어떤 방식으로 우리 모두를 일 기피자로 만드는지 알아보자. 죄는 바람직한 삶이란 노동할 필요가 없는 삶이라 생각하게 한다. 그러나 진실은 그렇지 않다. 우리는 삶의 유익을 위해서만이 아니라 우리를 창조하신 분에게 기꺼이 기쁘게 복종한다는 의미에서도 일하는 존재로 창조되었다. 일은 저주가 아니다. 일은 하나님이 창조하신 우리의 정체성이다. 우리가 이 땅에 태어난 한 가지 이유는 하나님이 만드신 물질 세상을 돌보기 위해서다. 사실 우리는 우리를 만드신 분에게 복종한다는 맥락에서 일하라는 부르심을 받았는데, 이 부르심을 이행하기가 자꾸 힘들어지는 것은 우리가 이제 심각하게 망가진 세상에서 노동을 하기 때문이다. 그런데 생각해 보라. 아담과 하와는 세상이 타락하기 전에 일하라는 가르침 받았다. 그러므로 게으름은 우리에게 은혜가 필요하다는 사실을 보여 주는 또 하나의 꾸준한 논거다. 은혜가 은혜 고유의 일을 완료할 때까지 우리는 일을 소명이요 기쁨보다는 짐으로 인식하게 될 것이다. 오직 은혜만이 은혜 아니면 게을렀을 사람들을 변화시켜 하나님의 영광을 위해 부지런히 일하는 사람들로 만들 수 있다.

더 깊은 묵상과 격려를 위해 창세기 1-3장을 읽으라.

창세기 1-3장으로 연결됩니다.

29

우리를 믿음 안에서 자라도록 부르신 하나님은
그분의 은혜와 진리라는 자양분으로 우리를 먹이신다.

믿음 안에서 자라고 있는가? 그렇지 않을 경우, 그 문제에 마음을 쓰는가? 약간의 성경 지식과 약간의 교리 이해에 만족하는가? 하나님의 은혜가 내 안에서 이루어야 할 일이 끝나려면 아직 멀었건만 영적 양식인 그 은혜로 자양분을 공급받기를 중단했는가? 은혜가 아직 할 일이 있다는 증거가 남은 그곳에서 나를 변화시키는 사역이 계속되도록 내게 주어진 그 은혜를 갈망하는가? 조금 더 양심적인 사람, 조금 더 경건한 사람이 되는 것으로 만족하는가? 신자를 자처하지만 내 삶의 이런저런 부분을 신앙이 아닌 다른 가치로 빚어가면서 흡족해하지 않는가? 하나님과의 관계가 정말로 결혼생활, 친구관계, 자녀양육, 직업, 재정, 시민이나 이웃으로서의 삶, 개인적으로 추구하는 일, 은밀한 생각과 욕망과 관련해 내 사고방식과 행동방식을 결정하는가? 자기 자신을 점검할 때 하나님이 계시지 않은 부분을 발견하고도 만족할 수 있는가? 매일 은혜가 여전히 필요하다고 증명하는 자기 자신 때문에 이미 받은 은혜를 추구하는가?

이런 생각을 할 때면 내 마음은 곧 아래 성경 구절들로 향하게 된다.

"그러므로 모든 악독과 모든 기만과 외식과 시기와 모든 비방하는 말을 버리고 갓난 아기들 같이 순전하고 신령한 젖을 사모하라 이는 그로 말미암아 너희로 구원에 이르도록 자라게 하려 함이라 너희가 주의 인자하심을 맛보았으면 그리하라 사람에게는 버린 바가 되었으나 하나님께는 택하심을 입은 보배로운 산 돌이신 예수께 나아가 너희도 산 돌 같이 신령한 집으로 세워지고 예수 그리스도로 말미암아 하나님이 기쁘게 받으실 신령한 제사를 드릴 거룩한 제사장이 될지니라"(벧전 2:1–5).

"멜기세덱에 관하여는 우리가 할 말이 많으나 너희가 듣는 것이 둔하므로 설명하기 어려우니라 때가 오래 되었으므로 너희가 마땅히 선생이 되었을 터인데 너희가 다시 하나님의 말씀의 초보에 대하여 누구에게서 가르침을 받아야 할 처지이니 단단한 음식은 못 먹고 젖이나 먹어야 할 자가 되었도다 이는 젖을 먹는 자마다 어린 아이니 의의 말씀을 경험하지 못한 자요 단단한 음식은 장성한 자의 것이니 그들은 지각을 사용함으로 연단을 받아 선악을 분별하는 자들이니라"(히 5:11–14).

솔직히 말해 둘 중 어느 구절이 자신을 가장 잘 설명하는가? 어머니의 젖을 충분히 먹지 못해 몹시 굶주린 아기인가, 아니면 단단한 음식도 마땅히 소화시켜야 하는데 그럴 준비가 안 되어 있는 사람인가? 이것을 기억하라. 우리는 자신을 변호하거나 속이지 않아도 된다. 예수님의 은혜가 나를 그 상태에서 자유롭게 했다. 예수님의 십자가가 나를 반갑게 맞이하기에 나는 정직할 수 있다. 내가 정직해야 할 모든 부분이 예수님의 보혈로 덮였기 때문이다. 그리고 이것을 기억하라. 내게 아직도 얼마나 많은 은혜가 필요한지 인정하는 것에도 은혜가 필요하다. 예수님 안에서 그 은혜는 내 소유가 되었다.

더 깊은 묵상과 격려를 위해 히브리서 5장 11절–6장 12절을 읽으라.

히브리서 5장 11절–6장 12절로 연결됩니다.

30

우리가 살 수 없었을 삶을 그분이 우리를 위해 사셨다.
우리가 죽어야 했을 죽음을 그분이 우리를 위해 죽으셨다.
우리에게 필요한 새 생명을 그분이 우리에게 주신다.

하나님의 놀라운 은혜만이 우리를 죽음에서 생명으로 옮길 권능이 있다. 인간의 노력으로는 이런 일을 성취할 수 없다. 구원은 우리 손으로 움켜잡을 수 없는 영역에 있다. 하나님과의 관계는 우리 손이 닿지 않는 곳에 있다. 도덕적 완전함은 우리가 오르기에는 너무 높은 산이다. 하나님의 영광을 위해 산다는 것은 우리가 가질 수 있는 가장 훌륭한 동기를 넘어선다. 의와 지혜는 우리의 타고난 능력이 미치지 않는 곳에 있다. 우리 자신의 능력에 맡긴다면, 우리는 하나님이 창조하실 때 의도하신 존재가 될 수 없고, 의도하신 일을 할 수 없다. 우리는 다 하나님의 기준에 미치지 못하며 그래서 하나님의 형벌을 받아 마땅하다.

내가 처한 이 상태의 엄중함을, 어찌할 도리가 없는 내 무력함을 깨닫고 인정하지 않는다면, 성경 그리고 특히 그리스도의 사역은 내게 아무 의미가 없을 것이다. 하나님은 왜 자기 아들을 세상에 보내는 일을, 인간 역사의 형세를 바꿔 놓는 일을 하셨을까? 예수님은 왜 33년 동안 흠 잡을 데 없이 완벽한 삶을 사셔야 했을까? 우리와 똑같은 입장이 되어 우리가 직면하는 모든 시험을 폭넓게 경험하는 일이 그분께 왜 중요했을까? 예수님은 왜 반드시 고난당하고 죽으셔야 했을까? 왜 부활이 절대적으로 필요했을까? 왜일까? 이들 질문에 대한 답변은 성경 전체를 꿰뚫는 한 실마리를 추적할 때 찾을 수 있다. 하나님이 이렇게까지 철저하게 하신 것은 다른 방법이 없었기 때문이다. 우리는 절망적일 만큼 죄의 덫에 걸려들어 비극적으로 하나님 앞에 죄책을 지게 되었으며, 스스로를 어떻게 해볼 능력이 전혀 없었다. 우리는 우리 죄 가운데 죽어 있었다. 우리 스스로 그 상태에서 빠져나온다는 것은 시체가 제 힘으로 관에서 나오는 것만큼이나 불가능한 일이었다.

구주가 오셔야 했던 이유는 우리에게는 자신을 구원할 능력이 전혀 없기 때문이다. 우리는 어떤 상황을 피하고, 어떤 장소를 피하고, 어떤 관계를 피할 수는 있지만, 우리 자신을 피할 수는 없다. 우리는 자기 존재에서, 자신이 저지른 일에서, 자신이 받아 마땅한 형벌에서 도망쳐 나올 수 없다. 우리의 유일한 소망은 하나님이 속량하시는 사랑과 영광스러운 은혜로 우리에게 다가오셔서 우리가 자신을 위해 할 수 없는 일을 하신다는 데 있다.

그래서 하나님은 두 번째 아담으로 자기 아들을 보내셨다. 그 아들은 아담이 직면했던 시험에 직면할 것이나 아담처럼 실족하지는 않을 터였다. 그분은 아담이 불순종했던 부분에서 완벽히 순종하실 터였으며, 아담이 받아야 할 형벌을 기꺼이 자신이 감당하실 터였다. 두 번째 아담은 아담 대신, 그리고 아담의 후손 대신 죽으실 터였다. 그분은 하나님의 요구조건을 충족시키고 하나님의 진노를 가라앉히실 터였다. 그리고 그렇게 함으로써 우리가 하나님과 영원한 관계를 누리는 길을 다시 여실 터였다. 예수님은 대리자로서 그 모든 일을 하셨다. 바로 나를 위해 그 모든 일을 하셨다.

더 깊은 묵상과 격려를 위해 로마서 5장 12-21절을 읽으라.

로마서 5장 12-21절로 연결됩니다.

31

하나님은 나를 내게서 구하는 데 열심이시다.
그래서 그분의 보살핌은 격렬할 수 있다.

하나님의 돌보심을 생각하면 머릿속에 어떤 그림이 그려지는가? 하나님의 은혜를 생각할 때, 어떤 이미지가 떠오르는가? 하나님의 은혜 가운데 있으면서도 그 은혜를 부르짖어 구한 적이 있는가? 하나님의 은혜가 늘 위로와 격려의 형태로 우리를 찾아오지는 않는다. 하나님의 돌보심이 반드시 안도감과 자유를 뜻하지는 않는다. 우리가 종종 구하는 '돌봄'이 우리에게 정말로 필요한 돌봄은 아닐 수도 있다.

이스라엘 백성의 삶에는 우리에게 매우 큰 교훈을 주는 반복이 있다. 그들은 우리와 똑같은 사람이었으며, 그들의 이야기는 우리가 같은 잘못을 범하지 않도록 가르침과 예시를 주려는 목적으로 쓰였음을 기억하라. 은혜로써 우리가 받은 은혜를 귀하게 여기며 추구하도록 하나님은 그들이 은혜와 치른 씨름을 기록하셨다. 다음 구절을 주의 깊게 살펴보라.

"이스라엘 자손이 여호와의 목전에 악을 행하여 바알들을 섬기며 애굽 땅에서 그들을 인도하여 내신 그들의 조상들의 하나님 여호와를 버리고 다른 신들 곧 그들의 주위에 있는 백성의 신들을 따라 그들에게 절하여 여호와를 진노하시게 하였으되 곧 그들이 여호와를 버리고 바알과 아스다롯을 섬겼으므로 여호와께서 이스라엘에게 진노하사 노략하는 자의 손에 넘겨 주사 그들이 노략을 당하게 하시며 또 주위에 있는 모든 대적의 손에 팔아 넘기시매 그들이 다시는 대적을 당하지 못하였으며 그들이 어디로 가든지 여호와의 손이 그들에게 재앙을 내리시니 곧 여호와께서 말씀하신 것과 같고 여호와께서 그들에게 맹세하신 것과 같아서 그들의 괴로움이 심하였더라 여호와께서 사사들을 세우사 노략자의 손에서 그들을 구원하게 하셨으나 그들이 그 사사들에게도 순종하지 아니하고 오히려 다른 신들을 따라가 음행하며 그들에게 절하고 여호와의 명령을 순종하던 그들의 조상들이 행하던 길에서 속히 치우쳐 떠나서 그와 같이 행하지 아니하였더라 여호와께서 그들을 위하여 사사들을 세우실 때에는 그 사사와 함께 하셨고 그 사사가 사는 날 동안에는 여호와께서 그들을 대적의 손에서 구원하셨으니 이는 그들이 대적에게 압박과 괴롭게 함을 받아 슬피 부르짖으므로 여호와께서 뜻을 돌이키셨음이거늘 그 사사가 죽은 후에는 그들이 돌이켜 그들의 조상들보다 더욱 타락하여 다른 신들을 따라 섬기며 그들에게 절하고 그들의 행위와 패역한 길을 그치지 아니하였으므로"(삿 2:11-19).

하나님은 이스라엘 백성의 마음을 우상숭배에서 구하기 위해 환란이라는 특별한 돌보심을 베푸셨다. 하지만 하나님의 자녀들이 원한 것은 대적에게서 벗어나게 해달라는, 당면한 상황과 관련된 돌보심뿐이었다. 그리고 원하던 것을 얻자 이들은 죄의 길로 다시 돌아갔다. 오늘 나는 은혜로우신 메시아의 손에서 어떤 돌보심을 받기를 갈망하는가?

더 깊은 묵상과 격려를 위해 사사기 2-3장을 읽으라.

사사기 2-3장으로 연결됩니다.

32

죄를 순진하게 과소평가해서도 안 되고
은혜를 단순하게 수용해서도 안 된다.

잠깐 생각해 보자. 나는 누구의 죄를 경시하기 쉬운가? 친구의 죄? 배우자의 죄? 자녀의 죄? 이웃의 죄? 친척의 죄? 아버지나 어머니의 죄? 상사의 죄? 우리의 문제는 타인의 죄를 과소평가하는 게 아니다. 그렇다, 우리에게는 정반대의 경향이 있다. 우리는 보통 타인의 잘못에 너무 집착한다. 타인의 결함을 지적하기는 너무도 쉽다. 우리는 주변 사람들의 특정한 죄를 계속 기록해 두고픈 유혹을 느낀다. 솔직히 우리들 대다수가 겸손히 고백해야 할 것이다. 자기 자신보다는 주변 사람들의 죄에 더 관심이 많다고 말이다.

우리는 가까운 사람들의 약점에는 지나치게 예민한 반면 자기 자신의 부족함에는 실질적으로 눈을 감아 버리는 경향이 있다. 이런 이유로 우리는 자신 역시 주변 사람들과 별반 다를 게 없으며, 타인의 삶에서 발견된 흠집은 어떤 식으로든 나 자신의 삶에도 존재한다는 사실을 짐짓 망각한다.

자, 이렇게 외부에는 관심이 많고 내면은 부인하는 태도는 옳지 않다. 자기 죄에 눈감아 버리는 태도는 자신에게 영적으로 부족한 것이 있다는 사실을 부정하는 것이다. 그런 부정은 언제나 하나님의 은혜의 가치를 평가절하하고 그 은혜에 저항하는 결과를 낳는다. 내게 은혜가 필요하다는 사실을 부인하고 은혜의 능력을 과소평가하면 그 어떤 선한 결과에도 이르지 못한다.

문제는, 우리가 이 두 가지 행동에 아주 능숙하다는 것이다. 우리는 자기 죄를 보면서 이 정도는 죄가 아니라고 말하는 데 아주 능숙하고, 은혜가 지금까지 해온 일과 지금 하는 일과 앞으로 할 일의 영광을 격하시킨다. 죄를 부인하는 사람은 죄를 점진적으로 정복하지 못하는 경향이 있고, 은혜를 평가절하하는 사람은 은혜에 도움을 청하지 않는 경향이 있다. 우리는 지금 건강한 그리스도인의 삶이 지니는 양면성을 이야기하고 있다. 내가 그리스도 안에 있기는 하지만 죄가 여전히 내 안에 존재한다고 우리는 고백한다. 하지만 죄는 점차 격퇴되는 중이다. 내 힘으로 절대 할 수 없는 일을 나를 위해 하는 영광스러운 은혜가 우리에게 주어졌다. 나는 이 사실을 겸손히 받아들인다.

죄를 시인하는 것은 우리를 암담하고 우울한 결과로 이끌지 않는다. 내 죄보다 더 큰 은혜가 내게 주어졌음을 알기 때문이다. 그리고 은혜가 다루는 바로 그 죄를 고백하는 가운데 우리는 은혜를 진심으로 진실하게 기쁨으로 찬양하게 된다. 죄 고백이 은혜에 대한 찬양으로 이어지지 않을 때 우리는 죄책감과 자기 혐오, 소심함, 영적 무력 상태에 빠지게 된다. 반면 죄를 시인하는 일 없이 은혜를 수용하면 신학적으로 "언제나 의롭다"고 확신하게 되고, 이는 우리의 마음과 삶에 아무런 변화도 가져오지 못한다. 그러므로 오늘, 죄를 과소평가하기를 거부하고 은혜를 평가절하하려는 유혹에 저항하라. 죄를 슬퍼하고 은혜를 찬미하면서 예수님께 달려가라.

더 깊은 묵상과 격려를 위해 요한일서 2장 1-17절을 읽으라.

요한일서 2장 1-17절로 연결됩니다.

33

우리 삶의 모든 일을 이해할 필요가 없다.
지혜롭고 은혜로우신 우리 주님이 모두 아신다.

사람들이 잘 이야기하지 않는 역설이다. 하나님은 우리를 이성을 지닌 존재로 창조하셨고, 그래서 우리는 알고 이해하고자 하는 욕구를 지닌다. 하지만 단순히 모든 의문이 풀린다고 해서 마음의 평안을 누리는 것은 아니다. 성경적인 믿음은 합리적이지만, 논리적인 추론 능력을 초월하는 영역으로 우리를 데려간다. 우리는 하나님의 말씀을 진리로 믿고, 하나님의 형상을 지녔다는 정체성을 가진 신자로서, 공부하고 배우고 샅샅이 살피고 판단하고 아는 것이 중요하다고 인정한다. 하지만 우리는 합리주의자가 아니다. 우리는 이성을 신뢰하지만 하나님만큼 신뢰하지는 않는다. 하나님이 하시는 말씀이 납득이 안 될 때도 우리는 그 말씀을 거부하지 않는다. 우리는 어떤 것은 하나님이 숨기셨기에 최고의 신학적 지식으로도 절대 풀 수 없는 수수께끼가 우리 삶에 있음을 안다.

성경을 읽고 이해할 능력이 있다고 해서 우리 삶에서 모든 혼란과 신비를 몰아낼 수 있는 것은 아니다. 하나님이 성경에서 자신의 뜻을 계시하시지만, 우리의 유익과 하나님의 영광을 위해 그분이 우리 삶에서 행하시는 모든 일을 드러내지는 않으시기 때문이다. 하나님은 우리를 놀라게 하신다.

그렇다면 마음의 평안은 어디에서 찾을 수 있을까? 이사야 26장이 명쾌하고도 힘 있게 답한다.

"주께서 심지가 견고한 자를 평강하고 평강하도록 지키시리니 이는 그가 주를 신뢰함이니이다 너희는 여호와를 영원히 신뢰하라 주 여호와는 영원한 반석이심이로다"(3-4절).

이 구절은 우리가 어디에서 평안을 찾아야 하는지 말해 준다. 하나님의 숨겨진 뜻을 알아내는 데서는 절대 평안을 찾을 수 없다. 내 삶의 상황과 주변 사람을 내 마음대로 휘두르기를 계획하거나 시도하는 데서는 평안을 찾을 수 없다. 평안은 내가 이해하지 못하는 모든 일을 다스리시는 분, 그 모든 일을 계획하셨기에 신비란 것을 모르는 분을 믿고 의지하는 데서 찾을 수 있다.

이 주목할 만한 평안을 경험하고 있는가? 실망스러운 일이 있어도, 사람들이 힘들게 해도, 상황이 어려워져도 사라지지 않는 이런 평안을? 이 평안은 주님께 견고히 마음을 둠으로써 경험할 수 있다. 하나님의 영광, 하나님의 권능, 하나님의 지혜, 하나님의 은혜, 하나님의 신실함, 하나님의 의, 하나님의 인내, 우리를 속량하시는 하나님의 열심, 우리에게 하신 영원한 약속을 이루시는 하나님의 성실하심을 많이 묵상할수록, 우리는 삶에서 만나는 신비를 더 잘 다루게 된다. 왜인가? 그 신비 뒤에 계신 분은 대단히 선하시며, 내 신뢰뿐 아니라 내 마음의 예배를 받기에 합당하신 분임을 잘 알게 되기 때문이다. 어려운 일을 당할 때 마음의 평안은 삶을 파악하는 데서 찾아지는 것이 아니라 이미 모든 일을 알고 계신 분을 경배하는 데서 찾을 수 있다. 이것이 실로 진리다.

더 깊은 묵상과 격려를 위해 시편 139편을 읽으라.

시편 139편으로 연결됩니다.

34

우리가 치르는 죄와의 싸움이 너무 심각해서
우리를 용서하시는 것만으로는 하나님께 충분하지 않았다.
그래서 성령으로 우리 안에 들어와 거하셨다.

건전한 신학은 우리를 겸손하게 한다. 왜일까? 하나님은 신학적 지식이 은혜의 목표인 양 신학 그 자체가 종착지가 되게 하지 않으셨다. 그렇다, 성경의 모든 가르침은 본디 삶을 근본적으로 변화시키는 그 한 가지를 목적으로 한다. 이렇게 말할 때 신약성경에 나타나는 성령님의 사역은 얼마나 우리를 겸손하게 하는가.

왜 하나님은 나를 태초에 구원하셔서 그 끝날에 그분의 임재로 맞아들이기까지 혼자 내버려 두지 않으실까? 왜 모든 신자에게는 내주하시는 성령님의 임재가 절대적으로 필요한 선물로 주어질까? 바로 죄인이라는 내 상태가 지닌 그 지극한 심각성 때문이다. 알다시피, 칭의는 죄책을 다루고 최종적 영화는 죄의 궁극적인 패배를 다룬다. 그러나 그 사이에 남아 있는 죄의 존재와 위력 역시 반드시 다루어져야 한다. 그렇지 않으면 은혜의 사역이 완성되지 않는다.

죄는 단순히 죄책만 우리에게 주지 않는다. 죄는 우리를 무력하게 한다. 죄는 하나님을 기쁘시게 하는 삶을 사는 능력을 빼앗는다. 죄는 우리의 욕망을 채어가고 우리의 생각을 왜곡시킨다. 죄는 우리의 혀를 지배하고 우리의 행실을 다스린다. 죄는 우리의 결단력을 약하게 하고 무릎의 힘을 빼앗는다. 죄는 우리를 절룩이게 하고, 허약하고 무력하게 한다. 우리에게 필요한 것은 단지 죄 사함과 궁극적인 구원만이 아니다. 우리에게는 지금 당장의 도움도 절실히 필요하다. 그 도움이 있어야 하나님

보시기에 선한 일을 하려는 욕구와 그 일을 할 능력을 가질 것이다. 죄와의 싸움은 너무 심각해서 오직 우리 안에 사시는 하나님만이 우리 삶 가운데 함께하시는 하나님을 기뻐할 힘을 우리에게 주실 수 있다. 그러기에 하나님은 다만 우리를 용서만, 옳은 일을 하라고 부르기만, 그분과 함께 살 궁극적인 본향을 약속만 하지 않으신다. 그 사이에서 살아가는 우리에게 오신다. 하나님은 우리 안에 거하시며 우리 안에서 일하신다. 우리 안에서 일하시는 하나님의 권능이 없이는 우리가 옳은 일을 열망하거나 행할 가능성이 전혀 없기 때문이다.

얼마나 우리를 겸손케 하는 사실인가! 우리는 구원의 공로를 우리에게 돌릴 수 없다. 전적으로, 우리를 의롭다 하시는 하나님의 은혜의 결과이기 때문이다. 그뿐 아니라 우리는 순종의 어떤 사례나 측면에 대해서도 자신에게 공로를 돌릴 수 없다. 성령님이 임재하지 않으시면, 우리에게는 순종할 능력도 동기도 없기 때문이다. 그렇다, 우리는 그리스도 안에서 새로운 피조물이다. 맞다, 우리는 그리스도 안에서 살아 있다. 하지만 성령님이 아니면 우리에게는 죄를 물리칠 능력이 전혀 없다.

우리는 이 사실의 어떤 부분에서 위로를 받아야 할까? 내가 하나님의 자녀라면 내 안에 이미 성령님이 계시다는 바로 이 사실이다. 성령님이 내 안에 계시기를 바라고 기도하지 않아도 된다. 성령님은 이미 오셨다. 또한 죄를 깨닫게 하고 내게 능력 주는 성령님의 은혜가 순간순간 나에게 선물로 주어진다.

더 깊은 묵상과 격려를 위해 빌립보서 2장 1-13절을 읽으라.

빌립보서 2장 1-13절로 연결됩니다.

New Morning Mercies: A Daily Gospel Devotional

35

**하나님에 대한 믿음은 옳은 것에 대한 믿음 이상이다.
옳은 것을 믿기에 올바르게 사는 삶이다.**

히브리서 11장 1-7절은 믿음이 무엇인지 잘 설명해 준다.

"믿음은 바라는 것들의 실상이요 보이지 않는 것들의 증거니 선진들이 이로써 증거를 얻었느니라 믿음으로 모든 세계가 하나님의 말씀으로 지어진 줄을 우리가 아나니 보이는 것은 나타난 것으로 말미암아 된 것이 아니니라 믿음으로 아벨은 가인보다 더 나은 제사를 하나님께 드림으로 의로운 자라 하시는 증거를 얻었으니 하나님이 그 예물에 대하여 증언하심이라 그가 죽었으나 그 믿음으로써 지금도 말하느니라 믿음으로 에녹은 죽음을 보지 않고 옮겨졌으니 하나님이 그를 옮기심으로 다시 보이지 아니하였느니라 그는 옮겨지기 전에 하나님을 기쁘시게 하는 자라 하는 증거를 받았느니라 믿음이 없이는 하나님을 기쁘시게 하지 못하나니 하나님께 나아가는 자는 반드시 그가 계신 것과 또한 그가 자기를 찾는 자들에게 상 주시는 이심을 믿어야 할지니라 믿음으로 노아는 아직 보이지 않는 일에 경고하심을 받아 경외함으로 방주를 준비하여 그 집을 구원하였으니 이로 말미암아 세상을 정죄하고 믿음을 따르는 의의 상속자가 되었느니라."

마음과 생각의 확신은 믿음의 가장 중요한 요소다. 하지만 이것이 믿음의 전부는 아니다. 참된 성경적 믿음이란 언제나 우리가 삶으로 살아내는 무엇이다. 내 믿음이 내 삶을 다시 빚지 않는다면 그 믿음은 참 믿음이 아니다. 또한 믿음은 단지 진리 체계에 지적으로 동의하는 것이 아니다. 진짜 믿음은 삶의 방식을 근본적으로 바꾸어 놓는다. 그런 이유로 히브리서 11장은 성경 속 인물들의 신학을 세세히 설명하기보다 그들의 삶에 초점을 맞추었다. 믿음은 분명 신학이지만, 훨씬 훨씬 그 이상이다.

히브리서 기자는 믿음을 정의하면서 하나님을 믿는 진짜 믿음이 삶을 어떻게 변화시키는지 세 가지 예를 든다. 첫째, 믿음은 마음으로 드리는 예배를 회복시키고 그 방향을 재설정한다(아벨). 둘째, 믿음은 내 안에 순종의 마음을 낳는다(에녹). 셋째, 믿음은 하나님의 부르심에 복종하게 한다(노아). 이제 생각해 보자. 한 사람의 삶은 그가 무엇을 예배하고 어떤 법칙에 순종하고 또 그가 어떤 소명에 자신을 바치느냐에 따라 구체화된다. 참되고 생명력 있는 성경적 믿음은 우리 삶을 빚는 이 세 가지 영향력을 모두 하나님께 맡긴다. 하나님이 내 마음의 예배의 대상이 되신다. 하나님의 법칙이 내 삶의 도덕적 경계를 정한다. 그리고 하나님 나라의 일이 나의 기쁜 소명이 된다. 하나님은 정말로 존재하시며, 하나님은 그분을 찾는 이에게 상 주신다는 믿음은 급진적인 믿음이다. 그 급진적인 믿음은 내 삶에 급진적인 일을 행한다. 기억하라, 내 삶을 빚어가는 이 믿음은 내가 만들어내는 게 아니다. 그렇다, 이는 하나님의 은혜의 선물이다.

더 깊은 묵상과 격려를 위해 창세기 6-9장을 읽으라.

창세기 6-9장으로 연결됩니다.

36

우리 생각의 중심에 영원이 없으면,
우리가 그리는 인생은 마치 가운데 조각이 빠진 퍼즐과 같다.

사람은 종교가 있든 없든 모두 어떤 신학적 성향을 가진다. 사람은 누구나 인생이 의미 있기를 바란다. 사람은 누구나 열정적인 해석가다. 자기 삶을 그냥 내버려 두는 사람은 없다. 사람은 누구나 자기 삶을 조목조목 분석해서 납득하려고 애를 쓴다. 성경을 기준으로 하든 다른 무엇을 기준으로 하든 우리는 다 나름의 신학 체계를 세워간다. 우리는 모두 특정한 인생 철학을 전개해 나간다. 우리는 나름의 세계관을 가지고, 그 세계관에 따라 사고하고 욕망하고 선택하고 말하고 행동한다. 그런 의미에서 세상에 수동적인 사람은 없다. 우리는 모두 삶을 보는 방식을 빚어 나간다.

하나님은 우리가 어떤 존재인지 아신다. 그분은 우리가 삶을 납득하려 애쓰는 존재로 지어졌음을 아시고 우리에게 자신의 말씀을 주셨다. 그 말씀에서 하나님은 자신이 어떤 분인지 계시하시고, 우리가 어떤 존재인지 정의하시고, 삶의 의미와 목적을 설명하시고, 인간의 최대 문제인 죄를 설명하시고, 그분의 놀라운 은혜라는 소망을 가리키신다. 하나님은 우리에게 모든 것을 말씀하지 않으신다. 우리가 삶에서 그것을 다 이해하거나 다룰 능력이 없기 때문이다. 대신 하나님은 우리에게 "기원이 있고 궁극적인 목적지가 있다는 세계관"(origin-to-destiny worldview)을 이루는 필수 조각들을 우리 모두에게 주셔서 우리가 원래 창조된 목적대로 살 수 있게 하셨다.

이 성경적 세계관의 필수 요소는 영원이라는 개념이다. 성경은 이 세상이 전부가 아니며, 이 세상은 최종 결론을 향해 나아가고 있다고 말한다. 우리는 지금 여기가 아닌 어딘가에서 영원히 살게 될 영원한 존재다. 우리는 하나님의 임재 안에서 영원히 살 수도 있고 하나님에게서 멀어져 영원한 형벌 가운데 무한한 세월을 보낼 수도 있다. 영원한 세상이 존재한다는 사실은 지금 여기의 삶에 엄숙함과 소망을 불어넣는다. 지금 여기서 어떻게 사는지가 중요한 이유는 영원한 세상이 뒤따를 것이기 때문이다. 지금 여기서 내 선택이 중요한 이유는 영원한 세상이 있기 때문이다. 내가 무엇을 믿느냐가 중요한 이유는 세상이 영원을 향해 나아가고 있기 때문이다. 내가 무엇에 마음을 주느냐가 중요한 이유는 영원이 있을 것이기 때문이다. '중요한 것은 지금 이 순간의 쾌락뿐'이라는 인생관과 영원을 믿는 믿음을 동시에 지닐 수는 없다. 영원을 생각하는 사람이 하나님을 잊고 나 자신을 위해 산다는 것은 말이 안 된다. 영원한 세상을 앞에 두고 있다고 생각하면서 내 규칙을 내가 정하고 나 나름의 방식을 요구하는 것은 불합리하다. 영원은 삶을 진지하게 대하라고 요구한다.

또한 영원은 이 순간을 소망으로 채우기도 한다. 이 순간이 전부가 아님을 알기에 나는 현재의 죄와 시련과 고난이 영원히 지속되지 않을 것임을 안다. 영원한 세상은 하나님의 자녀에게 이렇게 약속한다. 죄가 소멸할 것이고, 고난이 끝날 것이며, 시련도 더는 없을 것이고, 우리는 완벽한 평안 가운데 하나님과 함께 언제까지나 영원히 함께 살 것이다. 영원의 관점에서 삶을 보지 않으면 우리는 삶을 제대로 이해할 수 없다.

더 깊은 묵상과 격려를 위해 요한복음 5장 19-29절을 읽으라.

요한복음 5장 19-29절로 연결됩니다.

37

> 그것이 없으면 못 살 것 같고,
> 하나님이 그것을 안 주시면 나를 사랑하지 않으시는 것 같은가?
> 그렇다면 그것이 하나님을 대신해 내 마음을 좌우할 것이다.

솔직하게 말해 보자. 내게 무엇이 없는가? 그것 없이는 살 수 없다고 확신하는 것이 있는가? '~라면 좋을 텐데……' 하고 여기는 것 중에 자기 자신과 삶과 하나님의 선하심에 대한 생각을 좌우하는 것이 있는가? 무엇이 없을 때 하나님의 신실하심을 의심하게 되는가? 특정한 상황이나 인간관계를 돌아볼 때 흐뭇한 마음이 든다면 무엇이 내게 그런 흐뭇함을 주는가?

이 모든 질문이 무엇을 가리키는지 말해 보자. 이 질문들은 이 땅에서 무엇이 내 마음을 사로잡아 내 생각과 말과 행동을 제어하는지 묻고 있다. 우리가 지금 검토하고 있는 이 싸움을 사도 바울은 다음과 같이 말한다. "그러므로 너희가 그리스도와 함께 다시 살리심을 받았으면 위의 것을 찾으라 거기는 그리스도께서 하나님 우편에 앉아 계시느니라 위의 것을 생각하고 땅의 것을 생각하지 말라"(골 3:1-2). 바로 앞에서 예수 그리스도의 복음을 아름답게 묘사한 바울은 왜 바로 뒤에 이런 명령을 전했을까? 그 대답은 이 명령을 듣는 이들이 어떤 사람들인지 바울이 알았기 때문이다. 이들은 비록 하나님의 자녀들이었지만 이들의 영적 전쟁은 아직 끝나지 않았다. 내 마음의 지배권을 놓고도 계속 싸움이 벌어지고 있다. 큰 그림을 볼 때 우리 마음을 사로잡거나 지배할 수 있는 것은 오직 두 가지뿐이다. 바울의 표현을 빌리자면, 우리 마음은 언제나 "위의 것", 아니면 "땅의 것"의 다스림을 받는다.

우리는 피조물을 예배하고 섬기든지, 아니면 창조주를 예배하고 섬기든지 둘 중 하나다. 이 둘 사이에서 머뭇거린다는 것이 우리 모두의 영적인 어려움이다. 우리는 때로 바른 길, 곧 하나님을 기쁘시게 하며 살기를 우리 마음의 가장 깊은 동기와 기쁨으로 삼는다. 그러나 어떤 때는 저것을 반드시 소유해야 한다고 말하며, 실질적으로 하나님을 망각하고, 그것을 얻으려는 생각에 사로잡히며, 그 욕망을 구체화하는 데 자신을 던진다.

위냐 땅이냐 하는 이 갈등은 우리가 회심 후 최종적으로 본향에 가기까지 그 사이에 벌어지는 큰 영적 싸움이다. 사실 이 싸움은 내 일상생활의 모든 정황, 모든 장소, 모든 관계에서 벌어진다. 피조물이 주는 기쁨을 찬미하는 것은 잘못이 아니다. 살면서 그 기쁨을 원하는 것도 잘못이 아니고 그 기쁨을 얻으려고 애쓰는 것도 잘못이 아니다. 하지만 그 기쁨에 마음을 지배당해서는 안 된다. 그 기쁨이 삶에서 실질적으로 하나님을 대신해서도 안 된다.

이런 몸부림은 그리스도인의 삶에서 중대한 싸움일 뿐 아니라, 우리에게 계속 은혜가 필요하다는 사실을 보여 주는 중요한 논거다. 은혜만이 오직 하나님만이 주실 수 있는 생명을 줄 수 없는 것들에 얽매인 우리를 자유롭게 한다.

더 깊은 묵상과 격려를 위해 디모데전서 6장 17-19절을 읽으라.

디모데전서 6장 17-19절로 연결됩니다.

38

공동 예배는 우리의 소망이 어떤 상황이나 장소, 개념,
또는 어떤 사물이 아니라는 것을 일깨워 준다.
소망은 한 존재인데, 그분의 이름은 예수다.

"우리 구주 하나님의 자비와 사람 사랑하심이 나타날 때에 우리를 구원하시되 우리가 행한 바 의로운 행위로 말미암지 아니하고 오직 그의 긍휼하심을 따라 중생의 씻음과 성령의 새롭게 하심으로 하셨나니 우리 구주 예수 그리스도로 말미암아 우리에게 그 성령을 풍성히 부어 주사 우리로 그의 은혜를 힘입어 의롭다 하심을 얻어 영생의 소망을 따라 상속자가 되게 하려 하심이라 이 말이 미쁘도다 원하건대 너는 이 여러 것에 대하여 굳세게 말하라 이는 하나님을 믿는 자들로 하여금 조심하여 선한 일을 힘쓰게 하려 함이라 이것은 아름다우며 사람들에게 유익하니라"(딛 3:4-8).

누구나 이것을 원한다. 이것은 우리가 하는 행동에 연료를 공급한다. 이것은 우리의 용기와 인내를 북돋아 준다. 이것은 힘든 시간을 견디게 하고 포기하지 않게 한다. 이것이 없으면 행복하기 힘들고, 넘어졌을 때 다시 일어나 계속 가기 어렵다. 이것은 무엇인가? 바로 소망이다. 사람은 누구나 소망을 갈망한다.

위 성경 구절에 잘 포착된 성경의 근본적인 메시지를 보자. 굳건한 소망, 나를 실망시키지 않고 나를 부끄럽게 하지 않을 소망은 오직 수직적 차원에서만 찾을 수 있다. 일상적 상황, 장소, 경험, 관계와 같은 수평적 차원은 소망을 찾기에 위험한 곳이다. 왜인가? 모두 나를 실망시키기 때

문이다. 첫째, 수평적 차원에서 소망을 찾을 만한 곳은 어디든 어떤 식으로든 모두 죄의 영향 아래 있다. 영원의 이편에는 완벽하게 이상적인 상황도 없고, 낙원이 될 만한 장소도 없고, 완전히 만족스러운 경험도 없고, 완벽한 사람도 물론 없다. 게다가 이 모든 일이 덧없다. 이런 것들은 오래가지 않는다. 수평적 차원의 일들, 영원의 이편은 썩어가는 과정에 있다. 그래서 나의 가장 깊은 필요를 깊이 있게 다루는 소망, 삶이 아무리 힘들어도 계속 살아나갈 이유를 주는 소망, 영원한 행복을 약속하는 소망은 오직 수직적 차원에서만 발견된다.

소망이 하나님과 하나님이 하신 언약적 약속에서 발견된다는 말로는 충분치 않을 것이다. 물론 이 말이 사실이기는 하지만, 조금 더 설명하자면, 소망은 실로 그 모든 언약적 약속의 성취이신 분의 어깨에 달려 있다. 우리가 의지할 만한 소망은 예수님 안에 있다는 말로는 충분치 않다. 성경의 메시지는 그보다 강력하고 정확하다. 곧 우리가 의지할 만한 소망은 예수님 그 자체이시다! 예수님의 삶, 죽음, 부활로 내 삶에 소망이 불어넣어진다. 십자가 은혜는 단순히 죄를 사하고 용납하는 은혜가 아니다. 더는 결핍이 없을 때까지 내게 필요한 모든 것을 채우는 은혜다. 그렇다면 이 소망은 어떤 결과를 낳는가? 이 소망은 아주 새로운 삶의 방식을 낳는다. 소망 자체이신 분이 내 삶에 소망을 불어넣으시기에, 더는 소망을 찾으러 다니지 않아도 되며, 나는 이제 선한 일에 자신을 바칠 수 있다. 이 소망을 아는가? 모르겠다면, 이번 주일 다른 신자들과 함께 소망이신 분을 예배하라. 그것이 그 소망을 발견하는 바람직한 첫 단계일 것이다. 소망을 찾으려면 그분을 찾으라. 더 깊은 묵상과 격려를 위해 로마서 5장 1-11절을 읽으라.

로마서 5장 1-11절로 연결됩니다.

39

나는 오늘 내가 왕인 나라의 목적을 버리고
나보다 크신 왕의 뜻에 나를 바치라는 부르심을 받는다.
은혜가 이를 가능하게 한다.

그리스도인은 자기 삶을 '이미'와 '아직' 사이에 있는 것으로 보아야 한다. 사도 바울은 에베소서 6장 10-18절에서 이를 힘 있게 포착했다.

"끝으로 너희가 주 안에서와 그 힘의 능력으로 강건하여지고 마귀의 간계를 능히 대적하기 위하여 하나님의 전신 갑주를 입으라 우리의 씨름은 혈과 육을 상대하는 것이 아니요 통치자들과 권세들과 이 어둠의 세상 주관자들과 하늘에 있는 악의 영들을 상대함이라 그러므로 하나님의 전신 갑주를 취하라 이는 악한 날에 너희가 능히 대적하고 모든 일을 행한 후에 서기 위함이라 그런즉 서서 진리로 너희 허리 띠를 띠고 의의 호심경을 붙이고 평안의 복음이 준비한 것으로 신을 신고 모든 것 위에 믿음의 방패를 가지고 이로써 능히 악한 자의 모든 불화살을 소멸하고 구원의 투구와 성령의 검 곧 하나님의 말씀을 가지라 모든 기도와 간구를 하되 항상 성령 안에서 기도하고 이를 위하여 깨어 구하기를 항상 힘쓰며 여러 성도를 위하여 구하라."

바울은 왜 에베소 교인들에게 보내는 편지를 이렇게 끝맺었을까? 그 이유는 바울이 영원 이편의 삶은 전쟁이라는 사실을 알았기 때문이다. 바울이 복음의 갑옷을 입고 전쟁을 준비하라고 말했을 때, 그는 새로운 주제를 꺼낸 것이 아니다. 그는 그때까지 말한 모든 내용을 요약한 것이다. 바울이 준 모든 지침, 곧 예수 그리스도의 복음의 빛 가운데 사는 것에 대한 모든 지침은 한 거대한 영적 전투란 맥락에서 살아내야 한다. 이 전쟁은 어떤 전쟁인가? 우리 마음의 지배권을 놓고 벌어지는 엄청난 전쟁이다. 죄가 아직 우리 안에 거하기에 우리는 아직 하나님 나라의 위대하고 영광스러운 목적과 폐쇄적이고 작은 나의 나라에 대한 사랑 사이에서 갈팡질팡한다. 여전히 자신의 방식을 고수하고 자신이 법을 쓰고 싶어 한다. 우리는 여전히 구원을 사랑하기보다 안락함과 즐거움을 소중히 여긴다. 하나님의 자녀가 되었다는 사실보다 여전히 이 세상의 일들에 더 감격하기 쉽다. 우리는 삶에 성화를 위한 시련이 닥치면 불평하고, 삶이 수월할 때에만 하나님이 신실하시다고 믿는다.

  이 거대한 영적 전쟁은 우리가 흔히 생각하듯 악한 영들이 치고박고 싸우는 희귀하고 낯선 경험이 아니다. 그렇다, 이는 우리 마음을 두고 벌어지는 전쟁이다. 미혹하고 기만하는 원수와 하나님 사이의 이 전쟁은 그 원수가 예수님 발 밑에 엎드러질 때까지 계속될 것이다. 에베소서 6장 10-18절은 이 전투를 위한 은혜가 내게 넉넉히 주어졌다는 사실을 일깨워 준다.

  더 깊은 묵상과 격려를 위해 요한일서 2장 15-17절을 읽으라.

요한일서 2장 15-17절로 연결됩니다.

40

하나님의 자녀는 '내 인생은 나의 것'이란 태도를 버리고,
매일의 삶에서 섬김의 자세로 살도록 부르심 받았다.

나의 인생이 어떻기를 바라는가? 나는 정말 무엇을 위해 사는가? 내가 생각하는 '행복한 삶'은 어떤 삶인가? "~한다면 내 삶은 ~할 텐데"라는 문장의 빈칸을 어떻게 채우겠는가? 하나님의 자녀가 여전히 자기 삶을 자기 것으로 생각할 수 있을까? 이런 식으로 자기 삶을 생각한다면, 섬김이란 잠시 내 삶 밖으로 나와 하나님께 내 시간과 에너지와 돈을 드리고 다시 내 삶으로 돌아오는 일이 될 것이다. 이런 식으로 생각한다면, 섬김은 내 삶과는 별개가 될 것이다. 교역자들이 짠 계획과 일정에 따라 나름의 수고로 잠시 돕는 일이 될 것이다. 섬김에 대한 이러한 시각 이면에는 내 삶은 여전히 내 것이며, 나는 다만 하나님의 일을 위해 주님께 몇몇 순간을 드린다는 생각이 자리잡고 있다.

섬김을 보는 신약성경의 시각은 근본적으로 다르다(엡 4:1-16, 고전 12장, 골 3:12-17을 보라). 신약성경은 우리 생명이 더는 우리 것이 아님을 알라고 아주 명쾌하게 명령한다. 내 몸은 내 소유가 아니다. 내 감정도 내 소유가 아니다. 내 영도 내 소유가 아니다. 내 정신도 내 소유가 아니다. 내 마음도 내 소유가 아니다. 내 의사소통 능력도 내 소유가 아니다. 내 관계도 내 소유가 아니다. 내 은사나 경험도 내 소유가 아니다. 심지어는 소유라는 말과 가장 깊은 연관이 있는 재물도 내 소유가 아니다. 바울은 고린도전서 6장에서 성욕에 관해 논의하며 그 말미에 이런 결론을 내린다. "너희는 너희 자신의 것이 아니라 값으로 산 것이 되었으니"(19-20절).

나와 내 삶을 이루는 그 무엇도 내 소유가 아니라는 사실을 이해할 때 비로소 하나님이 계획하신 하나님의 자녀로서 내 삶에 가까워지기 시작한다. 나와 나를 이루는 모든 것에는 값이 치러졌으며, 따라서 나는 그 값을 치르신 분의 소유다.

그런데 신약성경이 아주 명쾌히 밝히는 두 번째 사실이 있다. 하나님은 자신의 모든 자녀를 은혜의 사역의 단순한 수혜자로 부르신 것이 아니라는 사실이다. 우리는 그 사역의 도구로도 부르심을 받았다. 모든 하나님의 자녀는 섬기도록 부르심을 받았으며, 그 한 사람 한 사람이 자신을 그렇게 생각해야 한다.

마지막으로, 신약성경은 삶과 섬김이 분리된다고 가르치지 않는다. 내 삶의 모든 차원이 섬김의 장이다. 결혼생활도 섬김이다. 친구관계도 섬김이다. 자녀양육도 섬김이다. 이웃이 되는 것도 섬김이다. 직장도 섬김의 장이다.

나는 영광스러운 구주를 대표하는 사람으로 부르심 받았으며, 그분은 내가 섬김의 자세로 살아가는 데 필요한 모든 것을 은혜로써 내게 부어 주신다.

더 깊은 묵상과 격려를 위해 누가복음 17장 7-10절을 읽으라.

누가복음 17장 7-10절로 연결됩니다.

41

> 하나님은 내가 하나님의 은혜의 사역을
> 증언하는 자가 되는 데서 만족하지 않으신다.
> 하나님은 나를 부르사 그 은혜의 도구가 되어 타인을 섬기라고 하신다.

하나님 나라의 일에 하나님이 우리의 역할을 정하셨다니 정말 놀랍지 않은가? 하나님의 모든 자녀는 믿을 수 없이 놀라운 부르심을 받는다. 그러나 슬프게도 대다수가 자신에게 주어진 역할을 모르고, 그 탓에 섬김을 받는 것에만 매우 만족해하거나 섬김의 도구가 되는 데 매우 소극적이다.

그래서 많은 사람이 주일마다 교회에 출석하지만 교회 일에는 별로 참여하지 않는다. 많은 목회자가 교인들이 주일 예배에 잘 참석하고 교회가 하는 일에 재정적으로 헌신하면 그것으로 감지덕지할 것이다. 하지만 서글프게도 이는 하나님의 교회를 위한 하나님의 지혜로운 계획에 크게 못 미친다. 생각해 보라. 교회 규모가 얼마나 크든, 매주 감당해야 할 사역들을 모두 전문 사역자를 고용해 맡길 수는 없지 않은가? 이런 상황이니 그리스도의 몸인 교회 밖으로 도움의 손길을 요청해야 하는 현실이나, 여러 문제들이 얽혀 심각한 수준이 되기까지 해결되지 못하는 현실이 놀랍지도 않다.

하나님의 자녀라면 누구나 동일한 부르심을 받는다. 우리는 모두 하나님의 대사로 부르심을 받았다. 기억하라, 대사가 하는 유일한 일은 대표하는 일이다. 하나님의 계획은 그분의 형상을 하고 다른 이들에게 은혜를 전할 하나님의 백성을 통해 그분의 보이지 않는 임재와 은혜를 나타내는 것이다. 이것이 자신의 모든 자녀를 향한 하나님의 부르심이다. 여기에는 자기만족에 빠진 수혜자도 소비자도 없다. 하나님은 끊임 없이 섬기는 유기적인 공동체로 그리스도의 몸을 계획하셨다.

교회가 늘 이렇게 존재하려면 하나님의 백성에게 세 가지가 필요하다. 첫째, 바른 시각이 필요하다. 구속주의 사역에 우리 자리는 없음을 거듭 일깨움 받아야 한다. 둘째, 공동체가 필요하다. 우리는 하나님이 우리를 부르신 일에서 더 적합한 위치에 서도록 분명하고 구체적인 결정을 내리는 데 격려를 받을 필요가 있다. 셋째, 훈련이 필요하다. 우리는 하나님이 우리가 가는 길에서 만나게 하신 사람들의 삶 가운데 구속주의 은혜를 드러내는 것이 정말로 무엇인 이해할 필요가 있다. 그러려면 이 관계들을 우리의 행복을 위해 존재하는 우리의 소유로 볼 것이 아니라, 주님이 은혜의 변화시키는 사역을 하시는 훈련장소로 보아야 한다.

얼마나 놀라운 삶의 모습인가! 우리는 세상에서 가장 중요한 일에 참여하는 사람들로 하나님께 택함 받았다. 우리는 삶을 변화시키는 구주 왕이신 분의 은혜의 메시지를 가는 곳마다 전달할 사람들로 택함 받았다. 그리고 그와 동일한 은혜가 우리에게 주어졌기에 우리는 택함 받은 대로 대사의 역할을 할 수 있다.

더 깊은 묵상과 격려를 위해 역대상 16장 8-27절을 읽으라.

역대상 16장 8-27절로 연결됩니다.

42

기도란 요구하고 불평하는 삶을 포기하는 것,
내게 과분한 복이 주어졌음을 깨닫는 것,
그리고 감사하는 삶에 나 자신을 바치는 것이다.

　기도는 단순히 하나님께 소원 목록을 건네면서, 하나님이 존재하시고 나의 소원을 이루실 능력이 있음에 얼마나 감사하는지 알리는 것이 아니다. 이런 기도는 나 자신을 중심에 둘 뿐 아니라, 사실상 하나님을 시중드는 신으로 격하시킨다. 이런 기도에서 내가 원하는 것은 하나님이 아니다. 이런 기도에서 내가 원하는 것은 하나님의 지혜가 아니다. 여기서 내 마음이 갈망하는 것은 하나님의 은혜가 아니다. 소원 목록을 나열하는 기도는 본질적으로 이렇게 말하는 것이다. "무엇이 제 삶에 최선인지는 제가 잘 압니다. 주님의 능력으로 이루어 주소서. 그러면 감사하겠습니다."
　우리의 창조주이며 구원자이신 하나님은 내게 무엇이 정말로 필요한지 나보다 무한히 더 잘 아신다. 이 사실을 망각하면 우리는 그런 기도를 하게 된다. 그뿐 아니다. 이런 기도는 인생을 온통 내 욕구, 내 필요, 내 감정 중심으로 만든다. 이것은 전혀 기도가 아니다. 참된 기도는, 더 크고 더 지혜로운 하나님의 계획과 목적에 자기 삶에 대한 자신의 요구를 내려놓는 것이다. 하나님의 뜻에 내 뜻을 순복하는 것이다. 하나님이 내 소원 목록에 서명하시는 것이 아니라, 내가 나의 삶을 하나님께 넘겨드리는 것이다.
　그러면 기도는 찬양이 된다. 그러면 내게 정말로 하늘 아버지가 계시다는 것이 어떤 의미인지 알고 그 경이에 흠뻑 잠기게 된다. 하나님 나라를 받을 자로 택함 받았다는 현실에 기뻐하게 된다. 하나님이 전능하신 능력으로 나의 필요를 채우신다는 사실에 놀라게 된다. 나의 죄를 사하며, 나를 구하며, 나를 변화시키며, 내게 능력을 주며, 나를 자유케 하는 은혜를 찬양하게 된다. 하나님의 구속 사역에 내가 포함되었다는 사실에 기뻐하게 된다. 다가올 영광스러운 미래에서 소망을 발견하게 된다. 임마누엘께서 그분의 은혜로 내 삶을 정복하셨기에 나는 결코, 절대 혼자가 아니라는 사실에 놀라게 된다. 은혜란 내가 절대로 나 자신의 지혜, 의로움, 능력과 같은 하찮은 자원에 내맡겨지지 않는다는 뜻이라는 사실에 평안을 누리게 된다. 하나님의 영광과 선하심을 묵상하고 찬양하게 된다. 이제 더는 내 주변의 사람과 상황과 장소에서 생명을 찾지 않아도 되고, 영원한 생명이 주어졌다는 사실에 기뻐하게 된다.

참된 기도도 하나님께 무언가를 요청하는가? 물론 그렇다. 하나님은 우리의 모든 염려를 하나님 앞에 내려놓으라고 말씀하신다. 왜냐하면 하나님이 실제로 우리를 위해 그 염려를 맡아 주시기 때문이다. 그러나 참된 기도는 항상 순복과 찬미 가운데 요청드린다. 순복과 찬미는 그 요청이 이기적인 요구나 원망 섞인 불평이 되지 않게 한다. 이런 기도야말로 우리 삶에서 하나님의 은혜의 도구이다. 그분께 합당한 자리에 하나님을 모시고 하나님의 자녀라는 내 자리를 찬미할 때 기도는 나를 나로부터 해방시키는 하나님의 도구가 된다. 자, 그것이 은혜다!

더 깊은 묵상과 격려를 위해 마태복음 6장 5-15절을 읽으라.

마태복음 6장 5-15절로 연결됩니다.

43

귀에 들리지는 않지만 그분은 지혜로우시다.
눈에 보이지는 않지만 그분은 성실하시다. 만질 수는 없어도 그분은
내가 신뢰하는 그 무엇보다 가까이 계신다.

오직 은혜만이 할 수 있는 일에 대한 가장 놀라운 말 중 하나다. 겉으로는 말도 안 되는 것처럼 들린다. 만약 이 말이 우리가 헤아릴 수 있는, 우주에서 가장 중요한 사실에 근거하지 않았다면, 이 말을 하는 사람들을 '미쳤다'고 할 것이다. 이는 모든 인류를 근본적으로 구분하는 선을 그린다. 사도 베드로는 신자와 예수 그리스도와의 관계에 대해 말하면서 '이미'와 '아직' 사이에 사는 신자들에 관해 이야기한다. "예수를 너희가 보지 못하였으나 사랑하는도다 이제도 보지 못하나 믿고 말할 수 없는 영광스러운 즐거움으로 기뻐하니 믿음의 결국 곧 영혼의 구원을 받음이라"(벧전 1:8-9).

자, 이제 이 구절이 말하는 하나님의 백성 마음속 가장 깊은 곳에 있는 동기의 급진적인 본질을 생각해 보라. 하나님의 백성은 한 번도 보거나 듣거나 만져 본 적 없는 어떤 존재에게 자신의 가장 깊은 사랑과 확신과 기쁨과 믿음을 드렸다. 이들은 눈에 보이지 않는 분에게 자기 인생의 소망과 꿈을 걸었다. 이들과 그분의 관계는 삶을 변화시키는 사랑의 관계다. 그분을 생각할 때 이들은 기쁨을 경험한다. 이 기쁨은 말로 표현할 수 없을 만큼 깊은 기쁨이다.

만약 인간 존재의 궁극적인 사실(다른 모든 사실에 의미를 부여하는)이 하나님의 존재, 성품, 계획이 아니라면, 이 중 어느 것도 말이 되지 않을 것이다. 그러면 뒤로 물러서 이 '신자들'을 보면서 이들은 미쳤고 망상에 빠져

있다고 결론내릴 것이다. 하지만 이들은 미치지 않았다. 이들은 복 받은 사람들이고, 진리를 깨달은 사람들이며, 우리 마음이 포용할 수 있는 가장 중요한 사실에 마음을 연 사람들이다.

이것이 은혜가 하는 일이다. 은혜는 우리를 영적으로 눈먼 상태에서 건져낸다. 합리주의와 물질주의에 속박된 우리를 해방시킨다. 은혜는 우리에게 믿음을 주어서, 보이지 않는 것을 철저히 확신할 수 있게 한다. 은혜는 물리적으로 경험할 수 없는 것은 믿기를 거부하는 태도에서 우리를 벗어나게 한다. 그뿐만이 아니다. 은혜는 우리를 눈에 보이지 않는 분과의 영원한 사랑의 관계, 즉 이전에는 결코 알지 못했던 기쁨으로 우리를 채우며 이전에는 불가능하다고 생각했던 마음의 평안을 주는 그 관계를 맺게 한다.

그리고 그 은혜는 여전히 우리를 자신에게서 건져낸다. 우리는 가장 중요하고 참된 것을 여전히 망각하는 경향이 있다. 우리는 여전히 물질 세상에서 위로를 찾는다. 우리에게 정말로 하늘 아버지가 계시다는 사실을 기억하지 못할 때가 여전히 있다. 우리를 위해 놀라운 일을 한 은혜는 지금도 더욱 더 많은 일을 계속하고 있다.

더 깊은 묵상과 격려를 위해 베드로전서 1장 1-12절을 읽으라.

베드로전서 1장 1-12절로 연결됩니다.

44

> 우리는 성화를 위한 싸움을 수없이 치르지만,
> 하나님의 자비는 아침마다 새롭다.

내 마음을 두고 벌어지는 싸움은 여전히 계속된다. 유혹은 사방에 널려 있다. 원수는 포효하는 사자처럼 숨어 기다리고 있다. 거짓이 참과 싸운다. 하나님의 백성은 흔히 이해받지 못하는 소수로 살아간다. 질병과 고난이 내 집 문을 두드린다. 나는 여전히 은혜 안에서 자랄 필요가 있다. 연약한 나는 마땅히 저항해야 할 유혹 앞에 무릎을 꿇고 만다. 사람들이 내게 죄를 짓기도 한다. 소망, 꿈, 계획이 실패한다. 나는 부패와 불의를 겪는다. 이 모든 것이 정말 가치 있는 일인지 의심이 들 때도 있다. 하지만 이 모든 일 가운데 하나님이 여전히 일하시며 나를 하나님의 아들의 형상으로 빚어가고 계신다. 인생의 고난은 여러 가지로 다면적이다. 타락한 세상이 일으키는 삶의 역경이 회복하는 은혜가 일으키는 삶의 역경과 교차로에서 만난다.

참으로 힘이 나는 말이다. 그런데 여기서 잠시 이것을 생각해 보라. 우리가 저편에 도착할 때까지 끝나지 않을 역경 가운데 우리에게 믿을 수 없이 큰 힘을 주는 무언가를 말이다. 그 무언가를 우리는 다음 구절에서 찾을 수 있다. "여호와의 인자와 긍휼이 무궁하시므로 우리가 진멸되지 아니함이니이다 이것들이 아침마다 새로우니 주의 성실하심이 크시도소이다"(애 3:22-23).

내가 누구인지, 하나님의 자녀인 내게 무엇이 주어졌는지 이 구절이 말하는 것을 생각해 보라. 하나님의 견고하고 성실하고 변하지 않는 사랑이 내게 임했다. 비록 나는 그 사랑을 획득하거나 받아 누릴 만한 그 어떤 일도 할 수 없지만 말이다. 그뿐 아니다. 이 사랑은 무궁하다. 하나님은 절대 나를 포기하지 않으신다. 하나님이 내게 싫증을 내며 떠나가시는 일은 절대 없다. 하나님은 내게 사랑을 주신 것을 절대 후회하지 않으신다. 하나님은 내가 최악의 모습일 때도 최고의 모습일 때와 다름없이 나를 사랑하신다. 이 사랑의 선물이 영원히 나의 것이다.

여기서 그치지 않는다. 이 구절은 하나님의 자녀로서 내가 아침마다 새롭게 찾아오는 영원한 자비로 복을 받았다는 사실을 알려 준다. 이 말이 무슨 뜻인지 생각해 보라. 오늘의 나를 위한 자비, 곧 오늘 내가 마주할 모든 일과 내가 예측했고 걱정할 수 있는 일은 물론 아직 알지 못하는 일들에까지 딱 들어맞는 자비가 있다. 하나님의 자비는 두루뭉술하지 않다. 하나님의 자비는 한 사람 한 사람에게 최적화된 은혜, 그때그때 상황에 딱 들어맞는 보살핌, 구체적인 도움이다. 하나님의 자비는 내가 있는 바로 그곳에서 나를 만나서 그 순간의 내게 필요한 바로 그것을 준다. 필요한 것이 필요할 때 필요한 만큼 주어진다. 우리는 하나님의 자비가 과연 주어질까 궁금해하지 않아도 된다. 하나님의 자비는 마르지 않는 은혜의 샘, 날마다 새로워지는 샘에서 흘러나온다. 그렇다, 이생에서의 삶은 힘들 수 있다. 하지만 나는 혼자가 아니다. 내게는 하나님의 견실한 사랑과 아침마다 새로운 자비가 주어졌다. 오늘 내게 필요한 것이 바로 그것이다.

더 깊은 묵상과 격려를 위해 예레미야애가 3장 22-27절을 읽으라.

예레미야애가 3장 22-27절로 연결됩니다.

45

오늘 내 마음에서 사랑의 전쟁이 벌어질 것이다.
하나님과 우상 중 누구를 향한 사랑에 지배받겠는가?

    이 질문에 영적인 정답을 말하기는 쉽다. "의심할 것도 없다. 내 마음은 다른 무엇보다 하나님을 향한 사랑에 지배될 것이다." 그러나 현실은 우리 마음에서 여전히 사랑의 전쟁이 벌어진다는 게 문제다. 우리는 길을 잃는다. 세상과 세상에 속한 것들에 대한 사랑이 여전히 우리 마음을 낚아챈다. 우리는 하나님을 망각하고 '~이 꼭 있어야 한다'고 자신에게 말한다. 하나님을 향한 사랑과 자기 자아에 대한 사랑이 우리 마음에서 경쟁한다. 하나님을 향한 사랑과 타인의 사랑을 받으려는 갈망이 싸움을 벌인다. 물질적인 것과 육체적인 경험이 우리의 애정과 동기를 지배한다. 그렇다, 싸움은 아직도 한창 진행 중이다.
    나는 그렇지 않다고 말할 수 있으면 좋겠지만, 그럴 수 없다. 나는 지나치게 편안하기를 바랄 때가 있고, 내가 마땅히 가져야 한다고 생각하는 것을 갖지 못해 초조해하며 불평할 때도 있다. 내 생각이 옳기를 지나치게 바라며, 공격적이고 논쟁적인 태도를 보일 때도 있다. 타인의 존경과 사랑을 지나치게 바라며, 그런 탓에 타인의 의견에 너무 휘둘리기도 한다. 어떤 특정한 물건에 지나치게 마음을 쓰며, 어떻게든 그것을 손에 넣기까지 몹시 허전함을 느낀다. 지나치게 주도권을 쥐고 싶어 하며, 섬김보다 요구가 더 많을 때도 있다. 나 개인의 즐거움을 지나치게 존중해서, 그 즐거움을 추구하는 데 너무 많은 시간을 쏟을 때도 있다. 맛있는 음식이 주는 즐거움을 지나치게 갈망해서 과식할 때도 많다.

내 마음을 주장하려고, 오직 하나님을 향한 사랑만 있어야 할 자리를 차지하려고 전쟁을 벌이는 것들은 대부분 그 자체로는 악하지 않다. 내 의견이 옳기를 바라고, 존중받기를 바라고, 무언가를 소유하려 하고, 상황을 통솔하려 하고, 즐거움을 누리려 하고, 맛있는 음식을 먹고 싶어 하는 욕망은 본래 악하지 않다. 하지만 여기서 우리가 기억해야 할 것은, 우리 마음의 사랑을 두고 벌어지는 싸움의 본질이다. 좋은 것을 소유하려는 욕망은 선하지만 여기에 지배당하면 악한 것이 된다. 선한 것이 지배력을 갖기 시작하면, 우리 마음의 애정을 요구하고 우리 말과 행동을 결정하게 된다. 그러면 우리 마음에서 오직 하나님만이 계셔야 할 자리를 빼앗고 만다.

우리는 늘 무언가에 우리 마음의 사랑을 준다. 이 사실을 기억하는 것이 중요하다. 우리는 이 둘 중 하나에 우리 삶을 이루는 사랑을 바친다. 바로, 창조주께 바치거나 피조물에게 바친다. 하나님의 아름다운 피조물을 사랑하는 것은 잘못이 아니다. 하지만 그 사랑에 지배받는 것은 영적인 재앙이다. 그러므로 이 또한 우리에게 여전히 은혜가 필요하다는 또 하나의 논거다. 우리의 마음은 변덕스럽다. 우리를 보호하고 우리를 자신에게서 건져내는 은혜가 여전히 필요하다. 그 은혜가 주어졌다는 사실에 하나님께 감사하라!

더 깊은 묵상과 격려를 위해 디모데후서 3장 22-26절을 읽으라.

디모데후서 3장 22-26절로 연결됩니다.

46

인생의 난관은 하나님의 계획을 가로막지 않는다.
오히려 하나님의 은혜의 사역을
진전시키도록 고안된 하나님의 도구다.

다음 두 가지는 회심한 사람이 최종적 부활이 있을 때까지 할 수 있는 가장 중요한 질문이다.

1. 하나님은 바로 지금, 바로 여기서 도대체 무엇을 하고 계시는가?
2. 하나님이 하고 계시는 일에 도대체 나는 어떻게 화답해야 하는가?

이 질문에 대한 대답이 실질적으로 내 믿음의 성격과 삶의 방향을 결정한다. 야고보는 자신의 편지 첫 번째 장에서 이렇게 대답했다.

"내 형제들아 너희가 여러 가지 시험을 당하거든 온전히 기쁘게 여기라 이는 너희 믿음의 시련이 인내를 만들어 내는 줄 너희가 앎이라 인내를 온전히 이루라 이는 너희로 온전하고 구비하여 조금도 부족함이 없게 하려 함이라 너희 중에 누구든지 지혜가 부족하거든 모든 사람에게 후히 주시고 꾸짖지 아니하시는 하나님께 구하라 그리하면 주시리라 오직 믿음으로 구하고 조금도 의심하지 말라 의심하는 자는 마치 바람에 밀려 요동하는 바다 물결 같으니 이런 사람은 무엇이든지 주께 얻기를 생각하지 말라 두 마음을 품어 모든 일에 정함이 없는 자로다 낮은 형제는 자기의 높음을 자랑하고 부한 자는 자기의 낮아짐을 자랑할지니 이는 그가 풀의 꽃과 같이 지나감이라 해가 돋고 뜨거운 바람이 불어 풀을 말리면

꽃이 떨어져 그 모양의 아름다움이 없어지나니 부한 자도 그 행하는 일에 이와 같이 쇠잔하리라 시험을 참는 자는 복이 있나니 이는 시련을 견디어 낸 자가 주께서 자기를 사랑하는 자들에게 약속하신 생명의 면류관을 얻을 것이기 때문이라"(약 1:2-12).

하나님은 지금 여기서 무엇을 하고 계시는가? 하나님은 우리 인생의 난관을 은혜의 도구로 사용해, 다른 어떤 방식으로는 성장하지 않을 성품을 내 안에 만들고 계신다. 그러므로 내가 겪는 시련은 하나님이 나를 잊으셨다거나 자신의 약속에 불성실하시다는 징표가 아니다. 오히려 이 시련은 하나님이 자신의 은혜의 사역에 전념하시며 이를 포기하지 않으신다는 사실을 우리에게 일깨운다. 은혜가 은혜의 사역을 완결할 것이다. 그렇다, 하나님은 내 삶을 수월하게 하려고 자신의 능력을 발휘하고 계시지 않다. 그렇다, 하나님은 내가 생각하는 특정한 행복을 전하려고 애쓰고 계시지 않다. 하나님은 그 이상의 것을 내게 주고 계신다. 바로 영원히 성실하며 죄를 사하고 변화시키는 은혜를 말이다.

그렇다면 나는 어떻게 화답해야 하는가? 야고보는 "시련을 당할 때 계속 인내하라"고 말한다. 낙심하여 포기하지 말라. 원수의 거짓말에 귀 기울이지 말라. 믿음의 바람직한 습관을 버리지 말라. 하나님의 선하심을 의심하지 말라. 시련을 들여다보면 은혜가 보일 것이다. 그 난관 이면에는 언제나 임재하시며 자신의 사역을 온전히 이루시는 구주가 계신다.

더 깊은 묵상과 격려를 위해 히브리서 12장 3-11절을 읽으라.

히브리서 12장 3-11절로 연결됩니다.

47

우리에게 하나님을 가리키도록 창조된 것이
우리 생각과 마음의 욕망 속에서 하나님을 대신할 때
우상숭배가 일어난다.

이 싸움의 발단은 에덴동산으로까지 거슬러 올라간다. 그리고 이 싸움은 그 이후 인간의 특징이 되었다. 원래 우리에게 하나님을 가리키도록 창조된 것이 우리 마음에서 하나님을 대신한다. 이것이 죄의 비극이다. 죄는 근본적으로 우상숭배다. 죄 때문에 우리는 하나님보다 무언가를 더 사랑한다. 하나님만이 하실 수 있는 일을 우리는 하나님이 만드신 것에 기대한다. 만물을 창조하신 분이 아닌 그분이 창조하신 것에 나를 지배할 권리를 넘긴다. 세상을 찬미하면서도 세상을 만드신 분을 망각한다. 선물을 경배하면서도 선물을 주신 분은 등한시한다.

아담과 하와의 불순종이 어떻게 묘사되는지 보라. "여자가 그 나무를 본즉 먹음직도 하고 보암직도 하고 지혜롭게 할 만큼 탐스럽기도 한 나무인지라 여자가 그 열매를 따먹고 자기와 함께 있는 남편에게도 주매 그도 먹은지라"(창 3:6). 하와는 하나님이 정하신 선을 알았다. 그렇다, 동산은 멋진 곳이었다. 동산에는 아름다운 소리, 냄새, 풍경, 맛이 있었다. 하나님이 창조하신 완전함이 자연 세상에서 어떤 모습으로 나타나는지 우리로서는 상상하기 힘들다. 아담과 하와는 바로 그런 완전함 가운데 사는 복을 받았다. 그런데 모든 경이로운 물질세계는 하나님을 가리키도록 창조되었다. 동산의 모든 나무, 꽃, 새, 시내, 과일, 동물은 원래 아담과 하와에게 하나님의 존재, 임재, 사랑, 권위를 알려 주기 위한 것들이었다. 하나님은 창조하신 만물을 통해 하나님을 알게 하셨고, 그래서 아담과 하와는 하나님이 누구시며, 자신들은 어떤 존재이고, 인생이 무엇인지 알게 되었다.

하와에 이어 아담이 그 금지된 열매를 먹었을 때 그들이 혼란을 느껴 선을 넘은 것은 아니었다. 하나님이 무엇을 명하시고 무엇을 금하셨는지 그들은 잘 알았다. 이들은 그 나무가 금단의 나무라는 것을 알았다. 하지만 그 열매를 먹는 순간에는 이를 개의치 않았다. 과즙이 흐르는 그 열매를 베어 무는 순간, 이들은 이미 자기 마음의 사랑과 충성을 하나님 아닌 다른 것에 주어 버렸다. 그들은 하나님을 향한 사랑으로 그 유혹을 단호히 거부하며 나무에서 떨어질 동기와 능력을 얻어야 했다. 그러나 그 순간에 그들의 마음을 지배한 것은 하나님이 아닌 다른 것에 대한 사랑이었다. 피조물에 대한 사랑이 창조주를 사랑하기로 창조된 그들의 마음을 낚아챘다. 이것이 죄가 초래한, 재앙과도 같은 맞교환의 시작이다. 그들은 창조주를 향한 예배와 섬김을 피조물을 향한 예배와 섬김으로 맞바꾸었다(롬 1:25). 슬프게도 그 교환은 에덴동산 이후 수백, 수천만 번 재현되었다. 이것이 인류의 가장 심각한 영적 역기능이다. 우리는 우리 마음에서 피조물이 창조주를 대신하기를 허락한다. 예수님이 오셔야만 했던 것이 놀랍지도 않다. 예수님의 은혜가 반드시 필요한 것이 당연하다. 우리를 우리 자신의 능력에 맡겨 둘 수 없음을 아신 하나님은 우리를 우리에게서 건져내시는 구속주를 보내실 수밖에 없었다.

더 깊은 묵상과 격려를 위해 고린도전서 10장 14-31절을 읽으라.

고린도전서 10장 14-31절로 연결됩니다.

48

**낙심과 공허, 두려움에 굴복하지 말라.
아버지께서 은혜로 우리를 택해 그 나라를 주기로 하셨다!**

이 타락한 세상에서 우리는 수많은 이유로 낙심한다. 행복한 사람이 있다는 게 오히려 신기할 정도다. 부부 사이가 냉랭해지면 낙심한다. 친한 친구에게 배신당하면 낙담한다. 온 몸을 바쳐 일하던 직장을 잃으면 좌절한다. 회복을 확신할 수 없는 질병을 마주하면 우울하다. 부모에게 반항하고 부모의 뜻을 거스르는 자녀를 보는 건 힘든 일이다. 정치인과 정부의 부패에 관한 뉴스를 빈번히 듣는 것도 고역스럽다. 범죄와 불의를 염려해야 하는 것도 낙심스럽다. 노년이 되어 심신이 허약해지면 고달프다. 믿음 때문에 조롱당하고 거부당하는 건 힘든 일이다. 교회가 복음으로 치유하는 곳이 아닌 논쟁 장소가 되는 것을 지켜보기도 슬픈 일이다. 내 삶의 모든 것이 부패하거나 나빠지는 것 같다. 사람들이 죽고, 꿈을 잃어버리고, 꽃은 시들고, 결혼생활과 교회와 직장과 우정은 악화되어 간다. 주위를 둘러보면, 하나님이 창조하신 이 낡은 세상이 잘 굴러가는 것 같지가 않다. 여러 가지 면에서 이 세상은 우리가 살아가기에 힘들고 낙심스러운 곳이다. 타락한 세상이 추락하며 만드는 소용돌이는 내게도 미칠 수 있다. 모든 일이 덧없고, 무너져 내리는 것 같다.

그뿐만이 아니다. 변화를 일으키기에는 나 자신이 너무 무력하게 느껴진다. 결혼생활을 회복하려고 모든 것을 했지만, 꽉 막혀 버렸다. 내게는 타인을 변화시킬 힘이 없다. 상황을 바꾸는 것도 한계가 있다. 무력하게 보고만 있거나 거기에 휘둘리는 것이 전부인 것 같다.

그렇다면 어디에서 힘을 얻어야 할까? 이 아름다운 말씀이 묘사하듯 은혜에서 찾아야 한다. "적은 무리여 무서워 말라 너희 아버지께서 그 나라를 너희에게 주시기를 기뻐하시느니라"(눅 12:32). 이 말씀만 있으면 모든 게 달라진다. 이 말씀은 악화되는 세상에 맞서는 것이 내가 아니라고 말한다. 그렇다, 우리는 이 세상의 시민이며 그 망가진 현실에 영향을 받는다. 하지만 또한 우리는 또 다른 나라의 시민인 것을 기억해야 한다. 내 왕께서 나를 낙심시키고 실망시키는 모든 일을 다스리시며, 내 유익과 자신의 영광을 위해 다스리신다. 내가 어찌할 수 없는 일도 모두 왕의 다스리심 아래 있다. 내가 이해할 수 없는 일도 그분의 세심한 관리 아래 있다. 뿐만 아니다. 나를 둘러싼 모든 것이 다 덧없어 보여도, 그분의 나라는 무궁하다. 이 세상 나라가 모두 멸망한 후에도 나는 내 왕과 함께 그분의 왕국에서 영원히 오래오래 다스릴 것이다.

더 깊은 묵상과 격려를 위해 누가복음 12장 22-34절을 읽으라.

누가복음 12장 22-34절로 연결됩니다.

49

> 복음은 우리가 영원히 살도록 날마다 죽으라고 명한다.
> 사람들의 생각과 달리 죽음은 사실 생명으로 들어가는 통로다.

은혜의 주요 역설 중 하나다. 언뜻 보기에 전혀 말이 안 되는 것 같지만, 이 역설을 직시하지 않으면 하나님의 은혜가 우리 삶에 행하는 일을 이해할 수 없다. 예수님이 하신 다음 말씀에 이 역설이 잘 나타난다.

"또 무리에게 이르시되 아무든지 나를 따라오려거든 자기를 부인하고 날마다 제 십자가를 지고 나를 따를 것이니라 누구든지 제 목숨을 구원하고자 하면 잃을 것이요 누구든지 나를 위하여 제 목숨을 잃으면 구원하리라 사람이 만일 온 천하를 얻고도 자기를 잃든지 빼앗기든지 하면 무엇이 유익하리요 누구든지 나와 내 말을 부끄러워하면 인자도 자기와 아버지와 거룩한 천사들의 영광으로 올 때에 그 사람을 부끄러워하리라 내가 참으로 너희에게 이르노니 여기 서 있는 사람 중에 죽기 전에 하나님의 나라를 볼 자들도 있느니라"(눅 9:23-27).

죽음이 생명으로 이어진다. 무언가 말이 안 되는 것 같지만, 말이 된다. 우리가 자신을 위해 사는 동시에 하나님을 위해 살 수 없다는 현실을 직시할 때 이 역설은 완벽하게 말이 된다. 하나님의 나라를 위해서도 살고 나 자신의 나라를 위해서도 살 수는 없다. 나 자신이 법을 만들고서 하나님의 법을 따를 수는 없다. 자기 의를 자랑하면서 하나님의 의에 자신을 맡길 수 없다. 내 영광을 위해 사는 동시에 하나님의 영광을 위해서도 살 수 없다. 마음으로 세상을 사랑하는 동시에 하나님을 다른 무엇보다 사랑하기는 불가능하다. 나 자신을 세상의 중심에 놓고서 하나님도 중심에 놓을 수는 없다. 예수님께 나아갈 때 협상은 없다. 예수님께 나아가는 것은 동의하고 말고의 문제가 아니다. 예수님께 나아가는 것은 계약이 아니다. 예수님께 나아가는 것은 죽는 것이다. 나는 죽었다. 예수님은 내가 살도록 죽으셨다. 이제 예수 안에서 생명을 발견하도록 자기 생명을 버리라고 그분은 명하신다.

  여기서 우리가 반드시 알아야 할 사실이 있다. 내게 죽기를 요구하실 때 예수님은 영생을, 영생이 주어지는 유일한 길을 주시는 것이다. 예수님에 내게 죽기를 명하셔야 하는 이유는, 생명을 얻는 길을 내가 가로막고 있기 때문이다. 내 교만, 내 반역, 내 독립심, 내 어리석음, 내 거부가 예수님이 주시는 생명의 길을 막고 있다. 우리는 괜찮다고 스스로에게 말한다. 마치 하나님보다 똑똑한 양 행동한다. 우리는 하나님 나라를 사랑하기보다 나 자신의 보잘것없는 나라를 더 좋아한다. 나 자신의 법칙이 하나님의 법보다 낫다고 생각한다. 현재의 즐거움이 영원한 상급보다 낫다고 스스로에게 말한다. 삶에 관한 우리의 이 망상에서 누군가가 우리를 구해내지 않으면, 우리는 생명을 잃고 말 것이다. 그렇다, 살고자 한다면 죽어야 한다. 그래서 은혜가 우리를 죽이려고 나선다. 하지만 은혜는 우리의 죽음을 도맡아 처리하면서 우리에게 생명을, 참되며 풍부하고 영원한 생명을 준다. 옛 삶의 죽음과 싸우지 말라. 그보다는 은혜로써, 오직 은혜로써 내 소유가 되는 새 생명을 찬미하라. 내 구주가 나를 죽음의 길로 계속 부르고 있음을 기억하라. 그것이 생명의 길이다. 더 깊은 묵상과 격려를 위해 요한복음 12장 23-26절을 읽으라.

요한복음 12장 23-26절로 연결됩니다.

50

예수님을 주님이라 부를 때 성경이 말하는 헌신이 시작된다.
예수님을 주님으로 모시는 삶은
용서하고 구원하고 변화시키는 은혜를 날마다 요구한다.

나는 성경이 가르치는 신학을 좋아한다. 그 신학이 없었다면 나는 생각하는 법을 몰랐을 것이다. 신학교 신입생 시절, 수업을 마치고 집에 오면 3층까지 뛰어올라가 아내에게 말하곤 했다. "나는 생각하는 법을 배우고 있어. 생각하는 법을 배우고 있다고!" 신학교는 무미건조하고 난해한 신학적인 건물이 아니었다. 여기서는 단순히 신학 체계의 요소들을 모아들이는 것이 아니라 그보다 많은, 훨씬 더 많은 작업이 이루어졌다. 내 믿음을 더 잘 알게 되고, 그보다 더 깊이 들어갔다. 나는 성경을 읽고 이해하는 전문 강의만 들은 게 아니었다. 나는 온갖 것에 관해 생각하는 법을 배웠다. 그리고 생각하는 법의 전체 체계는 이 근본적인 한마디, 성경의 이 한마디 위에 세워져 있었다. "태초에 하나님이……."

나는 단순히 교육만 받은 게 아니었다. 나는 그저 배 한 척 분량의 신학 정보를 모아들인 게 아니었다. 그렇다, 무언가 그보다 더 깊이 있는 일이 일어나고 있었다. 나는 마음과 삶이 변화되는 과정을 통과하고 있었다. 그 변화는 당시 내가 생각했던 것보다 더 깊고 내 신앙 형성에 큰 의미가 있는 변화였다. 나는 달라지고 있었고, 내 삶의 전 방향, 내 정체성에 관한 생각, 내가 정의하는 인생의 의미와 목적, 내면의 행복 등이 다 달라지고 있었다. 신학교 초기의 그 흥미진진한 시절에 나는 하나님의 말씀을 근거로 세상을 보도록 도움을 받았다. 지금까지 내가 쓴 모든 글은, 삶을 바꾼 그 관점에서 써내려간 글이다. 강의실 뒷줄에 앉아 신학 수업을 들으며 "마음이 녹아내리는 것 같군"이라고 혼잣말을 하는 내 모습이 지금도 눈에 선하다. 그 모든 시간이 내 삶에 구체적인 형태와 방향을 제시했다. 그 시간들은 그 뒤로 내 모든 의사결정의 바탕이 되었다. 아침에 일어나 하루를 시작할 이유가 되었고, 내게 얼마나 엄청난 은혜가 필요한지 직시하게 했다.

이것이 바로 성경이 가르치는 신학이 해야 하는 일이다. 하나님의 말씀에 계시된 교리의 목적은 '신학만 아는 괴짜'들을 대대로 만들어내는 것이 아니다. 내 말이 무슨 뜻인지 알 것이다. 누구도 하지 않을 생각을 하고, 누구도 쓰지 않을 용어를 쓰고, 다른 사람들을 위해 선은 별로 행하지 않는 사람, 지식인 행세를 하는 성경학자들을 말이다. 여기 우리가 거듭 상기해야 할 사실이 있다. 신학은 원래 그 자체가 목적이어서는 절대 안 된다. 목적에 이르는 수단이어야 하는데, 그 목적은 삶을 근본적으로 변화시키는 것이다. 신학의 목적은 지식이 아니라 거룩함이다.

자, 성경이 사실상 무엇인지 생각해 보라. 성경은 구속의 장대한 이야기다. 어쩌면 신학적으로 주석이 달린 이야기라고 하는 게 더 나을지도 모르겠다. 성경은 하나님의 필수 각주가 달린 이야기다. 성경은 예수님 이야기이며, 그분은 내가 간절히 필요로 하는 한 가지, 즉 은혜를 주려고 오신 분이다. 우리를 용서하고 변화시키는 은혜, 내 삶을 변화시키는 그런 은혜를 열심히 알리지 않는 신학은 나쁜 신학이다.

더 깊은 묵상과 격려를 위해 디모데후서 3장 10-17절을 읽으라.

디모데후서 3장 10-17절로 연결됩니다.

51

공동 예배는 그리스도 안에 있는 내 정체성을 일깨워
내가 다른 곳에서 정체성을 찾느라
시간을 허비하는 일이 없게 한다.

우리는 정체성 건망증에 걸리기 쉽다. 그리스도 안에서 내가 누구이며 그리스도의 자녀로서 내게 무엇이 주어졌는지 잊어버리기 쉽다. 우리는 수직적 차원에서 이미 내게 주어진 것을 수평적 차원에서 물건처럼 사려고 하기 쉽다. 예수님이 완성하신 일에 따르는 현재의 유익을 망각한 탓에 두려움 앞에 무릎 꿇거나, 수치심 앞에 항복하거나, 죄책감에 마음이 약해지기 쉽다. 역경을 만나면, 그 무엇도 나를 하나님의 사랑에서 끊을 수 없음을 망각하기 쉽다. 어려운 문제와 씨름할 때면, 자기 아들까지 주신 하나님이 내게 필요한 다른 모든 것도 주시리라는 사실을 망각하기가 아주 쉽다. 예수님은 단지 나의 과거를 용서하시거나(이것만으로도 하나님을 찬양해야 하지만), 장차 나의 부활을 위해서만(얼마나 큰 소망인지!) 죽으신 것이 아니다. 그분은 지금 내가 여기서 마주하는 모든 일을 위해서도 죽으셨다. 그런데 우리는 삶에서 이 관점을 놓친다.

살면서 겪는 모든 시련은 은혜로우신 구주께서 내 마음과 삶에 은혜의 사역을 진전시키려고 은혜의 도구로서 보내신 것이라는 사실을 우리는 너무 쉽게 잊는다. "나다"(I Am)라고 말씀하실 수 있는 분의 은혜가 내 삶에 밀어닥쳤기에 이제는 어떤 상황이나 어떤 관계, 혹은 어떤 장소에서도 내가 혼자이기는 불가능하다는 사실을 쉽게 잊는다. 죄를 깨닫게 하시고, 보호하시고, 능력을 주시는 성령님의 강력한 임재로 하나님이 정말로 내 안에 거하신다는 사실을 우리는 쉽게 잊는다. 하나님은 나를 사랑하시고 용납하시되 내 최악의 날에도 내 최고의 날 못지않게 그렇게 하신다는 사실을 우리는 너무 쉽게 잊는다. 예수님의 삶, 죽음, 부활의 은혜 덕분에 나 자신의 지혜, 의로움, 능력 같은 한정된 자원에 의지해서 살 일이 절대 없음을 잊어버리기 쉽다. 우리는 나를 대신해 은혜가 이미 물리친 것에 쉽게 두려움에 빠진다.

우리는 유혹 앞에서 너무 쉽게 무너지고, 은혜가 능력을 주어 우리로 저항하게 한 일을 너무 쉽게 허용한다. 하나님이 가까이 계시는지, 내 기도를 들으시는지 의심하기도 한다. 어려운 일이 닥칠 때는 하나님의 선하심에 의문을 품기 쉽다. 내 삶은 힘들고 고생스러운데 내 옆 사람은 평안하고 안정되어 보이면 하나님이 나를 잊으신 것은 아닌지 자문하기 쉽다. 메시아가 아닌 다른 곳에서 생명을 찾을 수 있다고 생각하기 쉽다. 인생이 통제불능으로 보일 때면 예수 그리스도께서 자신의 영광과 내 유익을 위해 만사를 다스리신다는 것을 잊기 쉽다. 내가 누구인지를 잊고 다른 어딘가에서 정체성을 찾으려 하기 쉽다.

그래서 하나님은 우리가 공동 예배로 모이고 또 모여 우리가 누구이며 우리에게 무엇이 주어졌는지 기억하고 또 기억하게 하셨다. 하나님의 교회는 은혜의 도구요, 기억하기 위한 장치이다. 그래서 우리는 은혜를 찬미하며 성장할 수 있다.

더 깊은 묵상과 격려를 위해 히브리서 10장 19-25절을 읽으라.

히브리서 10장 19-25절로 연결됩니다.

52

우리는 불순종한다. 하나님은 죄를 깨우쳐 주시고 회복시키신다.
우리는 의심한다. 하나님은 우리를 믿음의 사람들로 만들고자 일하신다.
우리는 굶주린다. 하나님은 넘치는 은혜로 우리를 먹이신다.

우리에게 주어진 것은
풍성한 은혜.

우리의 죄보다
깊고
충만하고
풍성하고
큰
은혜.

이 은혜는
우리의
불순종 앞에서도
멈추지 않는다.

우리의
의심 앞에서도
돌아서지 않는다.

우리의
굶주림 앞에서
보고만 있지 않는다.

그렇다, 이 은혜는
말도 안 되는 은혜,
견인하는 은혜.

실로 이와 같은 것이 또 없으니
예수의 손에서 옴이라.

더 깊은 묵상과 격려를 위해 디모데전서 1장 12-17절을 읽으라.

디모데전서 1장 12-17절로 연결됩니다.

53

우리는 공포에 질린다. 하나님은 자신의 주권적 계획에 여전히 충실하시다.
우리는 의심한다. 하나님은 시작부터 끝까지 아신다.
우리는 기도한다. 하나님은 지혜와 은혜로 응답하신다.

천국에는 공포가 없다. 하나님은 절대 불안해하지 않으신다. 삼위일체 하나님께는 혼란이 없다. 하나님은 근심하거나 후회하지 않으신다. 하나님은 무슨 일이 벌어질지 걱정하거나 어떤 진상이 밝혀질까 스트레스를 받지 않으신다. 하나님은 절대 놀라지 않으시며 무엇이 부족하지도 않으시다. 하나님은 압도되지 않으신다. 하나님은 해야 할 일을 못 하시는 법이 없다. 하나님은 지키지 못할 약속을 절대 하지 않으신다. 하나님은 절대 자기모순이 없으시며 그 존재하심이 스스로 자신에 대해 하신 말씀과 정확히 일치하시다. 하나님은 전능하시고, 모든 면에서 절대적으로 완전하시며, 모든 말씀에 충실하시고, 존재하는 모든 것을 다스리는 주권자시고, 사랑 그 자체이시며, 의로우신 동시에 공평하고 다정하고 참을성이 많으시다. 하나님은 우리의 공포나 의심에도 낙담하거나 괴로워하지 않으신다. 그렇다, 하나님의 은혜의 주권적인 역사는 계속된다!

"찬송하리로다 하나님 곧 우리 주 예수 그리스도의 아버지께서 그리스도 안에서 하늘에 속한 모든 신령한 복을 우리에게 주시되 곧 창세 전에 그리스도 안에서 우리를 택하사 우리로 사랑 안에서 그 앞에 거룩하고 흠이 없게 하시려고 그 기쁘신 뜻대로 우리를 예정하사 예수 그리스도로 말미암아 자기의 아들들이 되게 하셨으니 이는 그가 사랑하시는 자 안에서 우리에게 거저 주시는 바 그의 은혜의 영광을 찬송하게 하려는 것이라 우리는 그리스도 안에서 그의 은혜의 풍성함을 따라 그의 피로 말미암아 속량 곧 죄 사함을 받았느니라 이는 그가 모든 지혜와 총명을 우리에게 넘치게 하사 그 뜻의 비밀을 우리에게 알리신 것이요 그의 기뻐하심을 따라 그리스도 안에서 때가 찬 경륜을 위하여 예정하신 것이니 하늘에 있는 것이나 땅에 있는 것이 다 그리스도 안에서 통일되게 하려 하심이라 모든 일을 그의 뜻의 결정대로 일하시는 이의 계획을 따라 우리가 예정을 입어 그 안에서 기업이 되었으니 이는 우리가 그리스도 안에서 전부터 바라던 그의 영광의 찬송이 되게 하려 하심이라"(엡 1:3-12).

하나님은 우리의 연약함과 의심에도 낙심하지 않으신다. 하나님의 계획은 우리의 영적 동요에도 방해받지 않는다. 하나님은 우리를 보며 그럴 만한 가치가 있는지 묻지 않으신다. 그렇다, 계속되는 우리의 고투 앞에서도 하나님의 계획은 계속 진행된다. 왜인가? 하나님의 계획은 우리의 성품이 아닌 하나님의 성품에 바탕을 두기 때문이다. 구속은 우리의 결단이 아닌 하나님의 결단에 기초를 둔다. 구원은 우리의 능력이 아닌 하나님의 능력에 달려 있다. 우리에게 소망이 있음은 이 소망이 모두 하나님께로부터 나오고 하나님께 근거를 두기 때문이다. 우리는 겸손하게 인정해야 한다. 우리의 소망은 오직 하나님께 있다. 우리 구원의 그 어느 부분도 우리에게 달려 있지 않다. 구원은 처음부터 끝까지 하나님의 주권적인 은혜에 달려 있다. 최종 결론은 이렇다. 하나님은 그럴 능력이 있으시고, 그럴 의지가 있으시며, 신실하시다. 은혜는 우리에게 필요한 모든 것을 마련해 준다. 은혜가 이길 것이다! 더 깊은 묵상과 격려를 위해 빌립보서 4장 19-20절을 읽으라.

빌립보서 4장 19-20절로 연결됩니다.

54

우리는 두려워한다. 하나님의 임재가 용기를 준다.
우리는 멀어진다. 하나님의 사랑이 우리 곁으로 다가온다.
우리는 의심한다. 하나님의 약속이 우리에게 소망을 준다.

하나님은 우리의 지금 상태 그대로 우리를 만나 주신다. 아름답고 소망이 되는 은혜의 현실이다. 하나님이 만약 우리더러 하나님이 계신 곳으로 와서 그분을 만나라고 하셨다면, 우리는 모두 저주받는 처지가 되었을 것이다. 예수님이 그분을 부인한 베드로를 만나신 다음 장면을 보자.

"예수께서 시몬 베드로에게 이르시되 요한의 아들 시몬아 네가 이 사람들보다 나를 더 사랑하느냐 하시니 이르되 주님 그러하나이다 내가 주님을 사랑하는 줄 주님께서 아시나이다 이르시되 내 어린 양을 먹이라 하시고 또 두 번째 이르시되 요한의 아들 시몬아 네가 나를 사랑하느냐 하시니 이르되 주님 그러하나이다 내가 주님을 사랑하는 줄 주님께서 아시나이다 이르시되 내 양을 치라 하시고 세 번째 이르시되 요한의 아들 시몬아 네가 나를 사랑하느냐 하시니 주께서 세 번째 네가 나를 사랑하느냐 하시므로 베드로가 근심하여 이르되 주님 모든 것을 아시오매 내가 주님을 사랑하는 줄을 주님께서 아시나이다 예수께서 이르시되 내 양을 먹이라 내가 진실로 진실로 네게 이르노니 네가 젊어서는 스스로 띠 띠고 원하는 곳으로 다녔거니와 늙어서는 네 팔을 벌리리니 남이 네게 띠 띠우고 원하지 아니하는 곳으로 데려가리라 이 말씀을 하심은 베드로가 어떠한 죽음으로 하나님께 영광을 돌릴 것을 가리키심이러라 이 말씀을 하시고 베드로에게 이르시되 나를 따르라 하시니"(요 21:15-19).

예수님이 영원히 등을 돌릴 만한 사람이 있다면 아마 베드로일 것이다. 예수님이 그렇게 경고하셨는데, 베드로는 어떻게 그럴 수 있었을까? 그러나 베드로의 부인은 십자가의 패배를 나타낸 장면이 아니었다. 오히려 그 반대였다. 그 사건은 그리스도의 십자가의 본질적인 성격을 충격적일 만큼 구체적으로 묘사한 장면이었다. 예수님의 삶, 죽음, 부활이 꼭 필요했던 이유는 우리가 베드로와 다를 것 없기 때문이다. 우리에게는 신실하고 지혜롭고 선하고 의로울 능력이 전혀 없다. 우리는 스스로를 구원하지 못한다. 은혜가 우리를 건져내지 않으면, 우리는 소망도 없고 하나님도 없이 자기 자신은 물론 타인에게도 위험한 존재가 될 것이다.

그래서 하나님은 놀랍도록 자신을 낮추시는 은혜로 우리를 만나신다. 하나님은 두려움에 빠진 우리에게 다가오신다. 우리가 하나님에게서 멀어졌을 때 하나님이 우리 가까이 다가오신다. 우리가 의심에 사로잡혔을 때 하나님이 우리를 만나 주신다. 우리가 방황할 때 하나님이 우리를 뒤쫓아 오신다. 우리가 범죄할 때 하나님이 오셔서 죄를 깨닫게 하시고 용서하신다. 우리가 연약할 때 하나님이 우리에게 능력을 주신다. 우리가 불성실할 때 하나님이 우리를 회복하신다. 우리가 하나님을 부인할 때도 하나님은 우리를 부인하지 않으신다. 구원의 순간에 우리에게 다가오신 하나님은 '이미'와 '아직' 사이를 가는 우리에게 거듭거듭 다가오신다. 하나님은 우리 곁에서 자신의 사랑을 다시 확신시키시고, 우리에게서 하나님을 향한 사랑을 이끌어내시며, 우리를 택하사 명하신 일을 하도록 보내신다. 하나님은 우리가 하나님께 다가가기를 기다리지 않으신다. 하나님이 우리에게 오신다. 이것이 은혜의 방식이다. 더 깊은 묵상과 격려를 위해 요한복음 18장 15-18절을 읽으라.

요한복음 18장 15-18절로 연결됩니다.

55

하나님의 관심사는 변화다. 나에게 필요한 것도 변화다.
은혜가 약속하는 것도 변화다.
영원한 나라의 소망은 변화의 사역이 완성되는 것이다.

우리는 모두 크고 나쁜 개인적인 문제를 공유하고는 한다. 책이나 설교에서는 많이 다루지 않는 문제다. 하지만 이 문제는 개인의 영적 성숙을 크게 가로막는다. 이 문제가 있는 사람은, 바로 그 까닭에 정확히 이 문제를 걱정하지 않는다! 고백하지만, 이건 내게도 큰 문제다. 어떤 문제냐면 바로 영적 자기만족이다.

나는 이 교회 저 교회를 다니며 교회 지도자들을 많이 만나 보았다. 직분을 가진 사람들과 대화를 나누면 나눌수록 현대 복음주의 교회의 진짜 위기는 불만족이 아니라 오히려 그 반대라는 확신이 점점 강해진다. 우리 모두는 너무 만족하고 있다. 내 존재, 내가 지금 있는 지점, 내가 하는 일에 너무 만족한다. 우리는 성경을 조금 아는 것에 만족한다. 이따금 섬김의 시간을 갖는 것에 만족한다. 빚이 많지 않아서 헌금함에 동전 몇 푼 넣을 수 있으면 만족한다. 결혼한 지 얼마쯤 되었고, 이 결혼이 쉽게 깨지지는 않을 것 같으면 만족한다. 성경이 가르치는 신학을 약간만 알아도 만족한다. 주일 예배에 꼬박꼬박 출석하는 것으로 만족한다. 아침에 눈뜨자마자 곧 경건 시간을 갖는 것에 만족한다. 섬김의 경험이 조금 있는 것에 만족한다. 마음의 정욕을 그다지 행하지 않고 시기심을 겉으로 많이 드러내지 않는 것에 만족한다. 하나님께 실망했으면서도 하나님을 떠나지 않는 것에 만족한다. 사람을 두려워하면서도 그 두려움을 꽤 제어할 수 있다는 것에 만족한다. 안락하게 살고 그 안락함을 유지하는 데 자기 소유를 대부분을 쓰는 것에 만족한다. 교회 일에 헌신적으로 참여하기보다 단순히 그 헌신의 소비자가 되는 데 만족한다. 마음이 이따금 방황해도, 성경이 말하는 선하고 참된 것과 모순되는 생각을 하면서도 우리는 만족한다. 살면서 이 정도 갈등은 겪을 만하다고 만족한다. 우리는 만족한다.

우리 중 은혜를 졸업한 사람은 단 한 사람도 없지만, 우리는 만족한다. 여전히 은혜가 필요하다는 증거를 날마다 보이면서도 우리는 만족한다. 만족하기 때문에 우리의 유일한 소망인 은혜에 저항한다. 몸이 건강하지 않다고 신호를 보내는데 나는 건강하다고 스스로를 속인다면, 우리는 아마 의사를 찾지 않을 것이다.

하지만 여기 우리가 기억해야 할 것이 있다. 우리는 만족하지 않으시는 구주를 섬긴다. 그분은 자신의 강력한 은혜의 변화시키는 역사가 우리에게 여전히 필요하다는 사실을 알고 계신다. 은혜롭게 불만족하시는 주님이 자기 자녀의 모든 마음 세포 하나하나에서 죄라는 미생물이 모두 제거되기까지 고삐를 늦추지 않으실 것이다. 정말 놀랍지 않은가?

더 깊은 묵상과 격려를 위해 베드로전서 2장 1-12절을 읽으라.

베드로전서 2장 1-12절로 연결됩니다.

56

하나님은 경건치 못한 사람을 의롭다 하신다.
우리 같은 사람들에게도 정말로 소망이 있다는 뜻이다.

내 행위가 모두 경건하다고 말할 수 있으면 좋겠지만, 그렇지 않다. 내가 늘 하나님 나라를 바라보며 산다고 말할 수 있으면 좋겠지만, 사실은 그렇지 않다. 내가 늘 하나님 사랑과 이웃 사랑을 바탕으로 주변 사람들을 대한다고 말할 수 있으면 좋겠지만, 그렇지 못하다. 하나님을 경외하는 마음이 내가 하는 모든 행동의 주요 동기라고 말할 수 있으면 좋겠지만, 대개는 그렇지 못하다. 하나님의 영광을 나 자신의 영광보다 더 사랑한다고 말할 수 있으면 좋겠지만, 여전히 나는 순간순간 하나님의 영광을 도적질한다. 내게 이기심과 탐욕은 이제 옛말이 되었다고 말할 수 있으면 좋겠지만, 그렇지 못하다. 순수하게 복종하는 마음을 가졌다고 말할 수 있으면 좋겠지만, 슬프게도 내 방식을 고집할 때가 많다. 성령의 열매를 늘 나타내 보인다고 말할 수 있으면 좋겠지만, 그렇지 못할 때가 많다. 늘 하나님 말씀의 지혜를 의지해 산다고 말할 수 있으면 좋겠지만, 어리석게도 내가 하나님보다 똑똑하다고 생각할 때가 있다.

물질만능주의는 이제 내 마음을 가로채지 못한다고 말할 수 있으면 좋겠지만, 여전히 그럴 때가 있다. 늘 하나님의 통제 아래 있다고 말할 수 있으면 좋겠지만, 나 자신이 명령하고 지시하기 원한다. 어떤 경우에도 짜증내거나 조급해하지 않는다고 말할 수 있다면 좋겠지만, 여전히 그런 문제와 씨름한다. 하나님을 경배하는 일만이 흔들림 없이 내 마음을 지배한다고 말할 수 있으면 좋겠지만, 사실은 우상숭배가 여전히 끈덕지게 나를 물고 늘어진다. 그리스도의 의 가운데 늘 평안히 머문다고 말할 수 있으면 좋겠지만, 아직도 자기 의를 사람들 앞에서 과시하는 교만에 항복할 때가 있다. 굵직한 영적 전투 같은 것은 이제 내게 없다고 말할 수 있으면 좋겠지만, 그렇지 않다는 명확한 증거가 꾸준히 등장한다.

이 모든 것은 내가 칭의의 은혜를 소중히 여긴다는 뜻이다. 나는 하나님이 그리스도 안에서 자신도 의로우시며 또한 경건치 않은 자들을 의롭다 하실 길을 찾으셨음에 찬미한다(롬 3:26). 나는 예수님의 완전한 삶에 날마다 감사한다. 나는 예수님이 이 타락한 세상의 유혹을 예외 없이 마주하신 것에 감사한다. 십자가에서 내 대신 죄수복을 입으시고 내 죄책과 수치를 다 감당하신 것에 감사한다. 나는 예수님이 아버지의 거절을 감당하셨음에 감사한다. 죽음을 정복하고 무덤을 박차고 나오신 것에 감사한다. 예수님의 의가 내 의로 인정된다는 사실에 감사한다. 예수님이 율법을 성취하고 아버지의 진노를 가라앉히신 것에 감사한다. 내가 충분히, 완전히, 영원히 용납받았다는 사실을 여전히 찬미한다.

나를 의롭다 하는 은혜를 찬미하는 이유는 나 자신의 의를 근거해서는 여전히 하나님 앞에 설 수 없기 때문이다. 여전히 나는 하나님의 영광에 미치지 못한다. 그래서 내가 여전히 기준에 미치지 못하더라도 나를 하나님의 의로운 자녀로 영원히 보장하는 의롭다 하는 은혜에 깊이 감사한다. 그렇다, 오늘도 내게는 의롭다 하는 은혜에 다시 한 번 감사할 이유가 있다.

더 깊은 묵상과 격려를 위해 갈라디아서 5장 4-5절을 읽으라.

갈라디아서 5장 4-5절로 연결됩니다.

57

**신앙은 단순히 두뇌의 작용이 아니다.
신앙은 마음을 쏟아서 삶의 방식을 근본적으로 바꾸는 일이다.**

신학생 시절, 나는 신학을 시시콜콜 머릿속에 가득 채워서 어떤 신학 토론에서든 내 주장을 펼칠 수 있었기에, 자신을 믿음의 사람이라고 생각했다. 성경을 이해하는 수준이 높아서 성경 구절을 많이 암기할 수 있었기에, 나 자신을 영적으로 성숙한 사람으로 여겼다. 섬김의 은사가 있었고 섬김의 소명도 있었기에, 내가 믿음의 삶을 살고 있다고 생각했다. 하지만 내 믿음은 엔진이 없는 고급 승용차 같았다. 겉으로 보기에는 아름다웠지만, 그 믿음이 했어야 하는 일을 할 능력은 부족했다. 그 시절 누가 내 믿음에 의문을 표했다면 나는 아마 몹시 불쾌해했을 것이다. 나더러 성숙하지 못한 사람이라고 대놓고 말했다면 발끈해서 반론을 펼쳤을 것이다. 하지만 모래로 만든 이 영적인 집은 무너지기 직전이었다.

여기 좋은 소식이 있다. 신실하신 하나님이 우리 안에 참된 믿음을 공들여 만드실 것이다. 믿음은 우리에게 당연한 일이 아니다. 듣지도, 보지도, 만지지도 못하는 어떤 존재에게 자신의 과거, 현재, 미래를 통째로 맡긴다는 것은 우리로서는 자연스럽지 않다. 의심이 오히려 자연스럽다. 시기가 자연스럽다. 두려움이 자연스럽다. 염려가 자연스럽다. 다음번에는 어떤 일이 닥칠지 미리 알려고 애쓰는 게 자연스럽다. 자신의 능력과 지혜를 신뢰하는 게 자연스럽다. 하지만 믿음은 우리에게 자연스럽지 않다. 그래서 하나님은 성화시키는 은혜로써 어린아이 같은 신자를 성숙한 믿음의 사람으로 만들려고 애쓰신다. 하나님은 그 일을 다 마치실 때까지 고삐를 늦추지 않으신다. 그 무엇도 우리를 변화시키는 하나님의 은혜의 사역을 중단시키지 못한다. 여기서 우리가 알아야 할 것이 있는데, 내 믿음이 내 소망은 아니라는 사실이다. 하나님의 열심 있는 은혜야말로 변덕스러운 믿음을 지닌 죄인들의 유일한 소망의 근원이다.

그래서 하나님은 내 결혼과 사역을 도구 삼아 연약하고 깊이 없고 미숙한 내 믿음을 폭로하셨다. 내 믿음이 연약하고 피상적이고 성숙치 못하다는 증거가 결혼생활과 사역에서 드러날 때마다 나는 이를 힘써 부인했다. 내 의로운 행위를 가리키면서 망상을 키워갔다. 하나님은 그런 나를 그냥 외면하지 않으셨다. 나는 몹시 분노가 많은 사람이었지만 그 분노를 부정했고 분노의 뿌리가 내 마음에 있다는 것을 부인했다. 나는 매우 교만한 사람이었지만 그 현실을 보려 하지 않았다. 나는 모든 상황을 주권적으로 제어하기를 좋아하는 사람이었지만, 하나님이 주신 리더십의 은사를 활용하는 것일 뿐이라고 변명했다. 하지만 상황은 나아지지 않고 오히려 악화되었다. 아내는 내 마음 속 분노를 거듭거듭 지적했다. 교인들은 내 교만을 직시하게 했다. 한번은 교만을 주제로 설교를 하면서 교만에 관한 한 이보다 훌륭한 설교는 있을 수 없다고 생각한 적도 있다. 그런 설교는 사실상 교만에 관한 사례 연구감이다. 하나님은 망가지고 부서진 내 결혼과 사역을 이용해 내 안에 성숙한 믿음을 빚기 시작하셨다. 지금 나는 그때와 많이 다른 사람이 되었다. 하지만 믿음을 빚어가는 장인은 지금도 일하고 계신다. 오직 그분의 은혜만이 빚어낼 수 있는 믿음을 성숙시키는 그 일을. 더 깊은 묵상과 격려를 위해 요한일서 3장 1-10절을 읽으라.

요한일서 3장 1-10절로 연결됩니다.

58

오늘, 자신의 무능력에 대한 두려움으로 살아가겠는가,
그리스도만으로 충분함을 기뻐하며 살아가겠는가?

누구도 그냥 살지는 않는다. 누구도 중립적으로 행동하거나 반응하지 않는다. 누구도 객관적이지 않다. 누구도 수동적이지 않다. 우리는 늘 어떤 해석의 틀을 가지고 자기 존재와 행동, 타인, 하나님, 인생 등을 바라본다. 우리의 반응은 우리가 경험한 사실로써가 아니라 그 사실을 어떤 식으로 해석하느냐에 따라 구체화된다. 예수님의 위격과 사역이 담긴 복음은 본디 신자에게 삶을 변화시키는 해석의 틀이 되어야 한다. "그리스도의 말씀이 너희 속에 풍성히 거하게 하라"(골 3:16)는 바울의 말은 바로 그런 뜻이다.

바울은 왜 "그리스도의 말씀"이라고 했을까? 바울이 말하는 "그리스도의 말씀"은 복음을 뜻한다. 성경의 가장 중요한 메시지는 예수 그리스도의 복음이다. 성경은 이야기나 격언 모음집이 아니다. 성경은 조직신학 교과서가 아니다. 성경은 주 예수 그리스도의 위대한 전기이다. 성경은 주석이 달린 주 예수 그리스도의 이야기, 즉 하나님의 필수 해설과 적용 주석이 달린 예수 그리스도의 이야기라고 하는 게 아마 더 정확할 것이다. 성경을 단순히 신학, 원리, 규칙을 말하는 책으로 축소시키면 이는 성경을 왜곡하는 것이다. 주 예수 그리스도의 위격과 사역(은혜)이 아니면 성경의 의미를 이해할 수 없다.

그러면 이 모든 사실은 우리를 어디로 이끄는가? 삶을 보는 방식에는 두 가지가 있다. 자신의 모든 내적이고 외적인 도전들을 지금까지 쌓아

온 실적이라는 시각으로 볼 수 있고, 또는 우리 대신 일하시는 예수님의 충분함이라는 유리한 시각으로도 볼 수 있다. 성경은 우리의 정체성과 잠재력을 근본적으로 바꿀 뿐 아니라 우리가 삶을 생각하고 해석하는 방식을 근본적으로 바꾸기 위해서도 주어졌다. 나는 자신의 자원만을 의지하며 살도록 방치되지 않는다. 나는 '그리스도 안에' 있기에 내 잠재력은 나를 이루는 모든 부분들의 총합보다 더 크다. 어떤 상황, 어떤 장소에서든 나는 절대 혼자가 아니다. 나 스스로 죄에 맞서 싸우려는 인식이 별로 없을 때에도 나를 위해 싸우는 분이 계신다.

예수 그리스도의 복음은 그저 내 신학의 한 측면이 아니다. 예수 그리스도의 복음을 단순히 내 삶의 '종교적' 차원으로 밀쳐내서는 안 된다. 예수 그리스도를 통해 하나님과 맺는 관계가 내 생명이다. 하나님과의 이 관계는 내 존재의 모든 측면에 영향을 끼치며 변화시킨다. 이 관계는 내 정체성을 재규정한다. 이 관계는 내 삶에 새로운 의미와 목적을 준다. 이 관계는 내 삶을 완전히 바꾼다. 그러므로 나를 위한 예수님의 사역을 통해 내 삶의 모든 것을 보아야 한다. 예수님의 사역이 내게 필요한 모든 것을 공급하는데 공연히 무능력을 두려워하며 무릎 꿇지 말라.

더 깊은 묵상과 격려를 위해 베드로후서 1장 1-11절을 읽으라.

베드로후서 1장 1-11절로 연결됩니다.

59

이해될 때만 믿는다면, 많은 의심과 더불어 살게 될 것이다.
하나님의 지혜는 내 이해력을 훨씬 뛰어넘는다.

이를 인정하는 것은 자존심 상하겠지만 중요한 일이다. 우리의 이해를 통해서는 결코 참되고 견고하고 지속적인 마음의 평안과 안식을 얻을 수 없다. 왜냐하면 우리 삶에는 이해하지 못할 일이 늘 있기 때문이다. 하나님은 우리가 알아야 할 것을 모두 성경에 계시하셨지만, 세상의 일을 모두 우리에게 말씀하지는 않으신다. 하나님은 자기 백성을 향한 계획을 모두 성경에 계시하셨지만, 개개인을 향한 주권적인 은혜를 각 사람에게 말씀하지 않으신다. 우리를 향한 하나님의 모든 계획과 그 계획을 세우신 모든 이유를 제한된 우리의 두뇌에 모두 담을 수는 없다.

그런데 문제는, 하나님이 인간을 이성을 지닌 존재로 창조하셨다는 것이다. 하나님은 나를 생각하는 존재, 즉 내 삶과 내가 사는 세상을 이해하려고 애쓰는 존재로 만드셨다. 이는 그 자체로서는 나쁜 일이 아니다. 오히려 아주 좋은 일이다. 생각하고, 해석하고, 검토하고, 정의하고, 설명하고, 이해할 수 있는 내 능력은 본디 나를 하나님께로 이끌기 위해 주어진 능력이다. 내 지성은 나를 하나님께로 인도하고 나를 향한 하나님의 계시를 이해하도록 주어졌다. 그러기에 성경적인 믿음은 비합리적이지 않다. 그런데 직시할 것이 있다. 이 믿음은 나를 내 이해의 능력 너머로 데려갈 것이다. 우리 머리로는 아담과 하와의 타락을 보고 예수님의 오심과 십자가에서 죽으심을 예측할 수 없었을 것이다. 구약시대 신자들이 하나님이 죄 문제를 해결하실 것과 자기 백성에게 새 생명을 주실 것을 알았던 것은 하나님이 앞으로 그렇게 하겠다고 그들에게 말씀하셨기 때문이다. 그러나 이들은 하나님이 자기 아들의 죽음을 통해 그렇게 하실 거라고는 알 수 없었다.

마찬가지로, '이미'와 '아직' 사이에 사는 우리는 하나님이 성경을 통해 하신 모든 말씀을 확신할 수 있으며, 나 개인에게나 교회 공동체에 앞으로 있을 일에 대해 하지 않으신 말씀이 많다는 것 또한 확신할 수 있다. 그래서 우리 삶에는 이해 못할 신비도 있고 놀라운 일도 있다. 그런 신비를 마주칠 때마다 우리가 믿기를 중단한다면, 살면서 상당히 많은 날을 믿지 않는 상태로 보낼 것이다. 하나님이 예기치 못한 방식으로 행동하실 때마다 하나님의 선하심과 사랑을 의심한다면, 우리는 결국 하나님이 선하지 않으시다는 결론을 내릴 것이다. 우리가 이해될 때에만 안식할 수 있다면, 결국 고통스러운 삶을 살게 될 것이다.

그렇다면 마음의 평안과 안식은 어디에서 찾아야 할까? 우리는 하나님이 성경을 통해 모두 말씀하셨다는 사실에서 안식을 얻는다. 그리고 완전하게 완벽하신 하나님의 지혜와 성품에서 안식을 얻는다. 우리는 우리가 알기 때문에 안식하지 않는다. 그 모든 것을 아시는 분이 지혜와 선 그 자체이심에 안식한다.

더 깊은 묵상과 격려를 위해 고린도전서 1장 18-31절을 읽으라.

고린도전서 1장 18-31절로 연결됩니다.

60

사람들은 좋은 친구와 사랑할 사람을 만들지만,
또한 나쁜 메시아를 만들기도 한다.
그러나 오직 예수님 안에서만 생명을 찾을 수 있다.

우리는 사람을 하나님의 위치에 놓고 하나님만이 하실 수 있는 일을 그에게 요구하는 경향이 있다. 나와 다를 바 없이 죄, 연약함, 실패로 괴로워하는 그 사람이 마치 삼위일체 하나님의 네 번째 멤버이기라도 한 듯 기대를 걸고 바라본다. 우리는 사랑하는 사람이 내게 정체성을 주기를 바란다. 그 사람이 내 상처를 치유하기를 바란다. 나를 행복하게 해주기를 바란다. 하지만 그 사람은 내게 그런 일을 해줄 수 없다. 그 사람은 결코 내 기대에 부응할 수가 없다. 인간관계에서 우리는 흔히 마른 샘에서 물을 길어 마시려 하고 왜 자꾸 목이 마른지 의아해한다. 그 어떤 인간도 나 개인의 구주가 되어 줄 수 없다. 아래 구절은 이 진리를 우리 앞에 들이밀면서, 지금은 물론 영원히 진짜 생명을 발견할 곳을 가리켜 준다.

"태초에 말씀이 계시니라 이 말씀이 하나님과 함께 계셨으니 이 말씀은 곧 하나님이시니라 그가 태초에 하나님과 함께 계셨고 만물이 그로 말미암아 지은 바 되었으니 지은 것이 하나도 그가 없이는 된 것이 없느니라 그 안에 생명이 있었으니 이 생명은 사람들의 빛이라 빛이 어둠에 비치되 어둠이 깨닫지 못하더라 하나님께로부터 보내심을 받은 사람이 있으니 그의 이름은 요한이라 그가 증언하러 왔으니 곧 빛에 대하여 증언하고 모든 사람이 자기로 말미암아 믿게 하려 함이라 그는 이 빛이 아니요 이 빛에 대하여 증언하러 온 자라 참 빛 곧 세상에 와서 각 사람에게 비추는 빛이 있었나니 그가 세상에 계셨으며 세상은 그로 말미암아 지은 바 되었으되 세상이 그를 알지 못하였고 자기 땅에 오매 자기 백성이 영접하지 아니하였으나 영접하는 자 곧 그 이름을 믿는 자들에게는 하나님의 자녀가 되는 권세를 주셨으니 이는 혈통으로나 육정으로나 사람의 뜻으로 나지 아니하고 오직 하나님께로부터 난 자들이니라 말씀이 육신이 되어 우리 가운데 거하시매 우리가 그의 영광을 보니 아버지의 독생자의 영광이요 은혜와 진리가 충만하더라…… 우리가 다 그의 충만한 데서 받으니 은혜 위에 은혜러라 율법은 모세로 말미암아 주어진 것이요 은혜와 진리는 예수 그리스도로 말미암아 온 것이라 본래 하나님을 본 사람이 없으되 아버지 품 속에 있는 독생하신 하나님이 나타내셨느니라"
(요 1:1-18).

즉, 예수님이 생명이시다. 창조주로서 예수님은 우리 몸에 육체적 생명을 주셨다. 영원하신 하나님으로서 예수님은 살아 있는 만물의 생명의 근원이시다. 뿐만이 아니다. 구주로서 예수님은 우리의 죽은 마음에 홀로 영적 생명을 주는 분이시다. 위 구절은 우리가 인간의 피나, 인간의 몸, 또는 인간의 뜻으로써가 아니라 하나님으로써 난다고 말한다. 예수님의 충만함을 우리는 받는다. 생명을 주는 은혜 위에 또 생명을 주는 은혜가 있다. 삶의 짐을 내 옆에 있는 사람에게 지우지 말라. 그 짐의 무게가 그 사람을 짓누르고 나는 낙심에 빠질 것이다. 게다가 그 사람이 내게 생명을 줄 필요도 없다. 왜냐하면 예수님의 위격과 사역에서 나는 이미 생명을 받았기 때문이다. 더 깊은 묵상과 격려를 위해 요한복음 20장 30-31절을 읽으라.

요한복음 20장 30-31절로 연결됩니다.

61

명심하라. 우리 자아의 나라는 하나님 나라를 가장하는
그 사악한 일을 아주 멋지게 해낸다.

영적 기만은 원수 마귀의 주요 도구 중 하나다. 이는 영적으로 눈먼 자들의 가장 큰 특징이다. 그래서 마태복음 7장 15절은 다음과 같이 경고한다. "거짓 선지자들을 삼가라 양의 옷을 입고 너희에게 나아오나 속에는 노략질하는 이리라." 우리 자아의 나라는 하나님 나라의 옷을 입는 데 매우 능숙하다. 그래서

- 선한 청지기인 척하면서 물질에 집착할 수 있다.
- 리더십의 은사를 활용하는 척하면서 직접 주도권을 휘두르기 좋아할 수 있다.
- 정의로운 척하면서 분노할 수 있다.
- 하나님의 율법을 사랑하는 척하면서 자기 의를 사랑하는 율법주의에 빠질 수 있다.
- 하나님 나라를 확장하는 데 헌신하는 척하면서 자기 사역으로 자신의 제국을 세울 수 있다.
- 타인의 필요에 민감한 척하면서 사람을 두려워할 수 있다.
- 욕구에 솔직한 척하면서 타인의 관심을 이기적으로 추구할 수 있다.
- 솔직한 척하면서 판단하거나 비판할 수 있다.
- 하나님의 진리에 헌신하는 척하면서 자신의 신학을 자랑할 수 있다.
- 사역에 헌신하는 척하면서 유명해지고 존경받기를 갈망할 수 있다.

- 공동체에 헌신하는 척하면서 다른 사람의 의견에 얽매일 수 있다.
- 하나님이 창조하신 사람의 아름다움을 찬양하면서 정욕을 품을 수 있다.
- 다른 이들을 걱정하고 기도하는 척하면서 험담할 수 있다.

우리 자아의 나라는 참으로 하나님 나라를 흉내 내는 데 능숙하다. 그른 것을 옳은 것처럼 꾸미는 능력이 원수 마귀가 사용하는 가장 유용한 도구이기 때문이다. 우리의 영적으로 눈멀기 쉬운 성향이 여기에 더해지면 영적 혼란에 빠지게 된다. 하나님을 섬기고 있다고 생각했는데 사실은 나 자신을 섬긴 때가 얼마나 많았는지, 하나님을 예배하고 있다고 생각했는데 사실은 피조물을 예배하고 섬긴 때가 얼마나 많았는지 생각하면 겁이 난다.

가장하기 좋아하는 죄의 본성은 우상을 좋아하는 변덕스러운 우리 마음에 영합한다. 그래서 우리 생각은 실제와 다를 때가 많다. 그러나 가장하기 좋아하는 우상은 예수님만이 주실 수 있는 것을 우리에게 줄 능력이 전혀 없다. 하나님만이 우리에게 자기 마음을 들여다볼 안목을 주시며, 나 하나뿐인 하찮은 모방의 나라에서 우리를 자유롭게 하신다.

더 깊은 묵상과 격려를 위해 예레미야 10장 1-16절을 읽으라.

예레미야 10장 1-16절로 연결됩니다.

62

하나님은 자기 자녀를 징계하신다.
하지만 안심하라, 내 죄에 대한 형벌은 그리스도께서 다 감당하셨고
그 형벌을 내가 다시 받을 일은 없다.

나는 네 아이의 아빠다. 솔직히 고백하자면 우리 아이들이 부모의 성실한 징계에 진심으로 감사했던 적은 별로 없다. 우리 자녀들은 우리의 징계를 그저 벌 주기 위한 가혹하고 사랑 없는 보복으로 여기고는 했다(슬프게도 인간의 징계는 대개 그렇다). 아이들은 부모가 더는 사랑하지 않아 징계를 한다고 생각한다. 오히려 징계는 사랑의 결과인데 말이다. 아이들은 부모가 자녀의 나쁜 말이나 행동에 놀라 징계를 한다고 생각한다. 사실 징계는 부모가 하나님의 은혜의 사역에 참여해 자녀를 선한 일을 기뻐하는 사람으로 변화시키려는 것임을 이해하지 못한다. 부모가 자녀를 징계하는 이유는 가족이 함께 살다 보니 화가 나는 일이 생겨서가 아니라, 그들이 누구도 흔들 수 없는 한 가족이기 때문이다. 부모가 자녀를 징계하는 이유는 그들이 사랑받기에 충분하지 않아서가 아니라 그들이 사랑의 대상이기 때문이다.

우리의 하늘 아버지가 우리를 열심으로 사랑의 징계를 하실 때도 같은 어려움을 겪으신다. 하나님이 우리를 징계하시는 것은 우리가 하나님의 자녀가 되는 권리를 얻으려면 얼마나 노력해야 하는지 가르치시기 위해서가 아니라, 우리가 하나님의 자녀이기 때문이다. 하나님의 징계는 우리로 죄에 대한 대가를 치르게 하려는 것이 아니라, 그리스도께서 이미 값을 치르신 죄에서 우리를 건지려는 것이다. 그러므로 하나님의 징계는 결코 하나님이 우리를 거부하신 결과가 아니다. 우리를 용납하신 데 따

른 열매다. 우리의 죗값은 예수님이 십자가에서 충분하고도 완전하게 치르셨으므로 우리가 다시 치를 필요가 없다!

잠시 함께 생각해 보자. 내 칭의의 완전성(즉, 내 죗값이 완전히 치러졌고 예수님의 삶과 죽음으로써 하나님과 영원히 화해를 이뤘다는 것)을 이해할 때 성화 과정에서 계속되는 징계 가운데서도 안식할 수 있다. 그 징계는 하나님과 나를 화해시키려는 것이 아니라, 내가 이미 하나님과 화해했다는 사실의 표현이다. 그러기에 이제 나는 하나님이 아버지로서 베푸시는 사랑의 대상이다. 하나님의 징계가 있겠지만 하나님의 진노를 두려워하지 않아도 된다. 하나님이 우리를 교정하시겠지만, 결코 거부당하는 일은 없다. 하나님은 의의 열매를 거두기 위해 자신의 모든 자녀를 징계하시지, 절대 죄에 대해 벌 주기 위해서가 아니다. "그리스도께서도 단번에 죄를 위하여 죽으사 의인으로서 불의한 자를 대신하셨으니 이는 우리를 하나님 앞으로 인도하려 하심이라 육체로는 죽임을 당하시고 영으로는 살리심을 받으셨으니"(벧전 3:18). 아멘, 또 아멘!

더 깊은 묵상과 격려를 위해 시편 106편을 읽으라.

시편 106편으로 연결됩니다.

63

> 예수 그리스도의 십자가는
> 망가진 세상에서 소망의 횃불로 우뚝 서 있다.
> 생명, 소망, 죄 사함, 변화가 정말로 가능하다!

십자가는 도덕적 패배라는 어둠 속에서 죽임 당한 메시아의 피로 얼룩진 채 서 있지 않다. 십자가는 계획이 어그러졌다는 서글픈 상징이 아니다. 십자가는 악의 손아귀에서 선이 짓뭉개졌다고 부르짖지 않는다. 십자가는 믿고자 하는 사람에게서 구원의 소망을 빨아들이지 않는다. 십자가는 구속을 방해하는 거대한 상징이 아니다. 십자가는 우리를 부끄럽게 하지 않는다. 그렇다, 십자가는 우리의 가장 큰 자랑이다. 사도 바울의 말을 들어 보라. "그러나 내게는 우리 주 예수 그리스도의 십자가 외에 결코 자랑할 것이 없으니 그리스도로 말미암아 세상이 나를 대하여 십자가에 못 박히고 내가 또한 세상을 대하여 그러하니라"(갈 6:14).

죄의 흉터가 남은 세상에는 사실 자랑할 만한 것이 그리 많지 않다. 효력 있는 은혜로써 자기 자신에게서 구원받은 죄인인 우리는 우쭐해할 만한 타당한 이유가 많지 않다. 우리는 모두 영웅이 아니라 은혜에 대한 사례 연구감이다. 우리를 둘러싼 세상은 타락의 무게 아래 신음하고 있다. 골고다 언덕에 세워진 거칠게 베어낸 죽음의 나무가 아니었다면 인류의 역사는 역겹고 비참한 이야기가 되었을 것이다. 십자가는 역사를 바꾼 승리의 현장으로는 어울리지 않아 보인다. 범죄자를 처형하는 그곳은 소망을 발견할 가능성이 가장 적어 보인다. 세상에서 유일하게 무죄한 분을 죽인 그곳을 기념할 수 있을까? 하지만 그것이 바로 은혜의 역설이다. 죽음은 생명으로 가는 관문이다. 절망은 소망으로 가는 입구다. 연약함은 힘을 발견할 수 있는 곳이다. 불의는 자비가 흐르는 곳이다. 생명은 죽어 마땅한 사람들에게 임한다. 패배는 사실상 승리다. 결말은 사실상 시작이다. 슬픔에서 영원한 찬미가 나온다. 무덤은 새 생명이 시작되는 곳이다.

믿기 어려운 구속의 역설은 변화시키는 은혜에 일정하게 뒤따르는 움직임이다. 소망은 고난의 곡조에 맞춰 노래된다. 생명은 죽음의 악기로 연주된다. 은혜는 율법의 악보를 연주하지 않는다. 하나님은 비극의 음표로 소망을 작곡하신다. 그래서 우리는 갈보리를 보면서 애가를 부르지 않는다. 우리는 승리와 축하의 노래, 소망과 구원의 노래를 부른다. 사탄의 악사들은 구원의 노래를 멈추게 하지 못한다. 구속받은 사람들이 부르는 소망의 노래는 끝나지 않을 것이다. 이 노래 소리는 점점 커질 것이며, 점점 더 큰 영광 가운에서 점점 크게 찬미할 것이다. 십자가가 그 노래의 주제이다. 생명을 주는 십자가의 자비를 일제히 노래할 것이다.

소망하고, 노래하고, 찬미하며, 살아갈 이유를 주는 것이 바로 예수 그리스도의 십자가다. 십자가는 하나님의 구원 계획을 방해하는 게 결코 아니며, 오히려 그 계획을 이루는 데 없어서는 안 될 수단이다. 십자가는 절대 패배가 아니다. 십자가는 늘 승리다.

더 깊은 묵상과 격려를 위해 요한계시록 5장을 읽으라.

요한계시록 5장으로 연결됩니다.

64

자신의 역량을 어떻게 측정하는가?
지금까지의 성공과 실패로 가늠하는가,
아니면 그리스도 안에서 내 소유인 무한한 은혜의 자원으로 가늠하는가?

인간이라면 누구나 하루에도 몇 번씩 이것을 한다. 그리고 대개 무의식적으로 한다. 이것을 통해 사람이 자신을 어떻게 생각하는지, 그가 어떤 상황에 처했는지 알 수 있다. 걸음마를 배우는 아기도 이것을 하고, 중병에 걸린 노인도 이것을 한다. 이것을 하고 나서 어떤 결론을 내리느냐에 따라 내가 씨름하는 문제를 대하는 태도가 달라진다. 이것은 무엇인가? 바로 자신의 역량을 측정하는 일이다. 우리는 지금 눈앞에 닥친 문제를 해결하려면 어떤 능력이 있어야 하는지 늘 따져본다.

지금까지의 성과를 검토하며 자신의 잠재력을 가늠하는 것은 어리석거나 비합리적인 행동이 아니다. 지금까지 얼마나 많이 이루었는가? 무엇이 자꾸 내 발목을 잡는가? 어떤 약점이 드러났는가? 다음번에 좀 더 잘하도록 어떤 교훈을 얻었는가? 하나같이 바람직한 질문이다. 하지만 무언가 극적으로 중요한 것이 빠져 있다. 곧 예수 그리스도의 복음이 빠져 있다. 알다시피, 하나님의 은혜가 우리에게 부어졌다는 사실은 우리가 자신의 성과에만 매달리지 않아도 된다는 뜻이다. 우리는 나 개인의 한정된 영적 자원에만 의지하지 않아도 된다. 그보다, 그리스도 안에서 내게는 새로운 정체성과 잠재력이 주어졌다. 사도 바울은 이 새로운 가능성을 다음과 같이 철저하고도 힘 있게 진술했다. "이제는 내가 사는 것이 아니요 오직 내 안에 그리스도께서 사시는 것이라"(갈 2:20).

하나님은 내가 이 타락한 세상의 여정을 마칠 때까지 어떤 일을 만날지 정확히 알고 계신다. 하나님은 유혹이 날마다 내게 인사하리라는 것을 알고 계신다. 하나님은 내 안에 아직 남은 죄가 그 추한 고개를 들리라는 것을 알고 계신다. 하나님은 슬픔과 고난이 나를 지치게 하리라는 것을 알고 계신다. 하나님은 내게 정하신 삶의 현주소에서 내가 겪어 나가야 할 모든 일을 알고 계신다. 그래서 하나님은 정확히 내게 필요한 것들을 주셔서, 망가지고 부서진 세상 가운데서도 하나님이 계획하신 존재로 살아가며 하나님께 부름 받은 일을 할 수 있게 하셨다.

하나님은 내게 무엇을 주셨는가? 바로 하나님 자신을 주셨다! 하나님의 은혜는 어떤 통찰력이 아니다. 장소가 바뀌는 것도 아니다. 상황이 달라지는 것도 아니다. 하나님의 은혜는 그보다 더 근본적이고 영광스럽다. 하나님의 은혜는 우리의 상상력과 한계를 훨씬 넘어선다. 이렇게 말하는 게 아마 최선의 표현일 것이다. 하나님이 주시는 최고의 은혜의 선물은 바로 하나님 자신이다. 하나님이 우리에게 오셨다. 하나님이 우리를 자신의 거처로 삼으셨다. 이 말은 곧 우리 안에 하나님의 능력이 거한다는 뜻이다. 하나님의 자녀로서 우리의 잠재력은 우리의 선천적 재능과 지금까지의 성과가 예측하는 것을 훨씬 넘어선다. 임마누엘, 어린양, 구주, 전능하신 여호와, 주권자이신 왕께서 우리를 자신의 거처로 삼으셨기 때문이다. 새로운 정체성과 심히 새로운 잠재력이 그리스도 안에서 우리의 소유다. 이제 세상으로 나가서 정말 그렇게 믿는 사람으로 살라.

더 깊은 묵상과 격려를 위해 갈라디아서 2장 15-21절을 읽으라.

갈라디아서 2장 15-21절로 연결됩니다.

65

> 하나님의 자녀는 결코 자신이 혼자라고 말하지 않는다.
> 구속받은 자는 '혼자'라는 상태가 불가능하기 때문이다.

사랑하는 사람의 장례를 마치고 돌아오는 길에는 정말 혼자라는 느낌이 든다. 긴 병을 앓는 것은 매우 고독한 일이다. 해결할 길 없는 재정적 문제에 부딪치면 큰 무력감과 외로움을 느낀다. 실연도 고독한 체험이다. 내가 소중히 지키는 도덕을 조롱하는 문화에서 사는 일은 두렵고 외로울 수 있다. 피할 수 없는 일 앞에서 필요한 것이 수중에 없으면 대책 없고 외롭다는 느낌이 든다. 이생을 사는 사람은 모두 어떤 식으로든 외로움을 경험한다. 죄는 세상에 소외와 분리를 가지고 들어왔다. 가장 먼저 하나님과 사람 사이의 교제가 깨졌고, 그 결과 가족과 친구와 이웃들 간의 교제도 산산이 부서졌다. 이 고독은 영적이고 정서적이고 문화적인 고독이며 관계적인 고독이다. 이 고독을 피하기란 거의 불가능하다.

인간 고독의 드라마는 바울이 잘 포착했다. 그는 예수 그리스도의 은혜가 어떻게 우리와 하나님을 화해시키며, 그 결과 어떻게 우리를 서로와 화해시키고 그래서 우리가 절대 다시는 혼자가 되지 않는지 설명한다.

"그러므로 생각하라 너희는 그 때에 육체로는 이방인이요 손으로 육체에 행한 할례를 받은 무리라 칭하는 자들로부터 할례를 받지 않은 무리라 칭함을 받는 자들이라 그 때에 너희는 그리스도 밖에 있었고 이스라엘 나라 밖의 사람이라 약속의 언약들에 대하여는 외인이요 세상에서 소망이 없고 하나님도 없는 자이더니 이제는 전에 멀리 있던 너희가 그리스도 예수 안에서 그리스도의 피로 가까워졌느니라 그는 우리의 화평이신지라 둘로 하나를 만드사 원수 된 것 곧 중간에 막힌 담을 자기 육체로 허시고 법조문으로 된 계명의 율법을 폐하셨으니 이는 이 둘로 자기 안에서 한 새 사람을 지어 화평하게 하시고 또 십자가로 이 둘을 한 몸으로 하나님과 화목하게 하려 하심이라 원수 된 것을 십자가로 소멸하시고 또 오셔서 먼 데 있는 너희에게 평안을 전하시고 가까운 데 있는 자들에게 평안을 전하셨으니 이는 그로 말미암아 우리 둘이 한 성령 안에서 아버지께 나아감을 얻게 하려 하심이라 그러므로 이제부터 너희는 외인도 아니요 나그네도 아니요 오직 성도들과 동일한 시민이요 하나님의 권속이라 너희는 사도들과 선지자들의 터 위에 세우심을 입은 자라 그리스도 예수께서 친히 모퉁잇돌이 되셨느니라 그의 안에서 건물마다 서로 연결하여 주 안에서 성전이 되어 가고 너희도 성령 안에서 하나님이 거하실 처소가 되기 위하여 그리스도 예수 안에서 함께 지어져 가느니라"(엡 2:11-22).

이 말씀을 마음에 새기라. "세상에서 소망이 없고 하나님도 없는 자이더니" "하나님과 화목하게" 되어 "성령 안에서 하나님이 거하실 처소가 되기 위하여…… 함께 지어져 가느니라." 여기서 은혜는 어떻게 움직이는가? 소망 없이 혼자였던 우리가 하나님과 화해하고 하나님이 내주하시는 상태가 되며, 그리하여 절대 다시는 혼자가 되지 않는다! 하나님의 자녀로서, 기분이 어떠하든 나는 혼자일 수 없다는 사실을 기억하라. 더 깊은 묵상과 격려를 위해 창세기 3장과 에베소서 2장을 읽으라.

 창세기 3장으로 연결됩니다. 에베소서 2장으로 연결됩니다.

66

피조물을 자신의 메시아로 삼아서는 절대 안 된다.
참 메시아는 한 분뿐이고, 생명은 오직 그분 안에서만 찾을 수 있다.

나는 생명이 없는 곳에서는 절대 생명을 구하지 않는다고 말할 수 있으면 좋겠지만, 그렇게 하고픈 유혹이 여전히 나를 따라다닌다. 우리는 참 하나님은 오직 한 분뿐이라는 것을 다 알면서도 여전히 하나님을 대체할 것을 찾아다닌다. 우리는 수직적 차원에서만 발견할 수 있는 것을 여전히 수평적 차원에서 찾는 경향이 있다. 피조물이 우리의 구주가 되기를 기대할 때가 많다.

- 우리는 사람들의 존경에서 자신의 정체성을 찾는다.
- 우리는 외모에서 너무 큰 행복을 느끼려 한다.
- 우리는 물질을 소유하면 행복해질 거라고 생각한다.
- 우리는 자신의 성취에서 삶의 의미와 목적을 찾는다.
- 우리는 직업이 우리를 만족시켜 주기를 원한다.
- 우리는 자녀에게 자기 정체성의 근거를 두려워한다.
- 우리는 영적 행복감을 '완벽한' 교회에서 찾는다.
- 우리는 교육 수준에 자기 정체성의 근거를 둔다.
- 우리는 배우자가 나를 행복하게 해주기를 원한다.
- 우리는 먹고 마시는 행위가 내게 충족감과 평안함을 주기를 기대한다.
- 우리는 "~만 있다면 내 삶이 ~할 텐데"라는 말을 자꾸 한다.
- 우리는 비싼 외제차나 부유한 동네에서 자신의 정체성을 찾는다.

모두 나열하자면 끝이 없다. 우리는 무엇이든 자신의 메시아로 삼을 수 있다. 그러나 그런 시도는 절대 효과가 없다. 피조물은 창조주만이 주실 수 있는 것을 결코 우리에게 주지 못한다. 구주께서 이미 내게 주신 것을 간절히 찾아다니는 행동은 아무 의미가 없다.

하나님이 내 삶에 보내신 모든 선하고 아름다운 피조물은 우리에게 생명을 찾을 수 있는 유일한 곳을 알려 주기 위해 있다. 곧 하나님을 말이다. 모든 피조물은 하나님 안에서 무엇을 찾을 수 있는지 우리에게 가리키는 표지판이다. 운전을 하거나 여행을 하다 보면 표지판의 역할을 실감할 것이다. 표지판은 무엇을 가리키기 위해 있지, 표지판 자체가 그 무엇은 아니다. 피조물은 우리에게 창조주를 가리킨다. 피조물은 창조주만이 주실 수 있는 것을 절대 우리에게 주지 못한다. 모든 바람직한 상황, 장소, 소유, 관계, 성취, 물질 세계의 아름다움은 하나님이 주신 놀라운 복이지만, 이것들은 내 마음이 간절히 바라는 것, 즉 생명을 줄 수 없다. 예수님은 다음과 같이 말씀하셨다. "내가 곧 길이요 진리요 생명이니 나로 말미암지 않고는 아버지께로 올 자가 없느니라"(요 14:6). 이 말씀으로 예수님은 우리가 더는 생명을 찾아다닐 필요가 없게 하셨다. 예수님이 생명이시며, 따라서 다른 곳에서 생명을 찾을 필요가 없다.

더 깊은 묵상과 격려를 위해 시편 115편을 읽으라.

시편 115편으로 연결됩니다.

67

> 하나님은 나 한 사람뿐인 변변찮은 자기도취적 나라를 위해
> 기꺼이 자신의 영광스러운 은혜의 나라를 버리기를 좋아하신다.

이생에서는 서로 갈등 중인 두 나라를 중심으로 큰 영적 싸움이 벌어진다. 죄는 우리가 스스로 왕이 되어 자기 왕국의 목적에 따라 살게 한다. 우리는 모두 자기 한 사람으로 이루어진 나라의 주권자다. 우리는 모두 자기 뜻이 이루어지기를 바란다. 우리는 자기가 무엇을 원하고, 언제 원하며, 어떻게 원하고, 어디에서 원하고, 누구에게 그것을 전하고 싶은지 다 알고 있다. 그래서 하나님은 우리에게 은혜를 주신다. 그런데 하나님은 우리가 스스로 왕이 되는 데 필요한 것을 주기 위해 은혜를 주시는가? 내 나라의 목적이 순조롭게 이루어지도록 은혜를 주시는가? 아니다. 하나님의 은혜는 내 작은 나라에서 나를 폐위시켜 내가 원하는 것보다 훨씬 좋은 나라로 나를 맞이한다. 이 나라에서 나는 절대 중심에 서지 못하며, 이 나라는 절대 내 중심으로 움직이지 않고, 나는 절대 이 나라를 다스리지 못한다. 이 나라는 모든 것이 오직 하나님만을 위해 있기 때문이다. 예수님이 제자들과 나눈 정곡을 찌른 다음 대화에서 서로 갈등 중인 두 나라의 관계가 힘 있게 묘사된다.

"그 곳을 떠나 갈릴리 가운데로 지날새 예수께서 아무에게도 알리고자 아니하시니 이는 제자들을 가르치시며 또 인자가 사람들의 손에 넘겨져 죽임을 당하고 죽은 지 삼 일만에 살아나리라는 것을 말씀하셨기 때문이더라 그러나 제자들은 이 말씀을 깨닫지 못하고 묻기도 두려워하더라 가

버나움에 이르러 집에 계실새 제자들에게 물으시되 너희가 길에서 서로 토론한 것이 무엇이냐 하시되 그들이 잠잠하니 이는 길에서 서로 누가 크냐 하고 쟁론하였음이라 예수께서 앉으사 열두 제자를 불러서 이르시되 누구든지 첫째가 되고자 하면 뭇 사람의 끝이 되며 뭇 사람을 섬기는 자가 되어야 하리라 하시고 어린 아이 하나를 데려다가 그들 가운데 세우시고 안으시며 제자들에게 이르시되 누구든지 내 이름으로 이런 어린 아이 하나를 영접하면 곧 나를 영접함이요 누구든지 나를 영접하면 나를 영접함이 아니요 나를 보내신 이를 영접함이니라"(막 9:30-37).

성경이 이 짤막한 두 사건을 나란히 둔 것은 아주 기가 막힌 배치다. 게다가 예수님은 매우 날카롭고 신랄한 방식으로 자신의 임박한 죽음에 관해 제자들에게 말씀하신다. 제자들은 예수님이 하신 말씀을 제대로 파악하지 못한 것이 분명하다. 하지만 이들은 질문하지 않는다. 본문에는 이들이 슬퍼했다는 말도 없고 심지어 예수님을 걱정했다는 말도 없다. 그렇다, 제자들은 그들이 정말 중요하다고 생각하는 다음 주제로 서둘러 넘어갔는데, 이들 마음의 진짜 욕망이 무엇인지 잘 드러낸다. 그리스도께서 자신에게 폭력적인 죽음이 임박했음을 알리신 후, 제자들은 자기들 중에 누가 가장 큰 자인지 논쟁을 벌이기 시작한다. 그 순간, 제자들 각자가 소유한 나라, 폐소공포증에 걸릴 만한 이 한 사람의 나라가 영광과 은혜의 나라, 하나님의 나라와 충돌한다. 그리고 이 두 나라는 오늘도 여전히 충돌하고 있다. 오직 은혜만이 우리가 자신의 나라보다 하나님의 나라를 더 사랑하게 만들 수 있다. 더 깊은 묵상과 격려를 위해 누가복음 11장 1-13절을 읽으라.

누가복음 11장 1-13절로 연결됩니다.

68

하나님은 자기 자신을 부인하도록 우리를 부르신 후
내주하시는 성령님을 우리에게 보내 주셔서
자신에게 "아니"라고 말할 능력을 주신다.

'아니'라고 말하라고 부르셨네.
주님께도 아니고
사람들에게도 아니고
바로 나 자신에게.

'아니'라고 말하라고 부르셨네.
이기적인 욕망,
잘못된 생각,
위험한 감정에.

'아니'라고 말하라고 부르셨네.
세상의 가치,
죄의 유혹,
하나님만이 다스리실 일을
내 마음대로 하고픈 욕망에.

그러나 내게는 '아니'라고 말할
마음도
능력도 없네.

그래서 주님이 내게 주셨네.
내게 필요한 바로 그분,
내 문제를 해결할
유일한 분,
바로 주님의 영을.

그래서 나는 '아니'라고
말할 수 있네.
바로 그때에.

더 깊은 묵상과 격려를 위해 마태복음 16장 24-28절을 읽으라.

69

오늘 두려움이 부르는 "만약 ~라면"이라는 생각에 길을 내줄 것인가,
지혜롭고 은혜로우신 내 구주 왕의 주권적인 돌보심 안에서 안식할 것인가.

핵심은 이것이다. 내가 하나님의 자녀라면, 내 삶은 절대 결코 통제를 벗어나지 않는다. 내 삶은 분별력 없이 방향도 모르고 마구 돌아가지 않는다. 내 삶은 소망 없고 관성적인 비인격적인 결정이나 추상적인 운으로 통제되지 않는다. 그렇다, 내 존재의 거대한 조각들은 내 통제와 내 능력 밖에 있다. 하지만 내 삶이 통제 불가능하다고 결론을 내려서는 안 된다.

여기에는 두 가지 이유가 있다. 첫째, 내 인생이란 이야기는 은혜로써 그보다 더 큰 구속 이야기에 속해 있다. 구속 이야기는 하나님이 자기 백성을 자기에게로 부르시고, 죄가 망가뜨린 만물을 회복하시며, 죄와 사망을 정복하시고, 새 하늘과 새 땅을 세우시며, 거기서 하나님과 영원히 교제하며 살도록 자녀들을 초청하는 데 전념하신다는 내용이다. 이 이야기의 역사는 하나님만큼이나 오래되었다. 이 거대한 이야기는 땅이 창조되기도 전에 시작되었고, 무엇으로도 중단시킬 수 없으며, 절대 끝이 없을 것이다. 나는 세상에 태어나 첫 호흡을 하기도 전에 이 이야기의 한 부분으로 정해졌다. 구속 이야기라는 천에 짜인 내 이야기는 모든 부분마다 의미와 목적과 방향이 있다. 구속의 관성이 내 이야기를 계속 진행시킨다.

구속의 목표는 내 최종 목적지를 확실히 보장한다. 영원 세상에서 장차 받을 은혜가 그때까지 내게 필요한 모든 은혜를 확보해 준다. 그렇다, 나

는 내 앞에 닥치는 모든 일을 납득하지는 못할 것이다. 하나님의 뜻이 어떤 때는 나를 혼란스럽게 할 것이다. 하지만 내 인생 이야기에는 의미와 목적이 있다. 내 이야기는 하나님의 구속과 회복 이야기의 한 부분이기 때문이다.

그런데 내 삶이 누군가의 통제 아래 있다는 사실은 그보다 더 개인적인 의미를 지닌다. 하나님은 자기 아들, 주 예수 그리스도를 "만물 위에 교회의 머리로"(엡 1:22) 삼으셨다. 바로 지금, 예수님은 만물을 다스리신다. 이는 내 삶의 모든 상황, 관계, 처지가 나의 왕이신 그리스도의 다스림 아래 있다는 뜻이다. 내가 어디에 있든 그리스도의 통치가 미치지 않는 곳은 없다. 바울은 또한 그리스도께서 "모든 원수를 그 발 아래에 둘 때까지"(고전 15:25) 왕으로 계속 다스리실 것이라고 말한다. "교회의"(to the church)라는 말은 "교회를 위해"(for the church)라고 옮기는 게 더 낫다. 이는 만물이 부활하신 주 예수님의 세심한 다스림 아래 있으며, 주 예수님이 높은 곳에서 아버지의 오른편에 앉아 다스리신다는 뜻일 뿐만 아니라, 자기 백성을 위해 이 다스림을 신속히 펼치신다는 뜻이기도 하다. 다시 말해, 그리스도께서는 내게 도움이 되고 내게 유익을 주려고 만물을 다스리신다. 주님은 자신의 은혜가 내 안에서 힘 있게 일을 마치도록 만물을 다스리신다. 주님의 통치가 미치지 않는 곳은 없다. 그만큼 주님의 은혜의 약속은 안전하다. 그분의 다스리심은 너그럽다. 그러므로 내 삶의 모든 측면은 장엄하고 은혜롭게 통제된다.

더 깊은 묵상과 격려를 위해 이사야 43장 1-13절을 읽으라.

이사야 43장 1-13절로 연결됩니다.

70

**죄는 우리 각 사람의 삶에 여전히 늘 존재하는 슬픈 현실이지만,
주 예수 그리스도의 은혜에 필적하지는 못한다.**

성경적인 믿음은 절대 현실을 부인하지 않는다. 눈앞의 엄연한 현실에 등을 돌리면 잠깐은 평화롭고 기분 좋을지 모르지만 이것이 성경이 말하는 믿음은 아니다. 죄에 있어서도 마찬가지다. 이러한 현실주의는 하나님의 강력한 은혜로 점차 근절되는 죄에도 적용된다. 우리에게는 죄를 부인하고 싶은, 아니 적어도 죄를 과소평가하고 싶은 강한 유혹이 있다. 그러나 스스로를 속죄하라고 주장하며 자기 죄를 죄가 아닌 듯 만들려 한다면 우리는 결코 영적인 방향으로 나아가지 못한다. 우리는 자신의 영적 싸움을 부인하며 복음 메시지를 지키지 않는데, 분명히 말하지만 죄를 숨김으로써 하나님의 명예를 보호해 드리지 않아도 된다. 하나님께는 그런 것이 전혀 필요 없다.

그렇다고 자기 죄를 묵상하라는 말이 아니다. 자기 자신을 무가치하고 불결하고 무능력한 영적 벌레로 취급하는 것은 한마디로 예수 그리스도의 복음의 놀라운 은혜를 부인하는 행위다. 하나님의 심판을 묵상하라는 말도 아니다. 하나님의 임재를 생각하며 초조해할 필요가 없다! 하나님의 사랑을 의심하지도 말라. 자신을 하나님의 돌보심을 받을 가치가 없는 존재로 여기지도 말라. 하나님 눈에 자격 있어 보이려고 애쓰지도 말라. 죄를 지을 때보다 순종할 때 하나님이 더 호의를 보이신다고 생각하지도 말라. 실패했다고 자책하지도 말라. 하나님이 싫어하실 것 같은 일을 하고 스스로 벌 주거나 죗값을 치르려고 하지 말라. 하나님이 영적으

로 성숙한 사람을 더 인정하신다는 듯 다른 누군가를 부러워하지도 말라. 내 안에 여전히 죄가 남아 있다는 증거를 날마다 경험하며 그것이 드러날까 두려워 하나님께로부터 도망치지도 말라.

우리가 날마다 묵상해야 할 것은 주 예수 그리스도의 사역의 절대적인 완전성과 완결성이다. 예수님은 삶도 완전하셨고, 죽음도 완전하셨으며, 부활도 완전하셨다. 그리스도의 사역에 근거해 하나님이 우리에게 주신 용서와 용납에 대해 우리가 어떤 식으로든 더해서 생각하고 소망하고 말하고 행할 수 있는 것은 없다. 나는 하나님 보시기에 흠잡을 데 없다. 예수님의 흠 잡을 데 없는 의가 내 영적 계좌에 들어왔기 때문이다. 내 행동이 의롭지 않은 순간에도 나는 하나님 앞에 의롭다. 기준에 미치지 못하는 내가 하나님 보시기에 자격이 있는 이유는, 예수님이 내 대신 기준을 충족시키셨기 때문이다. 그렇다, 내 안에 죄가 남아 있다는 슬픈 현실은 인정해야 하지만 그 죄를 묵상 주제로 삼아서는 안 된다. 내 정체성, 내 잠재력, 내 운명을 완전히 바꿔 놓은 놀라운 은혜를 오늘 묵상하고 찬미하라.

더 깊은 묵상과 격려를 위해 갈라디아서 3장을 읽으라.

갈라디아서 3장으로 연결됩니다.

71

**하나님은 하나님 나라의 일을
내게 알려 주시는 것으로 만족하지 않으신다.
하나님은 나를 변화시켜 그 나라의 일에 참여하게 하신다.**

하나님은 나를 청중으로, 하나님의 구속사를 구경하는 사람으로 만들기 위해 자신의 진리를 계시하신 것이 아니다. 하나님은 자기 자녀를 모두 부르셔서 하나님 나라의 일에 참여하게 하신다. 예수 그리스도를 통해 하나님과 관계를 맺은 모든 사람은 주 예수 그리스도의 사역을 위해 선발된 사람이기도 하다. 하나님은 실제로 자신의 구속사에 자기 자녀를 모두 동참시킬 생각이시다. 그렇다, 말 그대로다. 하나님의 모든 자녀를 말이다. 모든 이를 참여시키는 것이 교회를 위한 하나님의 계획이다.

그러기에 각 지체가 자기 역할을 할 때 그리스도의 몸이 자란다는 말씀(엡 4:11-16)이나, 하나님의 자녀는 모두 가르치고 권면할 준비가 되어 있어야 한다는 말씀(골 3:12-17)은 그 주어진 맥락에서 볼 때 그리 급진적인 것이 아니다. 바울은 급진적인 상황이 다가오고 있다고 알리며 이 말씀을 전한 것이 아니다. 이 구절들이 우리에게 급진적으로 보이는 이유는 우리가 교회를 위한 하나님의 규범에서 너무 멀리 표류해 나갔기 때문이다. 많은, 수많은 그리스도인에게 교회 출석은 영적 콘서트 나들이에 다름 아니다. 이들은 전문 사역자들의 경건한 공연을 보려고 주일마다 빠짐없이 교회에 간다. 이들은 교회의 건강이나 세상 속에서 이루어지는 교회의 사역에는 별로 마음을 쏟지 않는다. 교회와의 관계는 자기중심적이고("이런 교회야말로 내가 다니고 싶은 교회지") 수동적이다("우리 교회 교역자들의 선행에 정말 감사드립니다").

하지만 교회를 위한 하나님의 계획은 이와는 매우 다르다. 하나님은 자신의 모든 자녀를 자신의 대사로 부르신다. 즉, 하나님이 어떤 환경에 처하게 하시든 우리는 그곳에서 하나님의 메시지와 하나님의 성품을 나타내야 한다. 하나님의 계획은 이렇다. 곧 은혜의 하나님이 은혜의 백성을 보내셔서 은혜를 필요로 하는 사람들에게 자신의 은혜를 나타나게 하심으로써 보이지 않는 은혜를 눈에 보이게 하신다. 우리는 하나님의 표정을 보여 주도록, 하나님의 음성을 들려 주도록, 하나님의 손길을 나타내도록 부르심 받았다. 우리는 하나님의 임재와 하나님의 사랑을 나타내야 한다. 자신이 있는 곳에서 하나님의 자비와 성실하심이 구체적으로 사람들의 눈에 보이게 해야 한다.

이는 내 삶이 더는 내 것이 아니라는 뜻이다. 나는 하나님이 값 주고 사셨다. 내 사고방식, 내 성격, 내 감정, 내 몸, 내 재물, 내 모든 인간관계는 주님이 쓰시려고 하나님이 내게 주신 것들이다. 이렇게 하나님의 은혜의 백성은 하나님이 부르시는 곳에서 하나님의 은혜를 나타내도록 은혜의 보좌로 이끌린다. 우리는 하나님을 잘 나타낼 능력이 없다. 우리를 대사로 택하시는 하나님의 부르심은 사람들의 삶 가운데서 하나님의 은혜를 나타내는 데 필요한 은혜를 받으라고 우리를 하나님께로 이끈다. 얼마나 놀라운 계획인가!

더 깊은 묵상과 격려를 위해 마가복음 16장 14-18절을 읽으라.

마가복음 16장 14-18절로 연결됩니다.

72

하나님이 명하신 일을 할 때
하나님이 그 일을 할 은혜를 주시기를 기다리지 말라.
내게 능력 주시는 은혜는 이미 일하고 있다.

모세는 이해하지 못했다. 기드온도 이해하지 못했다. 두려움에 휩싸인 이스라엘 군대도 이해하지 못했다. 예수님이 죽으신 후 모습을 감춘 제자들도 이해하지 못했다. 오늘날도 많은 사람들이 이를 이해하지 못해 겁을 먹는다. 곧 하나님의 은혜는 내게 필요한 모든 것을 제공한다. 하나님의 은혜는 내가 은혜를 필요로 하는 그 순간에 딱 들어맞는다. 하나님의 은혜는 다면적이고 광범위하지만, 집중적이고 개인적이기도 하다. 하나님은 은혜로 나를 용서만 하지 않으시고 내가 부르심 받은 일을 하도록 능력을 주신다. 하나님은 내가 주님을 따를 때, 그리고 은혜를 필요로 하는 그 순간에 은혜를 주신다.

하나님의 백성은 이미 시작된 은혜의 현실 안에서 안식해야 했지만, 그러기가 늘 어려웠다. 이스라엘 자손이 홍해에서 성난 애굽 군대의 추격을 받던 때보다 더 좋은 예는 없을 것이다.

"바로가 가까이 올 때에 이스라엘 자손이 눈을 들어 본즉 애굽 사람들이 자기들 뒤에 이른지라 이스라엘 자손이 심히 두려워하여 여호와께 부르짖고 그들이 또 모세에게 이르되 애굽에 매장지가 없어서 당신이 우리를 이끌어 내어 이 광야에서 죽게 하느냐 어찌하여 당신이 우리를 애굽에서 이끌어 내어 우리에게 이같이 하느냐 우리가 애굽에서 당신에게 이른 말이 이것이 아니냐 이르기를 우리를 내버려 두라 우리가 애굽 사람을 섬길 것이라 하지 아니하더냐 애굽 사람을 섬기는 것이 광야에서 죽는 것보다 낫겠노라 모세가 백성에게 이르되 너희는 두려워하지 말고 가만히 서서 여호와께서 오늘 너희를 위하여 행하시는 구원을 보라 너희가 오늘 본 애굽 사람을 영원히 다시 보지 아니하리라 여호와께서 너희를 위하여 싸우시리니 너희는 가만히 있을지니라 여호와께서 모세에게 이르시되 너는 어찌하여 내게 부르짖느냐 이스라엘 자손에게 명령하여 앞으로 나아가게 하고 지팡이를 들고 손을 바다 위로 내밀어 그것이 갈라지게 하라 이스라엘 자손이 바다 가운데에서 마른 땅으로 행하리라 내가 애굽 사람들의 마음을 완악하게 할 것인즉 그들이 그 뒤를 따라 들어갈 것이라 내가 바로와 그의 모든 군대와 그의 병거와 마병으로 말미암아 영광을 얻으리니 내가 바로와 그의 병거와 마병으로 말미암아 영광을 얻을 때에야 애굽 사람들이 나를 여호와인 줄 알리라 하시더니"(출 14:10-18).

하나님의 열 가지 기적을 방금 경험했건만, 이스라엘 백성은 완전히 공포에 질렸다. 이들은 모세가 자신들을 광야로 끌고 나와 죽게 했다고 믿었다. 하지만 하나님은 자신이 하는 일을 정확히 아셨다. 하나님은 자기 백성에게 자신의 영광을 나타내고 애굽 군대를 격퇴하시려 이 모든 상황을 만드셨다. 필요하다면 홍해도 가르실 터였다. 하나님이 하지 않으신 일이 있다면, 앞으로 벌어질 일을 미리 말씀하지 않으신 것뿐이다. 왜일까? 이스라엘 백성 안에 역사하셔서 이들을 불굴의 믿음을 가진 강건한 사람들로 만들기 위해서였다. 우리도 마찬가지다. 하나님은 자기 백성을 부르사 따르게 하시고, 그들에게 기쁘게 자신의 은혜를 부으신다. 더 깊은 묵상과 격려를 위해 시편 136편을 읽으라.

시편 136편으로 연결됩니다.

73

반역의 길에서는 결코 마음의 만족을 찾을 수 없다.
마음의 참 안식은 언제나 구주께 복종하는 데서 찾을 수 있다.

나는 오랜 세월, 주님과 동행하며 주님의 말씀을 연구했다. 그 세월 동안 나는 수준 높은 성경 해석력과 하나님의 말씀에 대한 확고한 신학적 이해를 갖게 되었다. 확실히 나의 신앙은 깊어졌다. 그전까지 오랫동안 하나님의 자녀로 살면서도 몰랐던 구속의 은혜의 영광을 이해하게 되었다. 나는 여러 지역에서 여러 사역 단체와도 관계를 맺었다. 하나님은 나를 거의 모든 대륙으로 보내셔서 그곳에 있는 하나님의 백성들과 교제하며 그들을 섬기게 하셨다. 나의 서재에는 은혜로 충만한 책들이 가득 차 있다. 나는 예배 드리기를 좋아하고, 그리스도 중심의 은혜 충만한 설교를 듣기도 좋아한다. 나는 내 믿음을 북돋아 주는 경건한 아내와 결혼했다. 정말 많은 복을 받았다. 하지만 여전히 내가 직시하게 되는 한 가지 사실이 있다. 나는 은혜를 졸업하지 않았다.

나는 여전히 내 방법이 더 좋다고 생각하고픈 유혹을 받는다. 그렇다고 해서 엄청나고 공공연한 죄를 짓는 것은 아니다. 교만이나 성급함, 사람들을 온유하게 대하지 못하는 것, 이웃보다 나 자신을 더 사랑하는 것, 창조주가 아닌 피조물을 적정 수준 이상으로 좋아하는 것 같은 비교적 용납될 만한 죄를 짓는다. 부끄럽지만, 이 모든 죄들은 내가 오래전에 이미 정복했다고 여긴 엄청난 망상으로 불붙기 시작한다. 나는 이 망상에 대해 여러 책과 강연에서 상세히 말했는데, 바로 거짓말 중의 거짓말, 에덴동산에서 처음 등장해서 그 후 수십억 번 되풀이된 거짓말이다. 이 거짓말을 믿으면 바보가 될 뿐 아니라 하늘에 계신 아버지께 반역하는 사람이 된다. 이 거짓말은 무엇일까? 창조주 아닌 다른 곳에서 생명을 발견할 수 있다는 거짓말이다.

우리는 모두 안식이 이어지고 단단한 마음의 평안을 누리기를 바란다. 우리는 방황을 멈추고 마음의 만족을 누리기를 바란다. 하지만 마음의 진짜 안식은 창조주께서 정하신 경계 밖에서는 찾을 수 없다. 이 사실을 우리는 자주 망각한다. 평안과 안식은 항상 구주께 복종하여 우리 마음을 바칠 때에만 누릴 수 있다. 안식은 다음 말씀에서 찾을 수 있다. "나라가 임하시오며 뜻이 하늘에서 이루어진 것 같이 땅에서도 이루어지이다"(마 6:10). 우리는 하나님께 이렇게 말해야 한다. "제가 생각하고, 욕망하고, 말하는 모든 것 가운데 하나님의 나라가 임하기를 바랍니다. 제 결혼생활과 제 가정에 하나님의 나라가 임하기를 바랍니다. 제 일에 하나님의 나라가 임하기를 바랍니다. 제 여가생활에 하나님의 나라가 임하기를 바랍니다. 하나님의 나라가 제 마음을 다스리기를 바랍니다. 그래서 하나님이 정하신 경계를 넘어가고픈 마음이 더는 저를 유혹하지 않기를 바랍니다." 이것이 나 자신을 위한, 그리고 이 책을 읽는 모든 독자를 위한 내 기도다.

더 깊은 묵상과 격려를 위해 마가복음 8장 34-38절을 읽으라.

마가복음 8장 34-38절로 연결됩니다.

74

기도란 자기 의를 버리고,
내게 죄 사함이 필요함을 인정하고,
예수 그리스도의 십자가 은혜 아래 안식하는 것이다.

"또 자기를 의롭다고 믿고 다른 사람을 멸시하는 자들에게 이 비유로 말씀하시되 두 사람이 기도하러 성전에 올라가니 하나는 바리새인이요 하나는 세리라 바리새인은 서서 따로 기도하여 이르되 하나님이여 나는 다른 사람들 곧 토색, 불의, 간음을 하는 자들과 같지 아니하고 이 세리와도 같지 아니함을 감사하나이다 나는 이레에 두 번씩 금식하고 또 소득의 십일조를 드리나이다 하고 세리는 멀리 서서 감히 눈을 들어 하늘을 쳐다보지도 못하고 다만 가슴을 치며 이르되 하나님이여 불쌍히 여기소서 나는 죄인이로소이다 하였느니라 내가 너희에게 이르노니 이에 저 바리새인이 아니고 이 사람이 의롭다 하심을 받고 그의 집으로 내려갔느니라 무릇 자기를 높이는 자는 낮아지고 자기를 낮추는 자는 높아지리라 하시니라"(눅 18:9-14).

의인과 죄인을 대립시키는 그리스도의 이 비유에서 바리새인은 충격적인 기도를 한다. 이 기도가 충격적인 이유는 단지 바리새인이 자신을 자기보다 악한 죄인과 비교하기 때문이 아니다. 우리도 다 똑같은 유혹을 느낀다. 나보다 더 불의하다고 생각되는 사람을 가리키면서 양심의 가책을 덜려 한다. 이 기도가 충격적인 이유는 단지 바리새인이 기도 중에 자신의 선행을 나열하기 때문도 아니다. 우리는 다 자신이 한 선행 목록을 만들어 자기 영적 상태에 관해 조금이라도 편안해지려고 한다. 이 기도가 충격적인 이유는, 우리 마음의 가장 후미진 곳까지 구석구석 다 아시는 하나님께 이렇게 이야기하기 때문이다. 바리새인이 하나님의 임재 안에서도 마음이 아주 편안한 것은, 자신은 의인으로서 그럴 만한 자격이 있다고 확신하기 때문이다.

이 기도와 관련해 충격적인 사실은 이것이 전혀 기도가 아니라는 점이다. 이 사람이 하는 행동에는 기도라고 할 만한 부분이 전혀 없다. 이 사람이 하는 말은 자세나 태도나 내용 면에서 기도라고 볼 수 없다. 충격적일 만큼 자기를 과신하는 이 사람은 하나님의 얼굴을 보면서 본질상 이렇게 말하고 있다. "저는 하나님이 필요 없습니다. 하나님의 긍휼도 죄 사함도 필요하지 않습니다. 제게 힘을 주실 필요도 없습니다. 지혜도 필요 없습니다. 도움도 필요 없습니다. 저는 제 힘으로도 아주 잘 해나가고 있습니다." 기도한다고 하면서 내용상 하나님이 필요 없다고 한다면 이는 종교적인 척하는 선언일 수는 있어도 기도는 아니다.

청교도들에 의하면 참된 기도는 '끈질긴' 태도로 드리는 기도다. 자신의 상태가 위급함을 깊이 느끼고 성가시도록 집요하게 드리는 기도다. 겁에 질려 살려달라고 외치는 기도다. 이런 마음의 상태는 오직 은혜의 결과로만 가능하다. 은혜는 내 죄를 알고 인정하게 한다. 은혜는 죄가 나를 어디로 이끄는지 알고 두려워하게 한다. 은혜는 내 마음을 열어 하나님만이 주실 수 있는 도움을 구하게 한다. 참된 기도의 동기는 은혜다. 참된 기도는 그 은혜가 필요하다고 인정한다. 기도는 자기 의를 선언하는 것이 아니라, 나 아닌 다른 분의 의를 의지해 도움을 부르짖는 것이다. 오늘 그런 기도를 드렸는가? 더 깊은 묵상과 격려를 위해 누가복음 18장 1-14절을 읽으라.

누가복음 18장 1-14절로 연결됩니다.

75

우리는 완벽한 인간관계를 꿈꾼다.
하지만 현실에서 우리의 관계는 엉망진창이다.
그 혼란을 위한 자비가 하나님께 있다.

나는 결혼한 지 여러 해 되었다. 내게는 멋진 아내가 있다(나는 아내가 자신이 손해 보는 결혼을 했다는 사실을 깨닫지 못하기를 오래 빌어 왔다). 멀리서 보면 우리 부부는 기본적으로 아무 문제가 없는 결혼생활을 하는 듯하다. 하지만 우리 부부는 여전히 엉망이다. 우리는 월요일에 대개 함께 시간을 보내는데, 나는 함께 보낼 수 있는 그 시간을 만끽한다. 그런데 어느 월요일 우리 부부 사이에 한 가지 오해가 생겼고, 우리 두 사람 모두 자존심을 세우며 방어적 태도를 취했다. 우리 사이에 긴장감이 감돌았다. 긴 침묵 끝에 우리는 서로에게 용서를 구했다. "그게 다인가요?"라고 말할지 모르겠다. 하지만 이런 순간들이 우리 삶을 만들지 않는가?

우리 삶은 늘 크고 중요한 순간들로만 이루어지지 않는다. 살면서 중대한 결정을 내려야 하는 경우는 평생 몇 번에 지나지 않는다. 우리들 대다수는 일대기 같은 것은 출판되지 않을 사람들이다. 우리가 죽으면 우리 개인의 역사도 대부분 우리와 함께 소멸되어 잊힐 것이다. 우리는 사소한 순간들을 산다. 그러기에 우리가 맺는 인간관계의 특징은 평생 서너 번뿐인 중대한 순간에 결정되지 않는다. 수천 번의 사소한 순간들에 결정된다. 그렇다면 내 인간관계의 사소한 순간들은 어떤 모습인가? 그 순간들의 지리멸렬함에 어떻게 대처하는가?

살면서 우리를 실망시키지 않는 인간관계는 단 하나도 없다. 이것이 현실이다. 왜일까? 우리는 인간관계를 맺을 때 그 관계에 치명적인 영향을 끼치는 무언가를 가지고 그 관계에 들어가기 때문이다. 그 무엇은 우리 모든 사람 안에 반사회적 본능을 낳는다. 이 무언가는 우리를 성급하고, 자기밖에 모르고, 쉽게 성내고, 교만하고, 비판적이고, 요구가 많은 사람으로 만든다. 관계를 파괴하는 이 무언가는 바로 죄다. 고린도후서 5장 15절은 예수님이 오신 이유가 "살아 있는 자들로 하여금 다시는 그들 자신을 위하여 살지 않게" 하기 위해서라고 말한다. 그렇다, 맞는 말이다. 죄의 DNA는 이기심이다. 죄는 우리 모두를 너무 자기중심적이고 자기 도취적인 사람으로 만든다. 죄는 우리로 자신의 욕구, 자신의 필요, 자신의 감정에만 자연히 관심을 갖게 한다. 죄는 우리 모두를 너무도 자격 있는 사람, 너무도 요구가 많은 사람으로 만든다. 죄 때문에 우리는 자비를 베풀기보다 섣불리 비판하기 좋아한다. 죄는 우리가 타인의 사소한 잘못도 그냥 넘어가지 않게 한다. 죄는 우리가 오래전에 용서했어야 할 일에 자꾸 집착하게 한다. 죄는 우리가 잘못을 즉시 고백하기보다 혼자만 옳은 양 자기를 변호하게 한다. 관계가 엉망이 되는 것은 죄의 무질서함 때문이다.

죄의 무질서함이 관계를 엉망으로 만든다는 사실을 인정할 때 우리는 소망을 향해 중요한 발걸음을 내딛게 된다. 예수님은 죄의 '나 중심주의'로부터 우리를 구하고자 이 땅에 오셔서 살고 죽고 다시 살아나셨다. 다시 말해 모든 엉망인 순간을 위해 은혜가 존재한다는 뜻이다. 내게 그 은혜가 얼마나 필요한지 인정하면 그 은혜에 들어갈 수 있다.

더 깊은 묵상과 격려를 위해 에베소서 4장 17-32절을 읽으라.

에베소서 4장 17-32절로 연결됩니다.

76

오늘 내게 소망이 있는 것은
사람들이 나를 좋아해서도, 일이 잘 풀려서도 아니다.
하나님이 흔들림 없이 나를 사랑하시기 때문이다.

타락한 세상에서 내게 삶을 지속할 소망을 찾아보았자 별 소용이 없다. 자신의 현주소를 생각해 보라.

- 나는 어떤 식으로든 불가피하게 나를 실망시키는 타락한 사람들과 함께 살아간다.
- 나는 부패와 불의가 일상이 된 망가진 세상에서 산다.
- 나는 날마다 어떤 식으로든, 어떻게든 유혹을 만난다.
- 내 몸은 점점 늙어가고 있으며 병에 걸릴 수 있다.
- 이상 기후와 환경 오염이 내 삶을 복잡하게 한다.
- 사탄은 우리 주변을 기웃거리면서 악한 일을 도모한다.
- 창조 세상은 구속을 기다리며 신음한다.
- 전쟁과 분쟁이 나라와 나라를 맞붙게 한다.
- 편파적 태도와 편견이 우리를 갈라놓는다.

죄는 우리 주변을 끊임없이 불안정하고 예측 불가능하게 만든다. 죄로 인해 우리가 사는 세상이 그 세상을 창조하신 분의 의도대로 움직이지 않는다. 삶이 잘 풀리고 수월해 보일 때도 있지만 질병, 배신, 불의, 재정적 손실, 부패한 권력, 범죄, 사랑하는 사람의 죽음 등이 내 삶을 아주 힘들게 한다.

그런데 우리는 수평적 차원에서 미친 듯이 소망을 찾아 헤매지 않아도 된다. 아무리 애써도 거기서는 소망을 찾을 수 없다. 그렇다, 내가 이런 탐색에서 자유로워진 것은 강력한 은혜가 나를 소망으로 이어주었기 때문이다. 알다시피 소망은 어떤 상황이나 장소, 느낌, 관계가 아니다. 소망은 한 인격이시며, 그분의 이름은 예수이시다.

예수님은 내게 생명을, 참 생명을 알게 하고자 죽으셨다. 예수님은 내게 필요한 모든 것을 주고자 나와 함께하신다. 예수님은 내 모든 죄를 용서하시고 내가 더 잘하도록 능력을 주신다. 예수님은 절대 나를 떠나시거나 내게 등을 돌리지 않으신다. 예수님은 늘 따뜻한 긍휼과 공명정대함으로 내게 응답하신다. 예수님은 절대 내 연약함을 조롱하거나 내 죄를 내 얼굴에 던지지 않으신다. 예수님은 절대 내게 싫증을 내시거나 나와의 관계를 포기하지 않으신다. 예수님은 나로서는 절대 불가능한 자격을 얻으라고 내게 요구하지 않으시며, 내가 주님의 선한 선물을 구할 때 죄책감을 느끼게 하지도 않으신다. 예수님의 사랑은 조건적이지 않으며, 예수님의 은혜는 절대 일시적이지 않다.

소망이 희귀한 것이 된 세상에서 살아가는 내게 예수님은 소망이 되신다. 기억하라, 나는 영원히 예수님께 연결되었다. 다시 말해, 내가 소망하는 낙원이 언젠가는 내가 살아갈 현실이 될 것이다. 그래서 더는 낙원을 소망하지 않게 될 것이다.

더 깊은 묵상과 격려를 위해 시편 42편을 읽으라.

시편 42편으로 연결됩니다.

77

하나님의 자녀인 나는 오늘 사랑받는다.
설령 인간관계에서는 완전히 혼자일지라도 말이다.

혼자 남겨질 때 무엇을 하고, 어디로 달려가고, 자신에게 무엇이라 말하고, 어떻게 대처하겠는가? 어떤 면에서 우리 모두는 소외를 경험한다. 우리는 하나님과 교제하고 사람과 교제하며 살도록 창조되었지만, 어느 순간 소외된 자신을 발견한다. 소외될 때 우리 마음이 깊은 상처를 입는 것은 우리가 본디 사회적 존재로 살도록 창조되었기 때문이다. 우리는 자기를 희생하는 사랑으로 서로 화평하며 살도록 창조되었다. 거친 말, 불성실한 행동, 남을 비방하려는 의도, 폭력 등이 우리가 속한 공동체에 침입해서는 절대 안 되었다. 하지만 아담과 하와가 하나님께 불순종한 직후, 두 사람 사이에는 긴장이 생겼고 서로를 비난하는 말이 터져 나왔다. 상황은 정말 급속도로 악화되었다. 아담과 하와의 아들 가인은 시기심으로 동생을 살해하기까지 했다.

죄가 우리 세상을 오염시킨 이후, 악이 우리의 각종 관계를 오염시킨다. 악은 우리가 하나님의 의도에 따라 속해 살아야 할 공동체를 산산이 부수고, 그 결과 많은 사람이 혼자가 되었다. 이 혼자인 상태는 여러 형태로 드러난다.

- 친구가 친구에게 등을 돌린다.
- 남편과 아내가 이혼한다.
- 이웃이 멀리 이사 간다.

- 고용인이 해고당한다.
- 자녀가 부모를 무시한다.
- 교회가 분열한다.
- 인생의 갖가지 문제 때문에 우리 사이에 골이 팬다.
- 친구나 친척 사이에 연락이 끊긴다.
- 나이가 들면 주변에 아무도 없이 혼자가 된다.
- 죽음이 사랑하는 사람을 우리에게서 데려간다.

그렇다, 우리는 살다 보면 어느 순간 혼자가 된다. 그리고 바로 이렇게 혼자가 되는 순간이야말로 예수 그리스도의 복음을 기억해야 할 때다. 예수님은 죽음을 앞두고 자신의 삶에서 이런 관계의 아름다움을 발견하시고는 제자들에게 말씀하셨다. "보라 너희가 다 각각 제 곳으로 흩어지고 나를 혼자 둘 때가 오나니 벌써 왔도다 그러나 내가 혼자 있는 것이 아니라 아버지께서 나와 함께 계시느니라"(요 16:32). 그렇다, 사람들과 상황이 나를 혼자 둔다. 하지만 하나님의 자녀는 완전히 혼자인 상태가 불가능하다. 우리에게는 어떤 일이 있어도 늘 우리와 함께 계시고 절대 우리를 버리지 않으시는 하늘 아버지가 계시기 때문이다. 얼마나 많은 사람이 내 삶 밖으로 걸어 나가든, 근본적인 외로움은 하나님의 자녀인 내게 과거의 일이다.

더 깊은 묵상과 격려를 위해 시편 94편을 읽으라.

시편 94편으로 연결됩니다.

78

> 죄는 나쁜 행동 이상이다.
> 그래서 선행은 해결책이 안 된다.
> 마음을 변화시키는 은혜만이 우리를 구원한다.

자기 죄로 인해 실망하며 자기 개혁을 하는 사람과 자기 죄로 인해 슬퍼하며 진심 어린 고백을 하는 사람 사이에는 차이가 있다. 내가 생각하기에 우리는 이 둘을 자주 혼동한다. 첫 번째 사람은 개인적인 능력과 자력 구원의 가능성을 믿는 반면, 두 번째 사람은 자기 의를 포기하고 다른 누군가의 도움을 부르짖는다. 한 사람은 아침에 일어나 오늘은 더 잘해 보자고 스스로 다짐하고, 또 한 사람은 은혜를 간절히 청하며 하루를 시작한다. 한 사람은 행실의 변화를 목표로 삼고, 또 한 사람은 방황하는 자기 마음을 고백한다. 한 사람은 변화를 이룰 능력이 자신에게 있다고 믿으며, 한 사람은 싸움을 위한 능력이 자신에게 주어져야 한다고 믿는다. 한 사람은 자기 개혁의 가능성을 붙들며, 한 사람은 자신에게서 소망을 포기하고 하나님께 달려가 도움을 청한다.

자신을 의지하는 자기 개혁에 뒤따르는 참회와 진심 어린 고백에 뒤따르는 회개는 극과 극이다. 잘못을 인정한 즉시 더 잘해보려는 계획을 세우는 사람은, 예수 그리스도의 복음이 자신에게 하는 말, 곧 참된 변화가 어떻게 일어나며 어디에서 도움을 찾을 수 있는지를 자기도 모르게 부인하고 있다. 이들이 놓치거나 등한시한 것이 있는데, 바로 고백이다. 내 죄를 하나님께 고백한다는 것은 단순히 죄를 저질렀다고 인정하는 것이 아니다. 그렇다, 이것은 내가 방금 고백한 죄에서 나 자신을 구할 능력이 자신에게 없음을 고백하는 것이기도 하다. 참된 고백에는 언제나 잘못에 대한 인정과 도움에 대한 간청이 동반된다. 예수님의 용서와 임재로 기운을 차린 우리 마음은 새롭고 더 바람직한 자세(회개)로 살기를 갈망하게 된다.

자신을 의존하며 잘못을 인정하는 사람은 더 잘할 능력이 자기 안에 있다고 보고, 자기 자신과 자신의 잠재력에 대해 긍정적인 감정을 갖고자 영적으로 보이는 속죄 행위를 한다. 그는 죄를 인정하고 있지만, 그가 하는 행동에는 수직적인 차원이 없다. 그러니까 하나님을 향한 고백도 없고, 구원이 절박하게 필요하다는 인식도 없고, 하나님을 향한 감사와 경배로 마음이 충만해질 때 일어나는 회개도 없다. "내가 나 자신을 구원할 수 있다"는 태도로 죄를 대하는 것이다. 그런데 예수 그리스도의 교회에는 생각 외로 이런 태도가 널리 퍼져 있다. 이런 태도는 결코 지속성 있는 변화로 귀착되지 못한다. 이런 태도는 결코 지속적인 변화를 불러오지 못한다. 이런 태도는 결코 보호하고 예비하는 겸손한 마음을 일으키지 못한다. 이런 태도는 결코 구주를 향한 예배와 섬김으로 이끌지 못한다. 이런 태도는 전혀 쓸모가 없다. 하나님의 도움 없이 나 자신을 변화시킬 수 있었다면 예수님이 오실 필요가 없었을 것이다. 성경에 나오는 복음 이야기는 비참하도록 죄에 갇혀 구속주의 구원의 은혜 아니고서는 아무 소망이 없는 사람들의 이야기다. 오늘, 자신의 죄가 드러날 때 이 두 가지 길 중 어느 쪽을 택하겠는가?

더 깊은 묵상과 격려를 위해 누가복음 15장 1-10절을 읽으라.

누가복음 15장 1-10절로 연결됩니다.

79

하나님은 거룩하시지만, 우리는 거룩하지 않다.
우리가 하나님 앞에 서고 그분 안에서 거룩하도록
예수님이 우리의 의가 되셨다.

죄는 우리를 모든 면에서 불의하다는 절망적인 상태에 빠뜨린다. 널리 퍼진 우리의 불의함은 하나님의 마음을 슬프게 한다. 그 사실은 창세기 6장 5-8절에 잘 설명되어 있다.

"여호와께서 사람의 죄악이 세상에 가득함과 그의 마음으로 생각하는 모든 계획이 항상 악할 뿐임을 보시고 땅 위에 사람 지으셨음을 한탄하사 마음에 근심하시고 이르시되 내가 창조한 사람을 내가 지면에서 쓸어버리되 사람으로부터 가축과 기는 것과 공중의 새까지 그리하리니 이는 내가 그것들을 지었음을 한탄함이니라 하시니라 그러나 노아는 여호와께 은혜를 입었더라."

죄의 결과로 세상이 얼마나 비참한 상태가 되었는지를 충격적으로 묘사하는 말씀이다. 우리는 죄가 그렇게 죄스럽지 않다고 생각하려는 경향이 있다. 우리의 불의한 태도와 행동이 사실은 그렇게 불의하지 않다고 생각하고 싶어 한다. 하지만 위 본문에 나온 짧은 구절 하나가 모든 것을 말해 준다. 주 예수 그리스도의 의가 우리의 유일한 소망인 이유를 힘 있게 선언한다. 이 구절은 우리를 창조하셨으며 우리 마음을 모두 아시는 분이 사람의 마음을 평가한 것이기에 정신이 번쩍 들 만큼 강력하다. 바로 이것이다. "그의 마음으로 생각하는 모든 계획이 항상 악할 뿐."

하나님은 자신이 창조한 사람들이 이따금 나쁜 짓을 하거나 어쩌다 한 번 악한 생각을 해서 근심하신 것이 아니다. 그들이 이따금 악한 의도를 품는 탓에 근심하신 것도 아니다. 물론 그것만으로도 충분히 나쁘지만, 상황은 근본적으로 더 안 좋았다. 죄가 사람들에게 총체적으로 영향을 미쳤다. 죄가 사람들의 모든 욕망과 생각을 왜곡시켰고, 그 결과 사람들이 말하고 행하는 모든 것이 왜곡되었다. 죄의 결과, 우리에게는 의로운 것이 하나도 없다. 우리에게는 자연스럽게 칭찬할 만한 것이 전혀 없다. 하나님의 근심을 가라앉히고 우리를 용납하실 만한 근거로 내놓을 것이 전혀 없다. 아무것도.

그뿐 아니다. 위 말씀은 하나님이 죄를 처리하시는 패턴을 보여 준다. 바로 심판과 구속이다. 하나님은 의로운 심판으로 사람들을 지상에서 쓸어 없애셨으며, 그중에서 한 사람과 그의 가족을 속량하셔서 이들을 상대로 언약의 약속을 갱신하셨다. 노아가 구속받은 것은 또 다른 구속을 가리키는 손가락이 되어야 했고, 이 구속 또한 동일한 패턴으로 이루어질 터였다. 하나님은 자기 아들 주 예수 그리스도를 보내실 터였다. 예수님은 모든 면에서 의로우시지만, 심판이 예수님 위에 임할 터였다. 예수님은 죄에 대한 하나님의 진노의 무게를 모두 감당하사, 심지어 죽기까지 하시며, 그래서 우리가 하나님의 진노를 당할 일이 없게 하실 터였다. 예수님의 죽음이 하나님의 진노를 가라앉힐 터였다. 예수님의 의가 우리의 의로 돌려질 터였다. 예수님의 부활이 우리에게 생명을 보장할 터였다. 죄는 우리 모두를 심히 불의한 자들로 만들었다. 예수님의 의가 우리의 유일한 소망이다. 더 깊은 묵상과 격려를 위해 로마서 3장 21-31절을 읽으라.

로마서 3장 21-31절로 연결됩니다.

80

선물을 열망하는 마음이
선물을 주시는 분을 예배하고 섬기는 일을
대체해서는 안 된다.

하나님은 예레미야서를 시작하시며 이스라엘 백성의 정곡을 찌르는 질문을 하신다. 우리 모두가 이 질문으로 자기 마음을 탐색해 보아야 한다.

"어느 나라가 그들의 신들을 신 아닌 것과 바꾼 일이 있느냐 그러나 나의 백성은 그의 영광을 무익한 것과 바꾸었도다 너 하늘아 이 일로 말미암아 놀랄지어다 심히 떨지어다 두려워할지어다 여호와의 말씀이니라 내 백성이 두 가지 악을 행하였나니 곧 그들이 생수의 근원되는 나를 버린 것과 스스로 웅덩이를 판 것인데 그것은 그 물을 가두지 못할 터진 웅덩이들이니라"(렘 2:11-13).

이는 우리가 깊이 생각해 보아야 할 의미심장한 영적 긴장이다. 이스라엘의 영적 실패의 뿌리에는 바로 이 문제가 있었다. 이 문제가 우리 모두에게 영적인 위협을 가한다. 곧 우리가 하나님의 복으로 여겨 찬미하는 것이 우리 마음을 다스리고 명령하는 우상이 될 수 있다.

이 일은 너무 쉽고 너무 교묘하게 일어난다. 은혜의 열매인 진정한 순종이 사람들 앞에서 과시하는 독선적 교만으로 변한다. 한때 내가 하나님의 과분한 선물로 여겼던 가정이 내 마음의 생각과 욕망을 집어삼키는 우상이 된다. 한때 내가 하나님의 선한 손에서 온 복이라 여겼던 인간관계가 하나님 대신 내 정체성의 근원이 된다. 성령님의 조명하시는 역사의 선물인 신학 지식이 나만큼 알지 못하는 사람들을 깔보는 이유가 된다.

나는 하나님을 영적 소망의 중심에서 몰아냈다. 그뿐 아니라, 공허하며 결코 나를 구원할 수도 없고 구원할 일도 없을 것에서 내 영적 소망을 찾았다. 나는 생수의 샘 대신에 완전히 말라붙은 우물을 찾았고, 내가 그러고 다니는 줄도 몰랐다. 여기 성경의 원리가 있다. 나는 악한 것들을 욕망한 것이 아니다. 이 싸움은 더 교묘하다. 즉, 내 마음에서 선한 것들을 그것을 주신 분의 자리에 올려놓았다. 선한 것에 대한 욕구도 내 마음을 지배하게 되면 악한 것이 된다. 신학 지식을 갖기 원하고, 개인적인 안락을 누리기 원하고, 타인의 존경을 받기 원하는 욕망은 잘못이 아니다. 하지만 이런 것들이 우리 마음을 지배해서는 안 된다.

이 역시 우리에게 은혜가 얼마나 절실히 필요한지 보여 주는 또 하나의 논거다. 우리 모두는 여전히 방황하는 마음의 소유자다. 우리 모두는 여전히 선물을 주시는 분만이 차지하셔야 할 자리에 선물 자체를 갖다 놓고 싶은 유혹을 느낀다.

더 깊은 묵상과 격려를 위해 예레미야 2장을 읽으라.

예레미야 2장으로 연결됩니다.

81

자기 죄의 증거를 부인하거나, 합리화하거나, 변명할 필요가 없다.
내 죄가 진짜가 아니라면
하나님이 자기 아들을 보내지 않으셨을 것이다.

"저를 오해하신 것 같네요."
"화가 난 게 아니라, 그냥 중요한 점을 강조하는 것뿐입니다."
"이건 정욕이 아닙니다. 난 그저 아름다움을 누리는 한 남자일 뿐이에요."
"그때 내 기분이 좋지 않았어요."
"그냥 제 성격이 강한 겁니다."
"너무 비판적이시네요."
"이건 해롭지도 않고, 반칙도 아닙니다."
"그건 거짓말이 아니라, 사물을 다른 방식으로 본 것일 뿐이에요."
"때로는 차악을 택해야 할 때도 있는 법이지요."
"돌려줄 생각이었어요."
"험담이 아니었습니다. 그 사람들에게 기도를 요청했을 뿐이에요."
"난 교만한 게 아니라 하나님이 주신 리더십 은사를 발휘할 뿐입니다."
"나 자신을 방어해야 했다고요."

예를 들자면 끝이 없다. 우리는 이런 일에 능숙하다. 죄를 지어 놓고 그건 죄가 아니라고, 사실은 의롭지 않은데 의롭다고 자신을 설득하는 실력이 아주 뛰어나다. 이런 태도는 결국 하나님을 크게 모욕하는 것이다. 우리를 용서하시며, 우리가 계속 축소하는 바로 그 죄에서 우리를 구하기 위해 인간 역사의 모든 순간, 상황, 장소, 사람을 지배하셔서 완벽한 때에 자기 아들을 보내신 그분을 말이다. 이는 하나님의 은혜가 아니면 우리는 심각한 상태라는 하나님의 말씀을 거부하는 태도, 곧 자기 의라는 불신앙이 만든 스캔들이다. 파괴적인 교만이 추한 머리를 드는 것이다. 교만은 왜 파괴적인가? 오직 자기 불의함의 심각함과 그 비참한 상태를 스스로 바꿀 수 없음을 겸손히 인정할 때에만이 비로소 구원의 은혜를 부르짖어 구하며 그 은혜에 감격하기 때문이다.

오직 예수 그리스도의 십자가만이 자기 죄의 깊이와 심각성을 진실로 깨닫게 한다. 죄의 도덕적 비극은 실로 하나님이 자기 독생자를 희생시키셔야 했을 정도였다. 내 죄가 참이기에, 그 진짜 죄 앞에서 내가 참으로 용서를 받고 참된 소망을 찾도록 하나님의 참되신 아들이 참으로 이 땅에 오셔서, 완벽한 삶을 참으로 사시다가, 참으로 죽으시고, 참으로 무덤에서 걸어 나오셔야 했다. 죄가 진짜이기에 진짜 은혜만이 유일한 소망이다!

더 깊은 묵상과 격려를 위해 시편 32편을 읽으라.

시편 32편으로 연결됩니다.

82

공동 예배는 내게 무엇이 필요한지 일깨워서 나를 겸손하게 하고 하나님의 선물을 상기시켜서 나로 감사하게 한다.

우리는 믿지 않는 사람들 눈에 모두 어리석어 보일 것이다. "죄라고요? 누가 신경이나 쓴답니까? 은혜요? 누가 은혜가 필요하대요? 도덕법이요? 감사합니다만, 내 법은 내가 만듭니다. 지옥이요? 그딴 건 이제 아무도 안 믿습니다. 옳고 그름이요? 그걸 누가 안답니까? 참과 거짓이요? 그걸 판단할 권리가 누구에게 있습니까? 그냥 행복하게 살면서 남한테 피해만 안 주면 되는 겁니다." 우리는 이 모든 것이 어리석다고 말하는 세상에서 살고 있다. 이것이 우리가 거듭거듭 일깨움을 받아야 하는 이유다. 사도 바울이 이 사실을 잘 표현했다.

"십자가의 도가 멸망하는 자들에게는 미련한 것이요 구원을 받는 우리에게는 하나님의 능력이라 기록된 바 내가 지혜 있는 자들의 지혜를 멸하고 총명한 자들의 총명을 폐하리라 하였으니 지혜 있는 자가 어디 있느냐 선비가 어디 있느냐 이 세대에 변론가가 어디 있느냐 하나님께서 이 세상의 지혜를 미련하게 하신 것이 아니냐 하나님의 지혜에 있어서는 이 세상이 자기 지혜로 하나님을 알지 못하므로 하나님께서 전도의 미련한 것으로 믿는 자들을 구원하시기를 기뻐하셨도다 유대인은 표적을 구하고 헬라인은 지혜를 찾으나 우리는 십자가에 못 박힌 그리스도를 전하니 유대인에게는 거리끼는 것이요 이방인에게는 미련한 것이로되 오직 부르심을 받은 자들에게는 유대인이나 헬라인이나 그리스도는 하나님의 능력이요 하나님의 지혜니라 하나님의 어리석음이 사람보다 지혜롭고 하나님의 약하심이 사람보다 강하니라 형제들아 너희를 부르심을 보라 육체를 따라 지혜로운 자가 많지 아니하며 능한 자가 많지 아니하며 문벌 좋은 자가 많지 아니하도다 그러나 하나님이 세상의 미련한 것들을 택하사 지혜 있는 자들을 부끄럽게 하려 하시고 세상의 약한 것들을 택하사 강한 것들을 부끄럽게 하려 하시며 하나님께서 세상의 천한 것들과 멸시 받는 것들과 없는 것들을 택하사 있는 것들을 폐하려 하시나니 이는 아무 육체도 하나님 앞에서 자랑하지 못하게 하려 하심이라…… 형제들아 내가 너희에게 나아가 하나님의 증거를 전할 때에 말과 지혜의 아름다운 것으로 아니하였나니 내가 너희 중에서 예수 그리스도와 그가 십자가에 못 박히신 것 외에는 아무 것도 알지 아니하기로 작정하였음이라 내가 너희 가운데 거할 때에 약하고 두려워하고 심히 떨었노라 내 말과 내 전도함이 설득력 있는 지혜의 말로 하지 아니하고 다만 성령의 나타나심과 능력으로 하여 너희 믿음이 사람의 지혜에 있지 아니하고 다만 하나님의 능력에 있게 하려 하였노라"(고전 1:18-2:5).

세상이 무시하고 조롱하는 그것을 우리가 기억하도록 정기적으로 모이게끔 계획하셨다니 하나님이 참으로 선하지 않으신가? 그것을 기억할 때마다 우리 마음은 다시 감사로 차오르고 다시 감격하며 예배드리게 된다. 그리고 은혜는 어리석지 않다는 지식을 새롭게 하며 세상으로 나아간다. 그렇다, 은혜는 우리 소망의 근거다.
더 깊은 묵상과 격려를 위해 고린도전서 2장 6-16절을 읽으라.

고린도전서 2장 6-16절로 연결됩니다.

83

**내 구주께서 무엇이든 좋은 것을 기꺼이 주겠다고 약속하셨는데
어떻게 내게 필요한 것을 갖지 못할 수 있겠는가?**

'필요'(need). 매우 흥미로운 단어다. 인간 문화에서 가장 자주 쓰이는 단어이면서 매우 모호하게 쓰이는 단어이기도 하다. '필요'라는 말은 엄청나게 범주가 넓다. 우리 생존에 없어서는 안 된다고 믿는 온갖 것들이 여기에 포함되기에 그 범주는 지금도 계속 확장되고 있다. 우리는 대개 자신을 어떤 면에서든 결핍이 있는 사람으로 생각하고 그 결핍이 채워지지 않을까 염려한다. 하나님이 정말 내가 필요로 하는 것을 아시는지, 그것을 정말 주려고 애쓰시는지 의심하게 되는 순간이 있다. 다른 사람의 삶을 엿보면서 '저 사람은 부족한 게 없구나'라는 생각이 들 때도 있고, 그러다 '내 결핍은 왜 채워지지 않을까?' 의문이 들 때도 있다. 그렇다, '필요'는 흥미롭고도 골치 아픈 단어다.

문제는 이것이다. '필요'라는 말이 '인생에 필수적인 것'이라는 뜻이라면, 우리가 필요하다고 생각하는 것들 대다수가 사실은 필요가 없다. 우리가 '필요'하다고 생각하는 것 대다수는 사실 우리가 '욕망'하는 것이다. 이 욕망이 너무 소중하고 중요해진 나머지 이것 없이는 행복을 생각할 수 없을 정도가 되었다. 그래서 이 '필요'가 우리 생각을 사로잡고, 욕망의 방향을 지시하고, 삶에 관한 사고방식을 결정하고, 결국에는 하나님을 생각하는 방식까지 규정하게 되었다.

내가 무언가를 '필요'하다고 규정하는 순간, 아래와 같은 세 가지 일이 벌어진다.

1. 내게 무언가가 '필요'하다고 규정하는 순간, 내가 그것을 가질 자격이 있다고 여기게 된다. 곧 내게는 그것을 소유할 권리가 있다고 믿게 된다는 뜻이다.
2. 무언가가 필요하다고 확신하면, 내게는 그것을 요구할 권리가 있다고 생각하게 된다. 그래서 아무 거리낌 없이 그것을 요구하고 또 요구하게 된다.
3. 무언가가 필요하다고 확신하면, 하나님이 그것을 내게 기꺼이 주시느냐에 따라 하나님의 사랑을 판단하게 된다.

이 '필요' 개념은 이렇게 무서운 길로 나를 인도한다. 무언가가 필요하다고 확신하는데 하나님이 그것을 주지 않으시면 나는 하나님의 선하심을 의심하기 시작한다. 잘못 명명된 '필요'는 하나님과의 교제에 치명적인 화가 될 수 있다. 많은 사람이 하나님의 선하심과 신실하심을 의심하면서 힘겨워하는 이유가 바로 이것이다. 우리는 자기 생각에 없으면 살 수 없을 듯한 그것을 하나님이 끝내 주지 않으실 수도 있다는 사실을 납득하지 못한다. 하지만 하나님은 내가 욕망하는 것을 주겠다고 약속하지 않으셨다. 하나님은 다만 내 필요 하나하나를 채우는 일에 전념하신다. 내게 무엇이 필요한지 정확히 아시고 적극적으로 그것을 주시는 하늘 아버지가 계시다는 것을 알면 지극히 위로가 된다.
더 깊은 묵상과 격려를 위해 시편 84편 11절과 마태복음 6장 25-32절을 읽으라.

시편 84편 11절로 연결됩니다.   마태복음 6장 25-32절로 연결됩니다.

84

순종은 감사로 드리는 예배 행위이지
두려워하면서 하나님께 은총을 얻으려는 수단이 아니다.

하나님의 은총을 얻기 위해 내가 할 수 있는 일은 아무것도 없다. 이 사실을 받아들이고 기억해야 한다. 나는 하나님의 거룩한 요구조건을 충족시킬 만큼 오래 의로울 수 없다. 내 생각 또한 그 정도로 정결할 수 없다. 내 욕망도 절대 그 정도로 거룩할 수 없다. 내 말도 그 정도로 깨끗할 수 없다. 내 선택과 행동도 그 정도로 하나님을 존귀히 여길 수 없다. 하나님의 기준은 너무 높아서 우리는 거기 도달할 수 없다. 예외는 없다. 우리는 다 똑같이 율법의 무게 아래서 죄의 무력함을 안고 살아간다. 우리 모두는 순종보다는 반역에 능하다. 우리 모두는 겸손하기보다 선천적으로 교만하다. 우리는 다 하나님을 예배하기보다 우상숭배를 더 좋아한다. 우리는 이웃을 사랑하기보다 이웃과 싸우기를 더 잘한다. 우리는 자기 형편에 만족하기보다 남을 시기하는 게 더 자연스럽다. 우리는 이런저런 면에서 모두 도둑이다. 우리는 다 남이 가진 것을 탐낸다. 우리는 진리를 수호하기보다 선천적으로 진리를 악용한다. 우리는 말로써 자비를 베풀기보다 정죄한다. 우리는 혼자 힘으로는 절대 하나님의 기준에 도달할 수 없다는 사실을 날마다 입증한다.

한마디로 말해 "율법의 행위로 그의 앞에 의롭다 하심을 얻을 육체가 없다"(롬 3:20). 이 말씀은 진리이다. "모든 사람이 죄를 범하였으매 하나님의 영광에 이르지 못하기"(롬 3:23) 때문이다. 이 말씀은 모두에게 해당한다. 누구도 예외는 없다. 모든 사람이 이 말씀을 마음으로 받아들이고 자신의 정체성으로 삼아야 한다. 우리를 통렬하도록 겸손케 하는 소식이다. 그러나 받아들이기 힘든 이 소식은 우리를 우울한 자기혐오의 길로 인도하지 않는다. 영원한 소망과 기쁨의 길로 이끈다. 자신의 정체성과 무능함을 인정해야 비로소 하나님의 선물이 필요하다고 이해하기 시작하기 때문이다.

바울이 로마서 3장에서 한 것처럼 나쁜 소식과 좋은 소식을 합쳐 보자. 바울은 "모든 사람이 죄를 범하였으매 하나님의 영광에 이르지 못한다"고 말한다. 하지만 그것으로 이야기가 끝나지 않는다. 바울은 계속해서 "(우리는) 그리스도 예수 안에 있는 속량으로 말미암아 하나님의 은혜로 값없이 의롭다 하심을 얻은 자 되었느니라 이 예수를 하나님이 그의 피로써 믿음으로 말미암는 화목제물로 세우셨다"(23-25절)고 말한다.

화목제물은 속죄를 이루는 희생제물이다. 예수님의 희생은 하나님의 진노를 가라앉혔고, 하나님과 하나님을 믿는 모든 사람 사이에 화해를 이루었다. 하나님은 죄를 미워하신다. 우리 죄인들이 하나님과 교제하는 유일한 길은 우리의 죗값을 치르고자 자기 목숨을 바치신 그리스도를 통한 길뿐이다. 하나님의 은총을 얻으려고 순종할 필요가 없다. 그리스도께서 내 대신 하나님의 은총을 얻으셨다. 그러므로 순종은 두려운 마음으로 죗값을 치르는 행위가 아니라, 내 형편 그대로 나를 만나 주시고 나 스스로는 할 수 없었을 일을 나를 위해 하신 하나님께 드리는 감사의 찬송이다.

더 깊은 묵상과 격려를 위해 히브리서 3장을 읽으라.

히브리서 3장으로 연결됩니다.

85

하나님을 향한 경외에 마음이 사로잡히지 않은 사람은 위험하다.
하나님을 향한 경외는 순식간에
나 자신을 향한 경외로 바뀌기 때문이다.

이것은 무기 없이
정당 없이
국경 없이 치러지는
매일의 싸움.

에덴동산에서부터
계속된 싸움.
마침내 승리하기까지
이 전쟁은 멈추지 않으리라.

이것은 사람 사이가 아닌
사람 안에서 벌어지는 싸움.
세계대전보다 훨씬 더
치명적인 싸움.

이 싸움은 경외의 싸움.
우리는 하나님을 향한 경외로
마음이 사로잡히고
생각이 정해지고

행동이 따르도록
창조되었다.
그러나 다른 경외심이
우리 마음을 사로잡았다.

피조물을 향한 경외,
다른 사람을 향한 경외,
자기 자신을 향한 경외가
우리 마음에서
하나님을 향한 경외를
밀어냈다.

우리에게는 은혜가 필요하리라.
다시 깨닫게 하는 은혜,
다시 떨게 하는 은혜,
우리 경외를 받기 합당하신 분 앞에
다시 엎드리게 하는 은혜가.

더 깊은 묵상과 격려를 위해 출애굽기 19장을 읽으라.

출애굽기 19장으로 연결됩니다.

86

> 문제는 예배를 드리느냐가 아니라, 무엇을 예배드리냐이다.
> 내 영광스러운 창조주를 예배할 것인가,
> 아니면 그분이 창조하신 무언가를 예배할 것인가.

어제 나 자신에게 실망했다. 내 삶이 내 기준에 미치지 못했다. 그런 주제에 내가 어떻게 하나님의 율법을 지키기를 바랄 수 있겠나 싶었다.

어제 나는 하나님이 명하신 일을 하는 데 꼭 필요한 책을 읽고 있었다. 독서가 주는 평안과 위로를 한껏 누리는데, 아내가 방에 들어와 말을 걸었다. 나는 지금 책 읽느라 바쁘니 방해하지 말라고 버럭 쏘아붙였다. 아내는 아무 말 없이 나가더니 잠시 후 다시 들어와 말했다. "나한테 왜 그런 태도를 보이는지 설명 좀 해줄래요?" 아내가 이렇게 말하는 순간, 나는 찍소리도 못했고, 슬픔이 밀려왔다. 나는 또 그러고 말았다. 그런 남편이어서는 안 되는데 또 그렇게 되고 말았다. 입으로는 사랑한다고 말하면서 사랑하는 사람을 짜증과 조급함으로 대한 것이다.

자, 왜 이런 일이 일어났을까? 인정하기 부끄럽지만, 내 문제는 관계 문제도 아니고, 스케줄 문제도 아니고, 단순한 오해도 아니다. 그렇다, 내가 그렇게 행동한 것은 내게 여전히 예배 문제가 있기 때문이다. 알다시피, 우리의 마음은 무언가의 지배를 받으며 살아가고 반응한다. 여기에는 오직 두 가지 선택만 있다. 하나님의 지배를 받거나 하나님이 창조하신 것의 지배를 받거나. 이렇게 말해 보겠다. 하나님이 우리 마음의 지배자로 마땅히 계셔야 할 자리에 있을 때 다른 사람들도 우리 삶에서 적절한 자리에 있게 된다. 우리는 가장 큰 계명("주 너의 하나님을 사랑하라", 막 12:30)을 지켜야만 비로소 두 번째 큰 계명("네 이웃을 네 자신과 같이 사랑하라",

31절)을 지킬 수 있다. 하나님이 합당한 자리에 계시지 않을 때 우리가 누구를 그 자리에 끼워 넣을지 생각해 보라. 아내에게 큰 소리로 쏘아붙였던 그 후회스러운 순간, 나는 모든 우상 중에서 가장 유혹적이고 중독적이고 기만적인 우상에게 굴복했다. 바로 자아라는 우상 말이다.

우상숭배는 다만 어떤 형상을 갖춘 종교적 우상을 예배하는 것만이 아니다. 하나님의 자리에 다른 것을 갖다 놓고 예배한다면 그것이 바로 우상숭배다. 그리고 가장 주된 우상은 바로 자기 자신이다. 그래서 내게는 외부의 우상뿐만 아니라 나 자신에게서 나를 거듭거듭 보호하고 구원하실 수 있는 구주가 절대적으로 필요하다.

그렇다, 우리는 단순히 사람을 예배하는 자와 예배하지 않는 자로 나눌 수 없다. 세상에서 가장 불경건한 사람도 예배를 한다. 왜냐하면 예배는 인간의 활동이기에 앞서 인간의 정체성이기 때문이다. 우리가 행하고 말하는 모든 것은 예배에 뿌리를 둔다. 선택이나 결단은 모두 예배에서 흘러나온다. 인간에게 예배는 피할 수 없는 활동이다. 문제는 예배를 드리느냐 마느냐가 아니라 무엇을 예배하는 데 마음을 주느냐이다.

우리는 하나님 아닌 다른 것을 예배하는 탓에 하나님의 율법을 지키지 못한다. 그러기에 예수님이 오셔서 우리가 하나님이 아닌 다른 모든 것을 예배하게 하는 죄를 물리치셨다. 그리스도의 십자가의 목적은 우리의 우상숭배라는 죄를 사하는 것뿐 아니라, 하나님이 인간을 창조하신 목적 중 하나, 곧 하나님을 예배하는 일로 돌아가도록 우리를 바로잡는 것이다. 우리가 원래 예배해야 할 대상을 예배하게 하는 은혜가 우리 모두에게 필요하다. 더 깊은 묵상과 격려를 위해 로마서 1장을 읽으라.

로마서 1장으로 연결됩니다.

87

> 구속 이야기를 한 문장으로 말하자면,
> "죄가 우리를 에덴동산에서 몰아냈지만
> 은혜가 우리를 아버지 품으로 바로 몰아넣었다."

이것은 인간 역사에서 가장 놀라운 전환이다. 예상치 못한 반전이다. 이 한 문장은 가장 위대한 이야기에서 앞으로 일어날 모든 일을 미리 보여 준다. 말하자면, 하나님은 아담과 하와의 아주 괘씸한 죄와 그 결과 세상에 범람한 악을 어떻게 다룰지 말씀하셨다.

아담과 하와는 모든 것을 다 가졌었다. 이들은 완벽한 세상에서 살면서 하나님과 완벽한 관계를 누리는 완벽한 사람들이었다. 두 사람 사이에는 그 어떤 긴장도 없었고, 이들과 하나님 사이에도 아무런 틈이 없었다. 이들이 사는 세상에는 오염이나 질병이 없었고, 불의나 부패가 없었고, 증오나 폭력이 없었다. 이들은 언제나 '샬롬'이 유지되는 세상에 살았다. 샬롬의 의미는 단순한 '평화' 그 이상이다. 샬롬은 하나님이 원래 의도하신 상태에 있는 것을 가리킨다. 달리 말해 샬롬은 사물이나 상황이 원래 존재해야 할 방식이다. 샬롬은 우리가 한 번도 경험해 본 적 없는 세상이다. 때 묻지 않고 상하지 않은 세상 말이다. 삶은 아담과 하와에게 모든 면에서 완전했다.

하지만 두 사람은 이것으로 충분하지 않았다. 이들은 더 많이 원했고 하나님이 정하신 경계를 넘었다. 두 사람은 하나님이 금하신 열매를 먹었다. 노골적으로 자기중심적인 반항 행위였다. 스스로 주인이 되어 스스로 다스리겠다는 욕망을 드러낸 것이었다. 이는 악하고 추한 행위였다. 이들을 심판할 모든 권리가 있으신 하나님은 심판하셨다. 하지만 충격적이게도 그 심판이 이야기의 결말이 아니었다. 아담과 하와의 이야기가 영화였다면, 하나님의 심판으로 두 사람이 에덴에서 쫓겨나면서 영화가 끝났을 것이다. 그러나 각본을 쓰신 분이 누구신가? 영광스러운 은혜의 하나님 아니신가!

은혜는 우리가 예상하는 것과 아주 다른 방향으로 성경 이야기를 끌고 간다. 아담과 하와의 반역 직후 하나님은 죄를 심판할 뿐만 아니라 영원히 죄를 쳐부술 것이라고 선언하셨다. 하나님은 뱀에게 말씀하셨다. "내가 너로 여자와 원수가 되게 하고 네 후손도 여자의 후손과 원수가 되게 하리니 여자의 후손은 네 머리를 상하게 할 것이요 너는 그의 발꿈치를 상하게 할 것이니라"(창 3:15). 하나님이 말씀하신 후손이란 누구인가? 곧 다윗의 자손, 인자, 하나님의 아들, 나사렛 예수, 메시아이시다. 상하게 하는 이 일은 어디에서 일어났는가? 예루살렘 성벽 밖, 골고다에서 일어났다. 십자가에서 예수님은 온 몸이 상하셨지만, 원수는 영원히 격퇴되었다. 예수님이 죽으셨다. 하지만 무덤은 그분을 가둘 수 없었고, 부활의 능력으로 이제 주님은 마지막 원수가 자신의 발 밑에 엎드릴 때까지 다스리신다. 이는 경이로운 자비가 반역자들에게 주어졌다는 이야기, 놀라운 은혜가 어리석은 자들에게 허락되었다는 이야기다. 이는 철저하고도 예기치 못한 소망과 도움이 모든 죄인에게 주어진다는 이야기다. 우리가 아침에 일어나 또 하루를 살아갈 이유를 주는 이야기다. 이 이야기가 오늘 그런 이유가 되기를 바란다.

더 깊은 묵상과 격려를 위해 사도행전 2장 22-41절을 읽으라.

사도행전 2장 22-41절로 연결됩니다.

88

> 오늘 나는 남들이 받는 복을 부러워할 수도 있고,
> 내게 주어진 놀라운 은혜의 경이로움에 푹 잠길 수도 있다.

항상 만족하며 산다고 말할 수 있다면 좋겠다. 절대 불평하지 않는다고 말할 수 있다면 좋겠다. 타인의 삶을 부러워한 적이 한 번도 없다고 말할 수 있다면 좋겠다. 원래 내가 가졌어야 할 것을 하나님이 다른 사람에게 주셨다고 생각한 적이 한 번도 없다고 말할 수 있다면 좋겠다. 갖지 못한 것을 따지기보다 이미 받은 복을 헤아리기를 더 잘한다고 말할 수 있다면 좋겠다. 물질에 대한 욕망이 그다지 크지 않다고 말할 수 있다면 좋겠다. 내 마음은 마침내 만족할 거라고 말할 수 있다면 좋겠다. 이 모든 것이 희망사항인 이유는 아직 나는 완전히 그렇지 못하기 때문이다. 시기심이 여전히 내 마음속에 잠복해 있다. 아직도 내 안에 거하는 죄가 이 암울한 결과를 낳는다.

성경은 시기심에 대해 왜 그렇게 강력히 경고하는가? 시기심이 내 마음을 지배하면 하나님의 사랑이 내 마음을 다스리지 못하기 때문이다. 시기심이 어떤 짓을 하는지 생각해 보자. 시기심은 받을 자격이 없는 것을 받을 자격이 있다고 생각하게 한다. 내 마음이 시기심에 지배되면 '나는 복 받은 사람'이라는 마음 자세가 사라지고 '나는 복 받을 자격 있다'는 태도가 그 자리를 차지하게 된다. 시기심은 속속들이 이기적이다. 시기심은 늘 나 자신을 세상의 중심에 놓는다. 시기심은 만사가 나 중심으로 돌아가게 한다. 시기심은 인생을 내 소원, 내 욕구, 내 기분이라는 관점으로만 보게 한다.

슬프게도 시기심은 하나님의 선하심, 신실하심, 지혜를 의심하게 한다. 시기심 때문에 우리는 하나님이 자신이 하는 일을 모르신다고, 혹은 약속을 지키지 않으신다고 그분을 비난한다. 저 사람이 받은 복은 원래 내 것이어야 했다고 믿는가? 그렇다면 나와 그 사람 사이에만 문제가 있는 것이 아니라, 하나님과의 관계에도 문제가 있는 것이다. 하나님의 선하심에 의문을 품기 시작하면 하나님께 도움을 구하러 가지 않게 된다. 왜인가? 의심스러운 사람에게는 도움을 구하지 않는 것과 같은 이치다.

뿐만 아니라 시기심은 영적으로 치명적인 일을 한다. 시기심은 다른 사람은 모르는 것을 나는 안다고 생각하게 한다. 시기심은 타인의 삶을 사실은 잘 모르면서 잘 안다고 생각하게 한다. 또 무엇이 최선인지 내가 하나님보다 더 명확히 안다고 생각하게 한다. 게다가 시기심은 나를 내게서 구해내고 변화시키고 능력을 주고 구원하는 하나님의 놀라운 은혜를 망각하게 한다. 내가 가지지 못한 것을 따져보는 데 너무 몰두한 나머지 하나님의 은혜라는 엄청난 복, 내 능력으로 획득하거나 성취할 수 없고 받을 자격도 없는 그 복이 주어졌음을 알아차리지 못하고 찬미하지도 못하게 한다. 또한 시기심은 하나님이 내게 명하신 삶보다 내가 원하는 것에 초점을 맞추기 때문에, 하나님의 명령과 경고에 주의를 기울이지 못하게 하고, 그래서 도덕적 위험에 빠지게 한다.

시기심의 유일한 해법은 나를 내게서 구하는 은혜, 자기중심적인 죄인을 변화시켜 기쁘게 만족하며 하나님을 예배하는 사람으로 만드는 하나님의 은혜뿐이다.

더 깊은 묵상과 격려를 위해 사무엘상 12장을 읽으라.

사무엘상 12장으로 연결됩니다.

89

> 복음이 나보다 내 옆에 있는 사람에게 더 많이 필요하지는 않다.
> 그 사람은 나와 다른 방식으로 복음이 필요할 뿐이다.
> 사람은 모두 부족한 죄인이다.

로마서 3장의 고발장은 우리 모두 한 배에 탔다는 사실을 일깨운다.

"그러면 어떠하냐 우리는 나으냐 결코 아니라 유대인이나 헬라인이나 다 죄 아래에 있다고 우리가 이미 선언하였느니라 기록된 바 의인은 없나니 하나도 없으며 깨닫는 자도 없고 하나님을 찾는 자도 없고 다 치우쳐 함께 무익하게 되고 선을 행하는 자는 없나니 하나도 없도다 그들의 목구멍은 열린 무덤이요 그 혀로는 속임을 일삼으며 그 입술에는 독사의 독이 있고 그 입에는 저주와 악독이 가득하고 그 발은 피 흘리는 데 빠른지라 파멸과 고생이 그 길에 있어 평강의 길을 알지 못하였고 그들의 눈 앞에 하나님을 두려워함이 없느니라 함과 같으니라"(롬 3:9-18).

그렇다, 우리는 모두 죄인이다. 우리는 다 똑같이 절망적인 상태다. 누구 하나 다른 이보다 나은 사람이 없다. 누구 하나 다른 이보다 의로운 사람이 없다. 누구 하나 다른 이보다 자격 있는 사람이 없다. 누구 하나 하나님이 더 좋아하실 만한 사람이 없다. 우리는 다 자기 마음에서 일어나는 음험한 반역에서 구조되어야 한다. 우리 모두에게 소망은 단 하나뿐이다. 내 죄를 사하시고, 나를 내게서 건지시고, 변화시키시고, 구원하시는 예수 그리스도의 놀라운 은혜만이 우리의 소망이다. 문제는 우리가 이 은혜를 그렇게 알지 못할 때가 많다는 사실이다.

죄가 우리 눈을 가리기 때문에 우리는 자기 죄보다는 옆 사람의 죄에 더 마음을 쓰고 더 속을 태우는 경향이 있다. 자기 죄는 못 보고 옆 사람의 죄만 보기에 이웃을 나보다 더 큰 죄인으로 여기는 경향이 있다. 자기 자신을 다른 사람과 비교하면 거의 언제나 내가 그 사람보다 의롭다고 결론을 내리게 된다. 내가 그 사람보다 의롭다고 결론을 내리면 내게 은혜가 필요하다는 사실을 경시하게 된다. 그릇된 영적 비교는 이런 식으로 나를 영적 위험에 빠뜨린다. 이렇게 비교하면 자신을 실제보다 더 훌륭하게 생각하게 되고, 그래서 구속의 은혜를 추구하고 찬미하려는 결단이 약해진다. 우리는 은혜가 우리를 이런 경향에서 건져 주기를 부르짖어 구해야 한다.

그렇다, 우리는 다 하나님의 진노를 받아 마땅한 자들로서 하나님 앞에 선다. 그런데 그리스도께서 우리가 받을 형벌을 감당하셔서 우리가 하나님의 은혜를 누리게 하셨으니 얼마나 감사한 일인가.

더 깊은 묵상과 격려를 위해 에베소서 4장 17-24절을 읽으라.

에베소서 4장 17-24절로 연결됩니다.

90

**내가 사는 세상은 극적으로 망가졌고, 나는 여전히 흠 투성이지만
은혜롭고 신실하신 예수님이 여기 계신다.**

우리에게는 두 가지 큰 문제가 있다. 첫째, 우리가 사는 세상은 극적으로 망가져서 하나님이 원래 의도하신 대로 기능하지 못한다. 이 타락한 세상에서 살다 보면 어떤 식으로든 고통 당하게 되어 있다. 그 고통은 마음 찢어질 정도로 불의한 상황일 수 있다. 폭력 행위의 피해자가 될 수도 있다. 이혼이나 친구의 배신을 겪을 수도 있다. 사기를 당할 수도 있고 강도를 만날 수도 있다. 많은 사람이 그렇듯 부패한 정부 아래서 고통을 당할 수도 있다. 질병이 덮쳐 몸이 쇠약해질 수도 있다. 설령 이런 일들을 당하지는 않더라도, 하나님이 계획하신 대로 작동하지 않는 세상에서 살아가는 것은 그 자체가 힘들고 고생스러운 일이다.

그뿐 아니다. 모퉁이를 돌 때마다 기다리는 끝없는 유혹을 처리해야 하는 문제도 있다. 하나님이 추하다고 말씀하신 것이 내게는 아름답게 보인다. 미혹하는 목소리가 내 귀에 거짓을 속삭인다. 나를 향한 하나님의 계획에 없는 것들을 욕망하고픈 마음이 든다. 내가 타락한 세상에서 살고 있다는 사실을 심각하게 받아들이지 않으면, 비현실적인 기대를 안고 살다가 유혹 앞에서 어리석은 반응을 할 것이다.

게다가 우리에게는 훨씬 더 근본적인 문제가 있다. 우리 외부의 악보다 훨씬 더 골치 아픈 문제다. 바로 우리 내면에 도사린 악이다. 내가 하나님의 자녀라면, 의롭다 하시는 하나님의 은혜로 죄의 권세가 꺾이기는 했지만, 여전히 내 안에 죄가 존재하고, 이 죄는 성화의 은혜에 의해 점

진적으로 근절될 것이다. 내 문제는 단순히 나를 에워싼 환경의 문제가 아니라 늘 내면의 문제이기도 하다. 내 마음이 완전히 청결하다면, 이 타락한 세상에서의 삶이 더할 수 없이 수월할 것이다. 하지만 성경이 마음에 대해 말하는 것을 받아들인다면, 죄가 행실의 문제이기 전에 마음의 문제라는 사실을 알 것이다.

여기 우리가 반드시 알아야 하고 잊지 말아야 할 것이 있다. 우리를 꾀어 외부의 악에 걸려들게 하는 것은 언제나 자기 내면의 악이다. 죄가 나로 유혹이 던지는 미끼를 덥석 물게 한다. 유혹은 내 마음에 아직도 살고 있는 악한 욕망과 우상숭배에 대한 갈망을 건드린다. 유혹은 내 이기심과 탐욕에 호소한다. 유혹은 내 게으름과 성급함을 겨냥한다. 유혹은 내 물질만능주의와 불만족을 낚아챈다. 유혹은 내 나름의 방식으로 내 규칙을 정하려는 내 욕망을 쫓아다닌다.

하지만 예수님이 은혜로써 임재하셔서 이 두 가지 문제를 극복하도록 도우신다. "죄가 더한 곳에 은혜가 더욱 넘쳤나니"(롬 5:20). "죄가 사망 안에서 왕 노릇 한 것 같이 은혜도 또한 의로 말미암아 왕 노릇 하여 우리 주 예수 그리스도로 말미암아 영생에 이르게 하려 함이라"(21절). 오늘 이 사실을 알면 좋지 않겠는가?

더 깊은 묵상과 격려를 위해 로마서 8장 1-17절을 읽으라.

로마서 8장 1-17절로 연결됩니다.

91

나는 의존해서 살아야 할 존재로 창조되었다.
하나님은 내가 의존하는 것을 은혜로 기뻐하시는데
왜 내 힘으로 무리를 하려 하는가?

에덴동산에서 뱀은 교활하게 유혹하며 두 가지 근복적인 거짓말을 포장했다. 이 세상에 살았거나 살고 있는 모든 사람은 어쨌든 어떤 식으로든 이 거짓말을 믿었다. 부모라면 자녀가 아주 어릴 때부터 이 거짓말을 받아들이는 모습을 보았을 것이다.

첫 번째 거짓말은 자율성이다. 이 거짓말은 내가 독립적인 인간이라고, 내 삶은 내 것이라고, 내게는 내 마음대로 살 권리가 있다고 말한다. 사람의 마음을 호리는 매력적인 거짓말이다. 이 거짓말을 믿는 어린아이는 이제 자야 잘 시간이라거나, 콩을 골라내지 말고 먹어야 한다는 엄마의 말에 반항한다. 하지만 창조 교리는 자율성이란 거짓말을 쳐부순다. 생각해 보라. 피조물은 소유권을 나타낸다. 나는 취미로 그림을 그린다. 그림 하나를 구상하고 칠을 해서 완성하면 이 그림은 내 것이다. 왜냐하면 내가 그렸기 때문이다. 누가 돈을 내고 이 그림을 살 수도 있고 내가 누군가에게 이 그림을 선물할 수도 있다. 내가 누군가에게 이 그림을 양도하지 않는다면 이 그림은 내 것이다. 마찬가지로, 하나님이 우리를 창조하셨기에 우리는 하나님의 것이다. 우리의 정신도, 영도, 감정도, 마음도, 개성도, 육체도 모두 우리의 소유가 아니다. 우리는 독립적인 존재가 아니다. 내 육적 자아와 영적 자아를 내 마음대로 할 천부적 권리 같은 것은 우리에게 없다. 자율성은 인생을 망하게 하는 거짓말이다.

두 번째 거짓말은 자충족성이다. 이 거짓말은 내가 되어야 할 존재, 내가 해야 할 일을 위한 모든 것이 내게 있다고 말한다. 매듭 묶는 법도 모르는 어린아이가 부모의 도움을 뿌리치고 혼자 신발끈을 묶으려고 애쓰는 걸 보라. 하지만 창조 교리는 이 거짓말 또한 쳐부순다. 피조물은 의존성을 나타낸다. 화단에 심은 꽃은 스스로 피어나지 않는다. 누군가가 잡초를 뽑아 주고 물을 주지 않으면 꽃은 자라지 못한다. 우리는 의존적인 존재로 창조되었다. 첫째로 하나님께 의존해야 하고, 둘째로 다른 사람들과 상호의존적인 관계를 맺어야 한다. 하나님은 아담과 하와를 창조하시자마자 그들에게 말씀하셨다. 그들 스스로 삶을 살아낼 능력이 없음을 아셨기 때문이다. 자충족성이라는 거짓말은 또한 삶을 파괴한다. 우리가 필요로 하도록 계획되었으며 그것을 기꺼이 주시려는 창조주의 도우심을 거절하게 만들기 때문이다.

혼자 힘으로 무리해 보았자 아무 소용이 없다. 자력으로 인생을 빚어가려는 사람은 늘 서투를 수밖에 없다. 이 또한 우리에게 은혜가 얼마나 필요한지 보여 주는 논거다. 우리에게 은혜가 얼마나 필요하냐면, 우리가 이 거짓말로부터 벗어나 우리에게 은혜가 필요함을 고백하고 우리 삶과 죽음에서 유일한 소망인 그 은혜를 구하게 하는 것도 은혜의 일이다. 은혜가 얼마나 필요한지 깨닫는 데에도 은혜가 필요하다.

더 깊은 묵상과 격려를 위해 요한복음 15장 1-17절을 읽으라.

요한복음 15장 1-17절로 연결됩니다.

92

> 우리는 오직 한 곳에서 소망과 안전과 안식을 찾을 수 있다.
> 바로 이 한 말씀, "하나님은 사랑이시다."

인간은 누구나 '이것'을 한다. 이것 때문에 우리 인간은 다른 피조물과 구별된다. 이 일로 인간은 크게 불안해하기도 하고 크게 기뻐하기도 한다. 우리가 어떤 의사결정을 하고 어디에 시간과 물질을 투자하느냐는 이 일에 따라 결정된다. 이 일은 우리 두려움을 잠잠하게도 하고 우리를 무섭고 외로운 상태가 되게도 한다. 이는 우리 모두를 신학자와 철학자로 만든다. 이 일을 추구하다가 어디쯤에서 하차하느냐에 따라 삶을 바라보는 방식과 우리에게 일어난 일을 해석하는 방식이 결정된다. 이는 우리가 본능이나 혹은 어떤 비인격적인 힘에 따라 살지 않음을 입증한다. 이는 우리가 심히 영적인 존재라는 사실을 드러낸다. 이는 인간의 가장 근본적인 탐색 가운데 하나다. 사람은 저마다 다르지만, 이런 면에서 사람은 모두 똑같다. 그러니까 우리는 모두 소망을 둘 곳을 찾는다. 우리는 모두 안전을 추구한다.

우리가 소망을 구할 수 있는 곳은 두 군데뿐이다. 만일 피조물이 내게 안도감, 평안, 행복을 줄 거라 생각한다면 수평적 차원에서 이를 추구할 것이다. 반면 창조주의 사랑의 손길에 내 삶을 의탁한다면 수직적 차원에서 이를 추구할 것이다. 많은 사람들이 피조물에 소망을 둔다. 출세나 사람들의 사랑, 성취나 재산에서 마음의 만족을 얻을 수 있다고 생각한다. 하지만 이것들은 마음을 만족시킬 힘이 없다. 이것들은 원래 내 마음이 확실한 안식을 누릴 수 있는 곳을 가리키기 위해 존재한다. 우리는 이 사실을 직시해야 한다. 피조물은 절대 우리의 구주일 수 없다!

그렇다면 어디에서 나를 절대 실망시키거나 부끄럽게 하지 않을 소망을 찾을 수 있는가? 이 소망은 사실 인간의 언어로 쓰인 가장 아름다운 한 구절에서 찾을 수 있다. 이 구절에는 나와 내 주변의 모든 것을 변화시키는 힘이 있다. 이 구절은 필사적으로 소망을 찾아다니는 내 여정을 끝내고 지친 내 마음에 안식을 준다. 이 구절은 내게 소망을 주실 수 있는 유일한 분이 어떤 분이신지를 묘사한다. "하나님은 사랑이시다"(요일 4:16). 하나님은 사랑이시기에, 그리고 하나님이 내게 사랑을 주시기에, 안전도 소망도 없는 듯 느껴지는 두려운 순간에도 내게는 안전과 소망이 있다. 사랑이신 분이 사랑이신 자기 아들을 보내사 사랑의 희생제물이 되게 하셔서 우리가 그 사랑으로 구원받고 그 사랑 안에 언제나 영원히 안식할 수 있게 하신다.

더 깊은 묵상과 격려를 위해 요한일서 1장 1-4절을 읽으라.

요한일서 1장 1-4절로 연결됩니다.

93

내가 예수님의 형상에 완전히 이르지 못한다면
내 구속주는 결코 만족하거나 멈추지 않으실 것이다.
나 또한 그래야 한다.

우리는 이 이야기를 많이 하지 않는다. 이는 우리가 구속주에 대해 생각하는 전형적인 방식이 아니다. 하지만 이를 잘 살펴보면 소망을 얻을 뿐 아니라 내 주님이 바로 지금 여기서 무엇을 하시는지 확실히 알 수 있다. 이것은 무엇일까? 바로 내가 섬기는 구주께서는 만족하지 않으신다는 사실이다. 내 주님이 쉽게 만족하는 분이 아니시라는 사실에 매우 감사해야 한다. 주님은 자신의 일을 허접하게, 혹은 불완전하게 하지 않으신다. 주님은 시작한 일을 완전히 마치실 때까지는 그 일을 떠나지 않으신다. 주님은 싫증내거나 지치거나 낙심하지 않으시며 다른 데 정신을 팔지도 않으신다. 주님은 집중력이 길고 주의력 결핍 장애도 없으시다. 주님은 자신의 일이 얼마나 오래 걸리든 조금도 개의치 않으신다. 주님은 애초에 시작을 하지 말았어야 했다고 생각하지 않으신다. 주님은 시간이 걸리는 일을 서둘러 마치려고 하지 않으신다. 주님은 자신의 권능을 이용해 한 과정이어야 할 일을 한 사건으로 만들지 않으신다. 주님은 그 일이 과연 할 만한 가치가 있는지 의문을 품지 않으시며 취소를 고려하지도 않으신다.

내 구속주는 한 가지 목표를 위해 열심히 일하시는데, 그 목표는 바로 만물을 최종적으로 새롭게 하시는 것이다. 죄와 죄가 파괴한 모든 것으로부터의 궁극적인 구원을 끈질기게 추구하신다. 주님은 구속을 성취하기 위해 자신의 권능을 계속 행사하실 것이다. 마지막 원수가 자신의 발 밑에 엎드리고 하나님 나라가 최종적으로 임할 때까지 결코 만족하지 않으실 것이다. 그렇다, 내 구속주께서 쉽게 만족하지 않으신다는 사실에 나를 위한 크고도 영원한 소망이 있다.

우리의 문제는, 너무 쉽게 만족한다는 것이다. 우리는 약간의 신학 지식, 성경을 읽고 어느 정도 이해할 수 있는 능력, 이따금 한 번씩 하는 섬김, 일정 수준의 영적 성장에 만족한다. 하나님의 목표는 우리가 하나님의 형상으로 완전히 다시 빚어지는 것인데 슬프게도 우리는 조금 나아진 상태에 만족한다. 사실, 상황은 그보다 더욱 나쁘다. 우리는 구속주께서 하시는 일이 우리 안에서 완전히 이루어지기도 전에 쉽게 만족하면서 멈출 뿐 아니라, 아주 쉽게 정신이 산만해진다. 우리는 피조세계의 덧없는 영광에 쉽게 정신이 팔려, 사실상 그 세상에서 만족을 찾을 수 있을 거라고 생각하기 시작한다. 우리 구속주께서 강하게 밀어붙이시기에 우리는 밀어붙이기를 멈춘다. 주님은 영광스러운 불만족으로 우리를 우리에게서 구하려고 여전히 애쓰시는데, 우리는 밖으로 시선을 돌려 다른 사랑을 좇는다. 우리는 오직 주님만이 하실 수 있는 일을 그 다른 사랑이 우리에게 해줄 수 있을 거라고 믿는다. 그래서 우리의 기대에 보답할 수 없는 것들에 시간과 에너지와 소망을 쏟아붓는다.

소망은, 우리 마음이 만족을 찾는 곳이 아니라 우리 구속주의 불만족에서 찾을 수 있다. 주님은 우리가 아무 관심이 없을 때에도 자신의 일을 완결하신다.

더 깊은 묵상과 격려를 위해 데살로니가전서 5장 23-24절을 읽으라.

데살로니가전서 5장 23-24절로 연결됩니다.

94

공동 예배는 예배가 나 자신에 관한 것이 아니라는 사실을
정기적으로 은혜롭게 일깨워준다.
내 삶은 다른 존재를 찬미하기 위한 것이다.

공동 예배는 하나의 찬미인데, 이 찬미는 우리 모두에게 아주 중요한 사실을 일깨운다. 우리는 만물을 창조하셨고, 만물을 주관하시며, 만물의 중심에 계신 분을 찬미하기 위해 함께 모인다. 성경적인 예배는 로마서 11장 33-36장 말씀에 이끌리고 빚어진다.

"깊도다 하나님의 지혜와 지식의 풍성함이여, 그의 판단은 헤아리지 못할 것이며 그의 길은 찾지 못할 것이로다 누가 주의 마음을 알았느냐 누가 그의 모사가 되었느냐 누가 주께 먼저 드려서 갚으심을 받겠느냐 이는 만물이 주에게서 나오고 주로 말미암고 주에게로 돌아감이라 그에게 영광이 세세에 있을지어다 아멘."

마지막 절이 모든 것을 말해 준다. 이 말씀은 모든 예배 의식을 위한 규범일 뿐 아니라 삶이 무엇인지에 대한 강력한 진술이기도 하다. 곧 삶은 나에 관한 문제가 아니다. 삶은 내 욕망, 내 필요, 혹은 내 기분에 관한 문제가 아니다. 삶은 내 위로, 내 쾌락, 내 안락함의 문제가 아니다. 삶은 내가 개인적으로 정의하는 행복에 관한 문제가 아니다. 삶은 나 자신을 만족시키는 문제가 아니다. 삶은 내 꿈을 얼마나 많이 이루느냐의 문제가 아니다. 삶은 내 성공과 성취에 대한 문제가 아니다. 삶은 난관과 고난을 얼마나 잘 피하느냐의 문제가 아니다. 삶은 나의 갖가지 관계가 얼

마나 원활하게 이루어느냐의 문제가 아니다.

  개인적인 행복, 평안, 건강한 몸, 건강한 관계를 바라는 것은 잘못이 아니다. 중요한 것은, 이것들이 우리 마음을 다스려서는 안 된다는 사실이다. 이것들이 우리 마음을 다스리면, 내가 내 세상의 중심에 서게 되고 만사가 나 중심으로 돌아가게 된다. 많은 사람, 심지어 그리스도인이라고 고백하는 사람들도 하나님을 망각하고 하나님을 하나님 아닌 것으로 대체하는 삶을 산다. 자기 자신을 중심에 놓고, 내 삶이 어땠으면 좋겠는지 스스로 결정하며, 하나님을 우리가 바라는 것을 배달하는 분 정도로 축소시킨다.

  그래서 공동 예배는 이를 기억하고 찬미하라고 우리를 다시 부르고 또 부른다. 우리를 포함해 세상에 존재하는 모든 것은 하나님께로부터 나왔고, 하나님으로 말미암아 존재하며, 하나님을 가리킨다. 하나님이 만물의 시작이요, 중심이며, 끝이시다. 하나님의 뜻은 탁월하며, 이 뜻은 이루어질 것이다. 하나님의 나라가 임할 것이다.

  은혜는 우리의 주권을 멸하고 참되신 한 분 주님께 고개 숙여 절하게 한다. 오직 은혜에 의해서만 우리는 자신의 주권이 아닌 한 주권을 찬미한다. 공동 예배는 우리에게 그 은혜가 필요하며 우리가 그 은혜를 받아 누릴 수 있다는 사실을 알려 준다.

  더 깊은 묵상과 격려를 위해 로마서 11장을 읽으라.

로마서 11장으로 연결됩니다.

95

> 날마다 아버지의 영광을 위해 살라.
> 나는 이를 위해 창조되었으며,
> 그렇지 않는다면 인생의 핵심을 놓치는 것이다.

이에 대해 나는 많은 글을 써 왔고, 가능한 한 앞으로도 계속 쓸 것이다. 아무리 반복해도 지나치지 않은 주제다. 우리가 생각하고 바라고 말하고 행하는 모든 것과 연관된 실제적인 관심사다. 이것은 가장 깊은 차원에서 인간에게 동기를 부여한다. 이것은 우리의 영적 분투의 중심에 자리 잡고 있다. 이것은 우리 마음의 가장 중요한 싸움의 기저에 있는 원인으로 손꼽힌다. 이것은 우리 영혼의 가장 깊은 바람을 드러낸다. 우리가 창조된 이유의 핵심에 바로 이 일이 있다. 이는 호흡 있는 모든 사람을 위한 하나님의 뜻을 나타낸다. 선악이 여기서 갈린다. 그리고 이것이 바로 예수님이 이 땅에 오셔야 했던 이유다.

삶은 한마디로 영광에 관한 문제다. 죄도 한마디로 영광에 관한 문제다. 은혜도 영광에 관한 문제다. 경건도 영광에 관한 문제다. 천국과 지옥도 영광에 관한 문제다. 복종과 반역도 영광에 관한 문제다. 사랑과 증오도 영광에 관한 문제다. 섬기는 삶과 섬김을 요구하는 삶은 모두 영광에 의해 나아간다. 만족과 갈망도 모두 영광이 동기를 부여한다. 내가 하는 모든 말과 행동도 영광의 지시를 받는다. 영광은 내가 어떤 것을 원하고 어떤 것을 멸시하게 한다. 영광은 나를 오만하게도 하고 겸손하게도 한다. 영광은 나를 도적으로 만들기도 하고 내가 베풀게도 한다. 영광은 내 마음을 기쁘게도 하고 나를 시기심에 사로잡히게도 한다. 영광은 내가 구주께 늘 감사하게도 하고 그분의 존재를 망각하게도 한다.

우리 인간은 영광을 위해 타고났다. 영광을 지향하도록 우리 마음이 지어졌다. 우리가 창조세계의 모든 영광을 알도록, 그래서 이 모든 영광이 우리에게 가리키는 단 하나의 영광, 참으로 영화로우며 홀로 우리 마음을 만족시킬 수 있는 하나님의 영광을 알도록 우리는 그렇게 창조되었다. 다시 말해 우리는 항상 어떤 영광을 추구하며 산다는 뜻이다. 우리 마음은 창조세계의 덧없는 영광에 사로잡히든지, 아니면 은혜로써 영원히 우리를 만족시키는 하나님의 영광에 사로잡히든지 둘 중 하나다. 우리는 자신의 영광을 위해 힘쓰거나, 피조물의 어떤 영광을 추구하거나, 아니면 하나님의 영광을 위해 산다. 어쨌든 우리는 늘 영광을 위해 산다.

절대 우리 마음을 만족시킬 수 없는 영광에 중독된 상태에서 우리를 해방시키려고 예수님이 오셨다. 우리 자신의 영광에 속박된 우리를, 그림자 같은 창조세계의 영광에 집착하는 우리를 자유롭게 하려고 오셨다. 예수님은 영광을 도적질한 자들(우리)을 위해 기꺼이 죽으사 우리가 하나님의 영광에서 만족을 누리며 그 영광을 섬기며 살도록 하셨다. 예수님은 이 땅에 하나님의 영광을 나타내실 뿐 아니라 그 영광이 우리 마음의 최종 안식처가 되게 하려고 죽으셨다.

더 깊은 묵상과 격려를 위해 시편 145편을 읽으라.

시편 145편으로 연결됩니다.

96

내 모든 필요를 충족시키려고 사는 동시에
그리스도를 섬기면서 살 수는 없다.
주님의 제자로 살라. 주님이 나의 참된 필요를 모두 채우신다.

'이것 없으면 절대 못 살아' 목록에 올린 것 대부분이 실제 우리 삶에 꼭 필요한 것은 아니다. 자상하고 사랑이 많으신 아버지께서 내가 이것들을 누리도록 복 주시면 정말 좋겠지만, 이것들은 필요한 것이 아니며 꼭 필요한 것이라고 불러서도 안 된다. 우리가 이것들을 필요한 것이라고 부르면, 우리는 자신에게 그것을 가져야만 하며 그것 없이 살 수 없으며 그것을 요구할 권리가 있다고 말하게 된다. 그래서 마침내 그것을 하나님이 얼마나 많이 주시느냐로 하나님의 사랑을 평가하게 된다. 그 결과 우리 삶이 필요에 초점을 맞추어 빚어지고, 그것을 생각하고 손에 넣으려 애쓰는 데 너무 많은 시간을 쏟게 된다. 그래서 하나님 나라를 추구하는 더 큰 일에 쓸 시간이 별로 남지 않게 된다.

빌립보서 4장 10-20절이 우리에게 교훈을 준다.

"내가 주 안에서 크게 기뻐함은 너희가 나를 생각하던 것이 이제 다시 싹이 남이니 너희가 또한 이를 위하여 생각은 하였으나 기회가 없었느니라 내가 궁핍하므로 말하는 것이 아니니라 어떠한 형편에든지 나는 자족하기를 배웠노니 나는 비천에 처할 줄도 알고 풍부에 처할 줄도 알아 모든 일 곧 배부름과 배고픔과 풍부와 궁핍에도 처할 줄 아는 일체의 비결을 배웠노라 내게 능력 주시는 자 안에서 내가 모든 것을 할 수 있느니라 그러나 너희가 내 괴로움에 함께 참여하였으니 잘하였도다 빌립보 사람들아 너희도 알거니와 복음의 시초에 내가 마게도냐를 떠날 때에 주고받는 내 일에 참여한 교회가 너희 외에 아무도 없었느니라 데살로니가에 있을 때에도 너희가 한 번뿐 아니라 두 번이나 나의 쓸 것을 보내었도다 내가 선물을 구함이 아니요 오직 너희에게 유익하도록 풍성한 열매를 구함이라 내게는 모든 것이 있고 또 풍부한지라 에바브로디도 편에 너희가 준 것을 받으므로 내가 풍족하니 이는 받으실 만한 향기로운 제물이요 하나님을 기쁘시게 한 것이라 나의 하나님이 그리스도 예수 안에서 영광 가운데 그 풍성한 대로 너희 모든 쓸 것을 채우시리라 하나님 곧 우리 아버지께 세세 무궁하도록 영광을 돌릴지어다 아멘."

'꼭 있어야 하는 것' 목록을 그만 염려하고, 자신을 하나님 나라에 자유롭게 바치라. 그런데 언제 그렇게 할 수 있을까?

1. 하나님이 내게 정하신 일이 무엇이든 그것을 감당할 힘을 주실 거라고 확신할 때("내게 능력 주시는 자 안에서 내가 모든 것을 할 수 있느니라").
2. 하나님이 내게 정말로 필요한 것을 모두 주시고자 적극적으로 헌신하고 계심을 정말로 믿을 때("나의 하나님이 그리스도 예수 안에서 영광 가운데 그 풍성한 대로 너희 모든 쓸 것을 채우시리라").

은혜로 내 마음이 이런 진리 안에서 안식할 때, 이제 더는 필요에 집착하지 않고 하나님을 예배하고 섬기는 삶에 자유로이 나 자신을 바칠 수 있다. 더 깊은 묵상과 격려를 위해 시편 63편을 읽으라.

시편 63편으로 연결됩니다.

97

내게는 날마다 이것이 필요하다. 이것 없이는 살 수 없다.
이것은 무엇인가?
마음으로 죄를 깨닫게 하시는 성령의 역사다.

나는 찬송가 "복의 근원 강림하사"를 좋아한다. 특히 솔직하게 죄를 시인하고 탄원하는 3절 가사가 절실히 와 닿는다.

은혜에 진 빚이 얼마나 큰지
날마다 빚진 자로 살아갑니다.
주님의 은혜가 사슬이 되어
방황하는 제 마음 주께 매소서.
주님, 제 마음은 방황하기 쉬우니
사랑하는 하나님 떠나기 쉬우니
여기 제 마음 받으셔서 인을 치소서.
주님의 나라 위해 인을 치소서(영어가사 직역).

회심의 은혜와 영원한 은혜 사이에서 우리가 겪는 영적 싸움을 아무 변명 없이 솔직하게 표현한 가사다. 우리는 날마다 이런 상황을 대한다. 우리는 방황하는 마음 때문에 길을 잃는다. 방황하는 마음이 우리가 입술로 고백한 믿음과 모순되는 방식으로 살게 한다. 방황하는 마음 때문에 유혹에 넘어가기 쉽다. 우리는 여전히 방황하는 마음을 지녔다. 내 마음은 흠 잡을 데 없이 신실하고 참되다고 생각하고 싶겠지만 사실은 그렇지 않다.

우리는 무엇도 주님께 대한 충성에서 나를 떼어낼 수 없다고 생각하고 싶어 한다. 우리의 도덕적 헌신은 흔들리지 않는다고 생각하고 싶어 한다. 하나님이 옳지 않다고 하신 것에는 전혀 내 마음이 끌리지 않는다고 생각하고 싶어 한다. 우리는 늘 하나님의 생각이 있는 곳에 나의 생각이 있고, 합당한 자리에 나의 욕구가 있다고 생각하고 싶어 한다. 우리는 늘 이렇게 생각하고 싶어 한다. 하지만 문제는 우리 마음이 여전히 변덕스럽다는 것이다.

알다시피, 우리의 가장 큰 문제는 우리가 문제를 일으키는 흠 많은 사람들과 함께 산다는 것이 아니다. 우리의 가장 큰 난제는 우리가 구석구석 유혹이 도사린 타락한 세상에서 산다는 것이 아니다. 우리의 가장 큰 이슈는 우리가 날마다 맞닥뜨리는 어려움과 질병, 고통, 상실 그리고 슬픔의 결과 하나님의 의도대로 작동하지 않는 세상에서 산다는 것이 아니다. 그렇다, 우리의 가장 큰 난제는 죄가 여전히 우리 마음속에 거한다는 사실이다. 죄가 여전히 우리의 생각을 왜곡하고 우리 욕망의 방향을 튼다. 완벽하지 못한 사람들, 우리를 둘러싼 온갖 유혹, 우리가 사는 망가진 세상이 문제가 되는 이유는 우리가 이 마음의 문제를 안고 있기 때문이다. 부끄럽지만, 우리가 외부의 죄에 걸려드는 이유는 언제나 우리 내면의 죄 때문이다. 그러므로 우리에게 가장 필요한 것은 환경이나 인간관계의 변화가 아니라 마음의 근본적인 구원이다. 그리고 이것이 성령으로 임하시는 하나님의 은혜가 우리에게 제공하는 것이다.

더 깊은 묵상과 격려를 위해 마가복음 7장 14-23절을 읽으라.

마가복음 7장 14-23절로 연결됩니다.

98

내 구주보다 더 나를 깊이 있고 완벽하게 아는 사람은 없다.
그러기에 누구도 주님보다 더
나의 가장 깊은 필요에 꼭 맞는 도움을 줄 수 없다.

다음은 신약성경에서 가장 위로를 주는 구절로 손꼽힌다. 우리가 수시로 묵상해야 할 구절이다.

"그러므로 우리에게 큰 대제사장이 계시니 승천하신 이 곧 하나님의 아들 예수시라 우리가 믿는 도리를 굳게 잡을지어다 우리에게 있는 대제사장은 우리의 연약함을 동정하지 못하실 이가 아니요 모든 일에 우리와 똑같이 시험을 받으신 이로되 죄는 없으시니라 그러므로 우리는 긍휼하심을 받고 때를 따라 돕는 은혜를 얻기 위하여 은혜의 보좌 앞에 담대히 나아갈 것이니라"(히 4:14-16).

이 구절은 소망과 격려, 용기, 자신감을 가지고 살라는 부르심이다. 왜인가? 내게는 하늘에 오르사 아버지 오른편에 앉으신 대제사장이 계시는데, 그분은 내 연약함을 동정하는 분이시기 때문이다. 그뿐 아니다. 그 대제사장께서는 내가 정확히 어떤 일을 겪는지 경험으로 아시기에 내 연약함을 동정하시고 내 기도를 들으시며 응답하신다. 그분은 이 땅에 오셨고, 젖먹이 때부터 부활 후 승천하실 때까지 우리가 날마다 겪는 그 모든 고난과 유혹을 하나도 빠짐없이 겪으셨다. 그분은 집도 없이 굶주리며 사람들에게 배척당하는 게 어떤 것인지 아신다. 그분은 질병과 육체적 고통에 익숙하시다. 그분은 뭇사람들의 고소와 불의의 힘을 아신다.

그분은 매혹적인 유혹의 목소리와 마주하셨다. 그분은 사랑하는 사람들에게 버림받는 게 어떤 기분인지 아신다. 그분은 고난과 죽음을 이해하신다. 그분은 악을 정면으로 응시하셨다. 그분은 우리를 아시며 우리가 날이면 날마다 어떤 일을 대하는지 직접 겪어서 아신다.

여기에서 "연약함"이라고 번역된 단어에는 깊은 의미가 있다. 이는 번역이 거의 불가능한 단어다. 이 단어는 여러 가지 방식으로 쓰이는데, '인간의 상태'라는 뜻으로 이해하면 가장 좋을 것이다. 우리의 대제사장께서는 이 타락한 세상에서 인간으로 존재한다는 것이 무엇인지 잘 아신다. 그분은 충격적으로 자기를 낮추는 사랑의 행위로써 인간의 육신을 입고 한 인간으로서 우리와 함께 사셨기 때문이다. 그리고 이제 부활하여 승천하신 인간으로서 그분은 아버지 옆에 우리의 대제사장으로 앉아 계신다. 이는 우리의 고투와 기도가 가혹함, 정죄, 혹은 조급함이 아닌 이해와 동정으로 받아들여진다는 뜻이다.

이 모든 사실은 우리가 지금 처한 상태의 특정한 필요에 딱 들어맞는 자비를 그분의 손에서 받을 거라고 확신하고 안심할 수 있다는 뜻이다. 그분은 우리와 똑같은 일을 겪은 분으로서 동정심을 가지고 우리의 기도를 들으시며, 그러하기에 우리에게 꼭 필요한 것을 마련해 주신다고 확신할 수 있다. 자, 그것이 바로 놀라운 은혜다!

더 깊은 묵상과 격려를 위해 히브리서 2장 14-18절을 읽으라.

히브리서 2장 14-18절로 연결됩니다.

99

그리스도께서 내 생명이시기에
나는 상황, 위치, 관계에서 생명을 찾으려는
절박한 탐색을 하지 않아도 된다.

이 굉장한 자유를 우리는 별로 생각하거나 논하지 않는다. 이 은혜가 우리를 날마다 많은 사람이 안고 사는 스트레스, 두려움, 불안에서 우리를 해방시킨다. 이것은 바로 지금 여기서 주어지는 기분 좋은 은혜의 선물이다. 나 스스로는 이것을 절대 발견할 수 없다. 내 능력으로 획득하거나 성취할 수도 없다. 하나님 앞에서 내가 받을 자격이 있다고 말할 수도 없다. 이 은혜는 우리가 소홀히 하거나 오해해서는 안 되는 선물이다.

내게는 그리스도가 주어졌고, 그리스도가 주어졌기에 내게는 생명이 주어졌다. 나는 삶의 의미와 목적을 찾아다닐 필요가 없다. 정체성을 탐색할 필요도 없다. 사람이라면 누구나 원하는 행복을 나는 찾아다닐 필요가 없다. 내가 과연 사랑받을지 궁금해하지 않아도 된다. 내 삶과 내가 하는 일이 결국 허무할까 봐 염려하지 않아도 된다. 오늘 내가 해야 할 일에 필요한 것이 주어질지 궁금해하지 않아도 된다. 장래를 걱정하지 않아도 된다. 나 자신의 한정된 밑천에 의지해 살도록 방치되는 일은 결코 없을 것이다. 혼자 버려지는 일은 절대 없을 것이다. 나를 이해하고 내게 필요한 도움을 베푸는 누군가가 늘 있을 것이다. 내 잘못이 사함받을 수 있을지, 내 연약함을 인내하고 너그럽게 대해 줄 누군가가 있을지 걱정하지 않아도 된다. 나는 걱정하지 않아도 된다. 왜냐하면 내게는 은혜로써 내 삶으로 밀고 들어와 나를 거처로 삼으시는 구주께서 계시기 때문이다.

이렇게 나는 생명을 찾는 무한한 탐색에서 자유로워졌다. 이 탐색은 수많은 사람을 소진시킨다. 생명을 발견할 수 없는 곳에서 생명을 찾는 사람이 수없이 많다. 이들은 결혼에서 행복을 찾기를 소망한다. 직업에서 정체성을 발견하기를 기대한다. 주변 사람들과 재물이 자신에게 평안을 주기를 기대한다. 이들은 일상생활의 상황, 장소, 관계들이 자기를 구원하기를 바란다. 슬프게도 이들은 마른 샘에서 물을 마시고 배부르게 못할 떡을 먹고 있다. 우리가 누리는 일상생활 속의 상황, 장소, 관계는 멋진 것들이지만, 절대 우리 마음을 만족시키지 못한다. 그래서 우리에게 참되신 구주, 주 예수 그리스도가 주어졌다.

그러므로 끝없이 생명을 탐색하느라 시간을 낭비하지 말라. 우리는 하나님이 주시는 안식으로 들어와 평생 머물라고 초청받았다. 하나님의 자녀라는 정체성을 의지하라. 그분의 영원한 사랑 안에서 안식하라. 그분의 강력한 은혜 가운데 안식하라. 그분의 쉼 없는 임재 안에, 필요한 것을 마련하시는 그분의 신실함 가운데 안식하라. 그분의 인내와 용서 가운데서 안식하라, 안식하라.

더 깊은 묵상과 격려를 위해 히브리서 4장 1-13절을 읽으라.

히브리서 4장 1-13절로 연결됩니다.

100

**하나님은 나를 구원하시고자
자연계를 동원하고 역사를 움직이셨다.
그런데 주님의 도움이 필요한 이 순간에 나를 버리시겠는가?**

성경은 단순히 이야기를 모아 놓은 책이 아니다. 성경은 흥미로운 인물 사전이 아니다. 성경은 신학 입문서가 아니다. 성경은 다만 흥미로운 지혜의 원리를 담은 책이 아니다. 그렇다면 성경은 과연 무엇인가? 여기, 한 이야기가 한 영웅과 함께 성경 전체를 하나로 묶는다. 성경은 본질적으로 구속의 이야기다. 하나님의 필수 해설이 담긴 이 장대한 구속 이야기가 하나님의 말씀의 주요 내용이다.

성경은 하나님이 우리에게 구원을 주시려고 어디까지 가셨는지 보여 준다. 하나님은 실제로 인간 역사의 모든 사건을 움직이고, 자연계에 작용하는 온갖 힘을 동원해 정확한 때에 자기 아들을 이 땅에 보내셔서 살고, 고난 당하고, 죽고, 다시 살아나게 하셔서 우리에게 구원을 주셨다. 이는 망가진 세상에서 살아가는 우리가 마주하는 모든 일에 대해 해석의 틀을 제공하는 놀라운 이야기다.

하나님이 세상의 사건들을 움직이실 뿐 아니라 하나밖에 없는 아들을 희생시키실 정도였다면, '이미'(칭의)와 '아직'(최종적 영화) 사이에서 나를 포기하신다는 것은 말이 안 되지 않는가? 하나님이 이제 와서 내게 등을 돌리신다는 게 말이 되겠는가? 내게 도움이 필요할 때 나를 모른 체하신다는 게 말이 되겠는가? 생각해 보라. 우리가 엄청난 노력과 희생으로 어떤 가치 있는 것을 확보했다면, 그것을 지키고 유지하고 보호하려고 하는 게 당연하지 않겠는가?

나는 하나님 보시기에 소중한 존재이다. 이것은 분명한 사실이다. 하나님이 큰 값을 치르고 나를 사셨기 때문이다. 메시아의 죽음보다 더 큰 값은 없다. 그런데 하나님이 바로 그 값을 치르셔서 나를 구원하셨다. 그런 큰 값이 치러졌기에, 내가 죄와 사망의 위험이 더는 없는 곳에서 하나님과 함께 있을 때까지 하나님이 신적 권능과 은혜를 발휘해 나를 보호하시고 성숙시키시고 필요한 것을 주시며 지켜 주실 거라고 믿고 안심할 수 있다. 바울은 이렇게 말했다. "예수님을 아낌없이 우리에게 주셨다면, 우리가 필요로 하는 모든 것 또한 우리에게 주셔야 말이 되지 않겠는가?" (롬 8:31-33을 보라).

그러므로 악한 원수가 내 귀에 그 어떤 거짓말도 속삭이지 못하게 하라. 나는 혼자라고, 나 자신의 자원에만 의지해 살아야 한다고, 하나님은 내 말을 듣지도 신경 쓰지도 않으신다고 자신에게 말하지 못하게 하라. 하나님의 임재와 선하심을 의심하지도 말라. 하나님이 이 모든 과정을 끝까지 이루어가실지 의심하지 말라. 하나님은 자신의 권능을 발하셔서 나를 자신의 소유로 만드셨다. 그리고 마지막 원수가 주님의 발 밑에 엎드렸기에 주님의 보호가 더는 필요하지 않을 그곳에서 주님과 영원히 함께하기까지 자신의 권능을 발하셔서 나를 지키실 것이다.

더 깊은 묵상과 격려를 위해 열왕기하 6장 8-17절을 읽으라.

열왕기하 6장 8-17절로 연결됩니다.

101

비판을 기꺼이 진지하게 들을 수 있다면 은혜다.
생각을 평온히 하고 마음을 가라앉혀서
상대의 말을 경청하는 데에도 은혜가 필요하다.

선천적으로 우리는 비판에 귀가 닫혀 있다. 누군가가 내 잘못을 눈앞에 들이대면 대부분 싫어한다. 누군가가 내 행동에 의문을 표하면 우리는 자연스레 자기를 변호한다. 나는 의롭다고 스스로와 사람들을 설득하는 편이 우리에게는 자연스럽다. 누가 거기에 의문을 보이면 내 의로움이 나열된 목록을 증거로 내놓으면서 네가 나를 잘못 판단했다거나 오해한 거라고 그를 설득한다. 나 자신의 죄보다는 타인의 죄에 초점을 맞추며 타인의 죄를 염려하는 것이 우리에게는 자연스럽다. 타인의 과실을 그 사람 앞에 들이밀면서 동일한 과실에 대해서는 나 자신을 너그럽게 봐 주는 편이 우리에게는 자연스럽다. 내 잘못은 잘못으로 생각하지 않는 편이 우리에게는 자연스럽다. 자신을 실제보다 훨씬 의로운 존재로 스스로 속이는 편이 자연스럽다. 우리 같은 죄인들은 스스로를 의롭게 여기는 편이 겸손하기보다 더 자연스럽다.

간단히 말해, 우리는 겸손히 변화를 받아들이며 이를 구하기보다 변화에 저항하는 강퍅한 마음을 품기가 더 자연스럽다. 그러므로 누군가가 내 과실을 사랑으로 지적할 때 내가 열린 마음으로 이를 받아들이게 된다면, 언제라도 내 죄를 인정할 준비가 되어 있다면, 나 스스로는 보지 못하는 잘못을 깨우쳐 줄 만큼 나를 사랑하는 사람에게 감사한다면, 그리고 그 즉시 내 잘못을 고백하고 용서를 구하려는 자세가 되어 있다면, 예수님의 은혜가 나를 권고한 것임을 알라. 하나님의 거룩한 간섭이 아니고서는 이런 태도 중 그 무엇도 우리에게는 자연스럽지 않다.

돌 같은 마음을 없애고 살처럼 부드러운 마음을 가지려면 강력한 은혜가 필요하다. 살처럼 부드러운 마음은 죄에 예민하고, 죄를 깨우치는 은혜에 민감하며, 변화의 필요성을 민감하게 느끼고, 오직 예수님만이 주시는 죄 사함 가운데 안식한다. 세상에 알려졌거나 드러날지 모를 내 모든 과실이 예수님의 보혈로 덮였다는 은혜의 보증이 있을 때 우리는 하나님의 말씀이라는 면밀한 거울에 자신을 비추어 볼 용기를 가질 수 있다. 변명하고, 합리화하고, 자기 죄를 스스로 속하려는 태도, 남에게 책임을 전가하는 성향에서 벗어나는 것에도 은혜가 필요하다. 또 거룩하신 하나님 앞에 죄인으로 서서 우리가 여전히 하나님의 주권과 명령을 거역하는 반역자임을 시인하는 데에도 은혜가 필요하다.

죄인에게 있어 죄를 고백하는 것은 직관적으로 할 수 있는 행동이 아니다. 겸손은 우리의 자연스러운 첫 반응이 아니다. 자기보다 하나님을 더 사랑하는 것은 우리의 우선하는 본능이 아니다. 하나님의 영광은 우리 말과 행동의 자연스러운 핵심 동기가 아니다. 그러므로 만약 자기 입에서 "하나님, 제 마음을 제게 보여 주세요"라는 말이 나온다면, "부디 저를 용서하세요" 같은 말이 스스럼없이 나온다면, 놀라운 은혜가 내게 쏟아 부어진 것임을 알라. 그 은혜가 이미 내 마음을 변화시켰으며, 앞으로 더 큰 변화가 있을 것을 약속한다.

더 깊은 묵상과 격려를 위해 시편 51편을 읽으라.

시편 51편으로 연결됩니다.

102

순종이 인격적인 예배 행위라면, 불순종도 인격적인 행위다.
모든 죄는 한 관계를 깨뜨리는 행위인데
즉, 모든 죄는 하나님을 거스른다.

우리는 죄가 무엇인지 자주 오해하며, 그 결과 죄가 실제로 얼마나 끔찍한 문제인지를 경시한다. 부지중에 죄의 가증스런 본질을 얕잡아본다면, 유일하게 죄에서 나를 건질 수 있는 은혜 또한 평가절하하게 된다.

우리가 죄를 얕잡아보는 첫 번째 방식은, 죄란 행실 문제라고, 오직 행실 문제일 뿐이라고 생각하는 것이다. 하지만 성경은 그렇게 가르치지 않는다. 죄는 무엇보다도 마음의 문제다(마 5-7장의 산상설교에서 예수님이 어떻게 가르치셨는지를 보라). 우리는 마음을 바탕으로 살기에(눅 6:43-45를 보라), 죄는 언제나 마음에서 시작된다. 죄는 언제나 마음의 생각, 욕망, 동기, 선택의 문제다. 죄는 몸의 행실로 표현되는 마음의 문제다. 몸은 마음이 이미 가 있는 곳에 직접 갈 뿐이다. 나를 내게서 구하는 은혜가 필요한 이유가 바로 이것이다. 우리는 어떤 상황, 장소, 관계에서는 도망칠 수 있어도 어떤 형태로든 자기 마음에서는 빠져나올 수 없다.

둘째, 우리는 죄를 한 추상적인 법칙을 어기는 것으로 생각하는 경향이 있다. 하지만 죄는 단순히 법칙을 어기는 것 이상이다. 죄는 한 관계를 깨는 것이며, 그 결과 하나님의 법칙도 어기게 된다. 기억하라, 십계명은 다른 무엇보다 하나님을 예배하라는 부름으로 시작된다는 것을. 알다시피, 내 마음에서 하나님이 합당한 자리에 계실 때에만이 하나님을 기쁘시게 하는 방식으로 살기를 원하게 된다. 그렇지 않으면 나 자신을 그 자리에 끼워 넣고, 나 스스로 법을 정하며, 나를 흡족하게 하는 일에 자신을 바치게 된다. 그러므로 모든 죄는 하나님을 거스른다. 모든 죄는 하나님께 합당한 자리를 약탈한다. 모든 죄는 하나님께 대한 배신이다. 모든 죄는 하나님에게서 영광을 도적질한다. 모든 죄는 하나님의 존재와 하나님의 권위를 부인한다. 모든 죄는 하나님을 하나님 아닌 다른 것으로 대체한다. 모든 죄는 하나님의 권능과 영광을 내 것으로 추구한다. 모든 죄는 하나님의 왕좌를 노린다.

죄는 인격적이고 관계적인 일이다. 죄를 짓는 순간에는 그 사실을 의식하지 못할지라도 말이다. 그래서 다윗은 간음과 살인을 저지른 직후 "내가 주께만 범죄하여 주의 목전에 악을 행하였다"(시 51:4)고 옳게 말했다. 그렇다고 다윗이 밧세바와 우리야, 이스라엘 백성에게 저지른 끔찍한 잘못을 작은 일로 치부한 것은 아니다. 다만 그는 죄가 정말 무엇인지, 그 핵심을 고백하고 있다. 죄는 하나님의 선하심, 지혜, 신실하심, 사랑에 의문을 품는다. 죄는 하나님의 인격적인 통치에 이의를 제기한다. 죄는 내가 하나님보다 더 잘 안다고 말한다. 죄는 인격적이다. 그것이 바로 예수님이 고난 당하고 죽셔서 우리가 죄 사함의 은혜를 받게 하신 이유다.

더 깊은 묵상과 격려를 위해 사무엘상 15장을 읽으라.

사무엘상 15장으로 연결됩니다.

103

> 오늘 사람들이 나를 어떻게 대하든, 하나님의 자녀인 나는
> 항상 존재하시며 언제나 사랑하시는
> 구주께 바로 지금 사랑받고 있다.

"우리가 전한 것을 누가 믿었느냐 여호와의 팔이 누구에게 나타났느냐 그는 주 앞에서 자라나기를 연한 순 같고 마른 땅에서 나온 뿌리 같아서 고운 모양도 없고 풍채도 없은즉 우리가 보기에 흠모할 만한 아름다운 것이 없도다 그는 멸시를 받아 사람들에게 버림 받았으며 간고를 많이 겪었으며 질고를 아는 자라 마치 사람들이 그에게서 얼굴을 가리는 것 같이 멸시를 당하였고 우리도 그를 귀히 여기지 아니하였도다 그는 실로 우리의 질고를 지고 우리의 슬픔을 당하였거늘 우리는 생각하기를 그는 징벌을 받아 하나님께 맞으며 고난을 당한다 하였노라…… 그가 곤욕을 당하여 괴로울 때에도 그의 입을 열지 아니하였음이여 마치 도수장으로 끌려 가는 어린 양과 털 깎는 자 앞에서 잠잠한 양 같이 그의 입을 열지 아니하였도다 그는 곤욕과 심문을 당하고 끌려 갔으나 그 세대 중에 누가 생각하기를 그가 살아 있는 자들의 땅에서 끊어짐은 마땅히 형벌 받을 내 백성의 허물 때문이라 하였으리요 그는 강포를 행하지 아니하였고 그의 입에 거짓이 없었으나 그의 무덤이 악인들과 함께 있었으며 그가 죽은 후에 부자와 함께 있었도다"(사 53:1-4, 7-9).

증오, 폭력, 불의, 인종차별, 배신, 불충, 이기심, 학대, 그 밖에 인간관계상 여러 형태의 죄와 망가짐이 특징인 이 세상에서 우리가 힘써 길을 찾아나갈 때 이 말씀을 생각하면 엄청나게 힘이 된다. 누군가가 어떤 식

으로든 내게 잘못을 저질렀을 때 기억해야 할 말씀이다. 내가 이제부터 하는 말을 주의 깊게 들어보라. 예수님은 기꺼이 멸시당하셨다. 예수님은 기꺼이 사람들에게 버림 받으셨다. 예수님은 기꺼이 증오와 폭력 앞에 자기를 내놓으셨다. 예수님은 심지어 아버지께서 등을 돌리시는 일까지 기꺼이 겪으셨다. 예수님은 왜 이 모든 일을 기꺼이 겪으셨는가? 그 이유는 하나님의 자녀로서 우리가 인간 사회에서 어떤 일을 마주하든 주님께 완벽히, 그리고 영원히 사랑받는다는 사실을 알고 소망과 평안 가운데 살도록 하기 위해서다. 예수님이 사람들에게 버림 받으면서도 이를 감내하신 것은, 우리를 용납하시는 하나님의 사랑을 언제까지나 영원히 알도록 하기 위해서다. 이 얼마나 놀라운 은혜인가!

더 깊은 묵상과 격려를 위해 마가복음 15장 33-39절을 읽으라.

104

자기를 의지하라고 하는 거짓 복음을 믿지 말라.
아무 도움 없이 나 혼자 잘 해낼 수 있다면
예수님이 오실 필요가 없었을 것이다.

참 귀가 솔깃해지는 거짓말이다. 이 거짓말에 담긴 메시지는 새로울 것이 전혀 없다. 이 거짓말은 에덴동산에서 처음 시작되었고 그 이후로도 멈추지 않았다. 이 거짓말은 형태도 다양하다.

"누구도 너를 너 자신보다 더 잘 알지는 못해."
"다른 사람의 도움은 사실 필요하지 않아."
"너는 죄와 씨름하곤 했지만, 이제 더는 안 그럴 거야."
"너는 성경을 아주 잘 아니까, 아마 괜찮을 거야."
"네가 이룬 성과를 좀 봐. 먼 길을 왔군."
"그 정도는 솔직히 죄라고 할 것도 아니야."
"네 수준이면 이제 다른 사람한테 배우지 않아도 돼."
"스스로 일어나. 그냥 일어나서 맡겨진 일을 하는 거야."

자기를 의지하라는 목소리는 참 다양하고 기만적이다. 이 목소리는 날마다 내게 인사를 건넨다. 에덴동산에서 시작된 이 기만적인 목소리는 하나님이 아닌 나 자신을 의지하도록 나를 설득하겠다는 단 하나의 교활한 목적을 가지고 지금도 계속되고 있다. 자충족성이라는 거짓말에 우리 모두의 마음이 끌리는 이유는 우리가 자신을 약하고 딱한 존재로 생각하기 싫어하기 때문이다. 우리는 자신을 의존적인 존재로 생각하기 싫어한다. 우리는 자신을 자기에게서 구제받아야 할 바보로 생각하기 싫어한다. 우리는 자수성가한 사람들의 이야기를 좋아한다. 알다시피, 스스로 곤경에서 벗어나 혼자 힘으로 성공을 일군 사람은 오직 자기 자신에게만 감사한다.

하지만 복음은 말문이 막힐 만큼 우리를 겸손하게 한다. 복음은 하나님의 거룩한 간섭이 없다면 나는 절망적이며 무능력하고 돌이킬 수 없는 상태라고 말한다. 심지어 아담과 하와도 스스로의 힘으로 해낼 수 없었다. 두 사람은 완벽한 세상에서 하나님과 완벽한 관계를 누리며 산 완벽한 사람들이었지만, 그럼에도 스스로의 힘으로 존재할 능력은 없었다. 그래서 두 사람을 창조하신 직후 하나님은 이들에게 자신을 계시하셨다. 이들 스스로는 하나님이 어떤 분이신지 알아낼 수 없음을 아셨기 때문이다. 인생의 의미를 제대로 파악하기 위해 두 사람은 하나님의 말씀을 의지해야 했다. 이들은 하나님의 조언과 하나님의 도움이 있어야만 하나님이 의도하신 존재로 살면서 하나님이 의도하신 일을 할 수 있었다. 자, 죄가 세상에 들어와 세상을 전적으로 손상시키기 전에도 사람들은 그렇게 하나님께 의존하는 형편이었다. 하물며 우리는 얼마나 더하겠는가!

자기를 의지하라는 거짓말은 우리를 그 어떤 선한 결과로도 인도하지 못한다. 내가 창조된 목적대로 살아가는 데 필요한 것을 나는 내 안에 전혀 갖고 있지 않다. 그래서 친절하신 은혜의 하나님이 자기 아들의 위격으로 우리에게 오셔서 생명과 경건에 필요한 모든 것을 주신다. 하나님이 은혜로 늘 나와 함께하심은, 내가 스스로의 힘으로는 아무것도 이루지 못함을 아시기 때문이다. 더 깊은 묵상과 격려를 위해 요한복음 6장 60-65절을 읽으라.

요한복음 6장 60-65절로 연결됩니다.

105

**내가 왕이신 하나님의 대사라는 것은 무슨 뜻인가?
곧 왕께서 나를 어디로 보내시든지 그곳에서
하나님의 메시지, 하나님의 방식, 하나님의 성품을 드러낸다는 뜻이다.**

이것은 정말 삶을 바라보는 아주 색다른 방식이다. 의사 결정을 위한 아주 색다른 토대다. 행동하고 반응하고 응답하는 방식을 결정하는 아주 색다른 본이다. 이는 내가 어떤 존재이고 어떤 일을 하기로 되어 있는지에 관한 아주 색다른 사고방식이다. 사방에서 우리에게 설파되는 세계관과는 아주 다른 급진적인 삶의 방식이다.

우리 시대 문화의 일반적인 세계관은 나를 가장 중심에 놓는다. 이 세계관은 인생이란 행복을 추구하는 문제라고 말한다. 누군가가, 혹은 무언가가 나를 행복하게 한다면 세상은 원래 정해진 방식대로 잘 돌아가고 있는 것이라고 말한다. 이 세계관은 내 욕구, 내 필요, 내 기분으로 옹색한 울타리를 두르고 내 행동 동기와 관심이 그 안으로만 집중되게 한다. 하지만 성경은 모든 신자의 정체성과 삶의 방식을 형성하는 정반대의 세계관을 제시한다. 성경은 내가 예수님의 생명과 죽음으로 값 주고 산 존재이며, 그래서 이제는 내가 내 것이 아니라고 주장한다(사실, 하나님이 창조하셨기 때문에 나는 처음부터 내 것이 아니었다). 고린도전서 6장 12-20절을 잠깐 읽어 보라. 이 구절에서는 이 진리를 성생활 같은 아주 사적인 일에까지 적용한다.

하나님께는 나를 위한 목적이 있다. 곧 나를 하나님이 보내신 대사로 살게 하는 것이다. 다시 말해, 나로 무언가를, 혹은 누군가를 나타내는 삶을 살게 하려는 것이다. 나는 무엇을 나타내야 하는가? 나는 내 구주 왕을 나타내는 삶으로 부르심 받았다. 구주 왕을 나타낸다는 것은 실제로 어떤 모습인가? 왕을 나타낸다는 것은 그분의 메시지, 그분의 방식, 그분의 성품을 나타낸다는 의미다. 왕의 메시지를 나타낸다는 것은 인생의 모든 상황과 관계를 성경의 진리(이 진리 한가운데 예수 그리스도의 복음이 있다)라는 렌즈를 통해서 보며 다른 사람들도 삶을 그렇게 보도록 돕는다는 뜻이다. 왕의 방식을 나타낸다는 것은, 내 주변 사람들과 세상을 변화시키는 왕의 도구가 된다는 뜻이다. 그리고 왕의 성품을 나타낸다는 것은 자기 자신에게 거듭거듭 이렇게 묻는 것이다. "이 사람이 지금 처한 상황에서 주 예수 그리스도의 위격과 사역과 성품 중 어느 면을 볼 필요가 있을까?"

내 행복보다 더 큰 목적을 추구하는 삶, '대사'라는 말은 하나님이 우리 각 사람에게 명하신 이런 삶의 방식을 아주 잘 나타낸다. 대사라는 말을 들으면 우리에게 한 왕이 계심을, 그리고 내가 그 왕은 아니라는 사실을 떠올리게 된다. 대사라는 말을 들으면 내 삶이 내 것이 아니라는 사실을 다시 한 번 기억하게 된다. 그리고 구주 왕을 날마다 실제적으로 나타낸다는 게 무슨 의미인지 이해하게 한다. 하나님의 은혜는 나를 내게서 구해냈을 뿐 아니라 내가 스스로 정한 그 어떤 목적보다 더 크고 아름다운 삶의 목적을 지니게 한다.

더 깊은 묵상과 격려를 위해 고린도후서 5장 11-21절을 읽으라.

고린도후서 5장 11-21절로 연결됩니다.

106

**내가 하나님의 자녀라면
하나님 앞에서 내 자리는 안전하다.
이 확신과 소망, 용기를 가지고 오늘을 살 것이다.**

나는 확신하기를 원한다. 나는 안전하기를 원한다. 나는 소망을 얻기를 원한다. 나는 담대하게 살기를 원한다. 나는 두려움 때문에 약해지거나, 의심 때문에 무력해지거나, 다음에는 또 무슨 일이 생길지 불안에 휩싸이고 싶지 않다. 나는 내 삶이 의미가 있는지 알고 싶다. 내 수고가 어떤 가치가 있는지 알고 싶다. 나는 혼자가 아님을 알고 싶다. 다음번에 어떤 일이 닥치든 그것을 감당할 자원을 갖게 될지 궁금하다. 나는 내면의 화평을 원한다. 나는 삶을 지속하도록 동기가 부여되기를 원한다. 준비가 되지 않았다거나 무력하다거나 무능하다는 느낌은 싫다. 이 모든 게 다 무가치하다고 생각하고 싶지 않다. 그렇다, 나는 확실성이라는 확고한 터 위에 서고 싶으며, 그래서 무언가가 내게 그 확실성을 주기를 기대한다.

사실 모든 것이 상하거나 죽거나 부패하거나 그렇지 않으면 덧없이 사라져 버리는 세상에서 확실성은 오직 수직적 차원에서만 찾을 수 있다. 내가 하나님의 자녀라면 나는 확실히 하나님 앞에 설 수 있으며, 그 때문에 바로 지금 여기 내 삶에는 확실성이 있다. 뿐만 아니라 죽음 이후 영원한 세상에서도 내게는 확실함이 있다.

- 나는 죄를 숨거나 속이지 않아도 된다는 사실을 확실히 알 수 있다. 내 모든 죄와 연약함은 예수님의 보혈로 덮였기 때문이다.

- 필요한 것을 갖지 못할까 봐 두려워하지 않아도 된다. 내게 명하신 일을 하는 데 필요한 것을 내 구주께서 다 주시기 때문이다.
- 혼자 남겨질까 봐 걱정하지 않아도 된다. 예수님이 내 안에 거하시기 때문이다.
- 후회를 안고 살지 않아도 된다. 과거의 내 모든 죄가 구주의 은혜로써 사함 받았기 때문이다.
- 정체성, 의미, 혹은 목적을 찾아다니지 않아도 된다. 하나님이 나를 자녀 삼으셨고 자신의 목적을 위해 나를 부르셨기 때문이다.
- 장래 일을 걱정하지 않아도 된다. 닥쳐올 일의 모든 신비가 하나님의 주권적인 손 안에 있기 때문이다.
- 고생이나 난관, 혹은 고난을 두려워하지 않아도 된다. 내 구주께서는 내 유익과 자신의 영광을 위해 그 모두를 이용하시기 때문이다.
- 내 수고에 무언가 가치가 있기를 바라지 않아도 된다. 예수님의 이름으로 내가 하는 일은 절대 헛되지 않기 때문이다.
- 벌 받을까 두려워하지 않아도 된다. 내 구주께서 내가 받아야 할 벌을 감당하시고 하나님의 진노를 가라앉히셨기 때문이다.

그렇다, 나는 확실하고도 안전하게 하나님 앞에 서며, 그렇기 때문에 바로 지금의 내 삶은 내가 원하는 여러 모양의 안전함과 확실함으로 복을 받는다.

더 깊은 묵상과 격려를 위해 에베소서 1장을 읽으라.

에베소서 1장으로 연결됩니다.

107

나 자신의 주권을 세우려고 애써 보았자 헛일이다.
사람들은 나를 자신들의 왕으로 원하지 않으며
하나님은 자신의 거룩한 보좌를 포기하지 않으신다.

나는 자주 공상에 빠집니다.
내가 어쩌지 못할 듯한
내 인생의 사람들,
환경,
사건들을
통제할 수 있는
지혜,
능력,
지위를
소유하는 공상을.

나 자신을
한가운데 끼워 넣고
세상을 내 중심으로 만듭니다.

하지만 내게는 통제할
권리도,
능력도 없고
그럴 필요도 없습니다.

주님이
모든 상황,
모든 형편,
모든 사람을
주님의 지혜로운 통제 아래
두시기 때문입니다.

나를 위해
그리고 주님의 영광을 위해
주님이 모든 일을 다스리십니다.

주님, 다시 한 번 나를 부르사
내가 모든 걸 주관하려는 마음을 포기하고
주님의 주권적 돌보심 가운데
안식하게 하소서.

더 깊은 묵상과 격려를 위해 다니엘 2장 20-23절을 읽으라.

다니엘 2장 20-23절로 연결됩니다.

108

내가 하나님 보시기에 옳은 일을 하기로
원하고 선택할 때마다 나는
내 안에 계신 예수 그리스도의 은혜를 찬미한다.

옳은 일을 하는 것은 우리에게 자연스럽지 않다. 죄는 우리를 변변찮은 자신의 나라를 다스리는 자칭 주권자로 만든다. 죄는 우리를 자기도취적이고 자기중심적인 사람들로 만든다. 죄 때문에 우리는 스스로를 의롭다고 칭하게 된다. 죄는 우리를 꾀어서 우리가 어쨌든, 어떤 식으로든 하나님보다 똑똑하다고 생각하게 한다. 죄 때문에 우리는 자신의 지혜를 신뢰하게 된다. 죄 때문에 우리는 자기 규칙을 스스로 만들고 싶어 한다. 죄 때문에 우리는 비판을 받아들이지 못하고 변화를 거부한다. 죄는 우리의 눈과 마음을 방황하게 한다. 죄 때문에 우리는 영적 양식보다 물질적인 것을 더 갈망하게 된다. 죄 때문에 우리는 성숙보다 쾌락을 더 원하고 존중한다. 죄는 우리가 스스로 하나님이 되기를 추구하게 하며 하나님을 잊게 한다. 죄는 우리가 하나님께 속한 영광을 당연히 자기 것으로 여기게 하고 우리 모두를 하나님의 영광을 도적질하는 자로 만든다. 다시 말해, 죄는 우리의 생각과 욕망과 말과 행동에 있어 하나님의 지혜의 경계를 넘게 한다. 이는 죄인에게 자연스러운 일이다.

무엇이 하나님 보시기에 옳은지 알고 싶은 마음이 든다면, 하나님의 영광에 관심이 있다면, 기꺼이 하나님의 뜻에 순복하고자 한다면, 하나님의 계획을 위해 내 계획을 포기한다면, 하나님의 통치에 순종하는 데서 기쁨을 느낀다면, 나를 내게서 구하는 은혜가 내게 임했음을 알라. 바울은 아버지의 뜻에 순복하는 것에 대해 이렇게 말했다. "그러므로 나의 사랑하는 자들아 너희가 나 있을 때뿐 아니라 더욱 지금 나 없을 때에도 항상 복종하여 두렵고 떨림으로 너희 구원을 이루라 너희 안에서 행하시는 이는 하나님이시니 자기의 기쁘신 뜻을 위하여 너희에게 소원을 두고 행하게 하시나니"(빌 2:12-13).

 여기 복종과 순종이라는 믿음 충만한 삶으로 부르는 부르심이 있다. 은혜 덕분에 내게 가능해진 삶을 진지하게 받아들이라는 부르심이다. 이 구절은 주 예수 그리스도의 본을 따르라는 부르심이다. 하지만 바울은 곧이어 내가 이 부르심에 따른다 해도, 순종한다 해도, 구주께서 보시기에 옳은 일을 한다 해도, 자신의 공으로 돌릴 것은 아무것도 없다고 일깨운다. 내가 올바른 욕구를 가지고 올바른 행동을 할 수 있는 것은 오직 구주께서 내주하시며 늘 쉬지 않고 일하시는 은혜 덕분이기 때문이다. 은혜가 바로 그 순간 우리를 자기 자신에게서 구해냈기 때문에 우리가 옳은 일을 할 수 있다고 바울은 말하는 것이다. 스스로를 의롭다고 여기고 주권자로 여기는 태도는 우리 모두를 독자적이며 반항적인 존재로 만든다. 은혜는 바로 그런 태도에서 우리를 보호한다.

 우리가 순종하는 매 순간이 우리 죄를 사할 뿐 아니라 우리를 자신에게서 구하고 변화시키는 은혜의 증거이며, 그 은혜에 대한 찬미다. 우리는 자신의 능력이 아니라 오직 은혜로 하나님의 앞에서 살아간다.

 더 깊은 묵상과 격려를 위해 로마서 6장을 읽으라.

로마서 6장으로 연결됩니다.

109

문제를 만날 때 낙심하지 말라.
우리에게는 힘과 지혜 그 이상이 있다.
곧 능력 주시는 예수님의 은혜가 있다.

    십자가 죽음을 앞두고 예수님이 제자들에게 하신 마지막 말씀을 보자. "보라 너희가 다 각각 제 곳으로 흩어지고 나를 혼자 둘 때가 오나니 벌써 왔도다 그러나 내가 혼자 있는 것이 아니라 아버지께서 나와 함께 계시느니라 이것을 너희에게 이르는 것은 너희로 내 안에서 평안을 누리게 하려 함이라 세상에서는 너희가 환난을 당하나 담대하라 내가 세상을 이기었노라"(요 16:32-33).

이 구절은 우리에게 다음과 같이 말한다.

1. 환난을 당할 때, 괜찮지 않은데 괜찮은 척하지 않아도 된다. 이 구절은 다른 많은 성경 말씀과 마찬가지로, 우리가 솔직하기를 기뻐한다. 성경은 사실과 다르게 가장하라고 말하지 않는다. 괜찮지 않은데 괜찮은 척 행동하라고 강요하지 않는다. 성경이 말하는 믿음은 결코 이 타락한 세상의 가혹한 현실을 부인하지 않는다. 하나님은 마음껏 울부짖으라고 권하신다. 깊은 슬픔에 빠져 하나님께 달려가는 우리를 기꺼이 맞이하신다. 이 구절은 '이미'와 '아직' 사이에서 우리 모두가 직면하는 피할 수 없는 고난에 대한 정직하고 동정 어린 경고다.
2. 환난을 당할 때, 내가 겪는 일이 하나님의 계획의 한 부분이라는 사실을 기억해야 한다. 예수님은 낙심이 되는 동시에 격려가 되는 어떤 일을 제자들에게 알리신다. 예수님은 끔찍할 정도로 망가진 세상, 그래서 하나

님이 원래 뜻하신 대로 작동하지 않는 세상에 제자들을 계속 두는 것이 하나님의 영광과 제자들의 유익을 위한 하나님의 계획이라고 말씀하신다. 어려운 일을 당할 때 이것을 하나님의 계획과 약속이 실패했다는 징후로 여겨서는 절대 안 된다. 그렇다, 현재의 이 고난은 지혜롭고 사랑이 깊으신 하나님의 계획에 따라 그분의 다스림 아래 있다.

3. 환난을 당할 때, 나는 혼자가 아니라는 것을 기억해야 한다. 여기서 예수님은 개인적인 고백을 하신다. 제자들에게 버림 받겠지만 아버지께서 함께 계시기에 자신은 결코 혼자가 아니라고 말이다. 마찬가지로, 하나님의 자녀인 우리는 환난 중에 절대 혼자 버려지지 않는다. 하나님이 능력과 지혜와 은혜로 늘 우리와 함께하신다. 즉 우리는 환난 때에 자신의 능력이라는 자원에만 맡겨진 채 버려지지 않는다는 뜻이다.

4. 환난을 당할 때, 이 환난이 나를 집어삼킬 수는 있지만 나를 보호하고 지키시는 구주께는 이길 수 없음을 알아야 한다. 환난 중에 나는 어찌할 바를 모르며 낙심할 수 있지만, 내 주님은 절대 그러지 않으신다. 곧 내가 겪는 환난이 내 운명을 결정짓지는 않는다는 뜻이다. 내 운명은 내 주님이 결정하신다!

더 깊은 묵상과 격려를 위해 마태복음 10장 16-33절을 읽으라.

마태복음 10장 16-33절로 연결됩니다.

110

**우리는 현재가 보다 안락한 목적지가 되기를 바란다.
그러나 현재는 안락한 목적지를 위한 불편한 준비 과정이다.**

매일 아침 침대에서 무거운 몸을 일으키며 두려움에 휩싸이고는 했다. 어떤 하루가 될지 뻔했다. 탈의실에 도착하면 어제 타박상에 바른 연고 냄새와 어제 흘린 땀 냄새가 뒤섞여 숨이 막혔다. 천천히 장비를 챙겨 입으면서, '이제 또 힘든 훈련이 시작되겠지, 경기장으로 나가기 싫다' 하는 생각을 했다. 작렬하는 태양 아래 강도 높은 훈련을 몇 차례 반복하다 보면, 구토가 나기도 하고, 잠깐이라도 숨을 돌렸으면 싶고, 아니면 그냥 다 그만두고 싶기도 했다. 밤이 되면 엄청나게 많은 음식을 먹고, 몸이 델 듯 뜨거운 물로 목욕을 하고 마사지를 받은 뒤, 일찍 잠자리에 들어야 했다. 아침은 너무 빨리 왔고, 똑같은 일상이 처음부터 다시 시작되었다.

이렇게 하루 두 차례씩 하계 풋볼 훈련을 했다. 혹독하지만 놀라우리만치 효율적으로 다음 시즌을 대비하는 훈련이었다. 실제로 이 훈련을 잘 견디느냐에 따라 소년과 남자가 갈렸다. 이 훈련은 고통을 이겨내는 법을 가르쳐 주었다. 매 경기를 바르게 해내는 게 얼마나 중요한지 가르쳐 주었다. 협력하는 법을, 코치의 지시에 따르는 게 얼마나 중요한지 가르쳐 주었다. 그리고 무엇보다도 이 훈련은 우리 몸을 단련시켜 주었다. 여름이 끝나갈 무렵이 되자 전처럼 숨이 차지도 않았고, 훈련 중에 구토를 하는 것도 옛말이 되었다. 그 하루 두 차례 하던 훈련은, 힘들기는 했지만 우리에게 유익했다. 그러나 그 훈련 자체가 우리의 최종 목표는 아니었다. 그 훈련은 다가올 풋볼 시즌의 목표를 준비하는 시간이었다.

그렇다, 내 삶이 지금 당장은 힘들 것이다. 이 타락한 세상이라는 태양의 열기 아래서 힘든 일을 해야 한다. 낙심되는 감정을 향해, 그만두고 싶은 마음을 향해, '아니'라고 말해야 한다. 똑같은 선한 일을 하고 또 하되 그 일이 제2의 본성이 될 때까지 하면서 인내해야 한다. 나와 똑같은 역경을 겪는 사람들과 함께 일하며 내 구주 왕이신 분의 명령에 순복해야 한다. 내일도, 모레도 내 앞에는 역경이 닥칠 테지만, 그 역경이 영원히 지속되지는 않는다. 그렇다, 길을 가다 보면 위로가 되는 순간도 있을 것이다. 멈춰서 치유 받고 휴식하는 때가 있을 것이다. 하지만 그 시간이 지나면 더 큰 역경이 기다리고 있을 것이다. 이렇게 거듭해서 역경을 겪어야 하는 이유는 내가 지금 있는 곳이 내 목적지가 아니기 때문이다. 그렇다, 지금 내가 있는 곳은 다가올 최종 목적지를 준비하는 곳이다. 힘든 과정일 것이다. 그러나 우리는 준비되지 않았다. 그래서 앞으로 우리의 본향이 될 최종 목적지를 위해 준비를 갖출 필요가 있다.

　오늘, 하나님께서는 집이 있으며 그 집이 나를 기다린다는 사실에 감사하라. 그리고 마지막 날 내가 그 집으로 반가이 맞아들여지도록 역경을 이용해 나를 준비시킬 만큼 하나님이 나를 사랑하신다는 사실에 감사하라. 그 준비 기간이 영원히 지속되지는 않을 것이다. 하지만 내 최종 목적지는 영원할 것이다.

　더 깊은 묵상과 격려를 위해 이사야 48장 1-11절을 읽으라.

이사야 48장 1-11절로 연결됩니다.

111

날마다 죄와 싸우라고 나를 부르시는 하나님은
내가 의식하지 못할 때에도
나를 대신해 그분의 능력으로 싸우신다.

죄가 늘 끔찍할 만큼 추하고 해롭게 보인다고 말할 수 있으면 좋겠지만, 그렇지 않다. 하나님이 미워하시는 것이라면 나도 늘 그것을 미워한다고 말할 수 있으면 좋겠지만, 그렇지 못하다. 언제나 옳은 일 행하기를 좋아한다고 말할 수 있으면 좋겠지만, 그렇지가 않다. 내 방식이 하나님의 방식보다 좋다는 생각은 절대 하지 않는다고 말할 수 있으면 좋겠지만, 그럴 수가 없다. 내 마음이 하나님이 정하신 경계 안에 정착했다고 말할 수 있으면 좋겠지만, 아니다. 나는 죄와의 전쟁을 끝냈다고 말할 수 있으면 좋겠지만, 전혀 그렇지가 않다.

우리에게는 이런 위험이 있다. 즉, 죄가 늘 죄처럼 보이지는 않는다는 것이다. 인정하기 힘들지만, 죄가 정말 아름답게 보일 때가 있다. 산책길에 만난 여자에게 욕정을 품은 남자는 사실상 무언가 추하고 위험한 것을 보지 않는다. 그렇다, 그 남자는 아름다운 것을 본다. 탈세를 하는 사람은 그 기만 행위에 담긴 도덕적 위험을 보지 못한다. 세금을 빼돌려 생긴 수입으로 자신의 욕구를 충족시킬 생각에 흥분할 뿐이다. 친구와 전화 통화를 하며 남의 험담을 하는 여자는 떠도는 이야기를 전하는 쾌감에 취해 자신의 행동이 얼마나 해로운지 깨닫지 못한다. 부모의 뜻에 반항하는 자녀는 잠시 그렇게 독립을 누리는 짜릿함에 사로잡혀 자기 자신을 얼마나 위험에 빠트리고 있는지 보지 못한다. 내 마음에 자리잡은 죄의 기만하는 능력은 사실은 끔찍하게 추한 것을 아름답게 보게 한다.

그래서 우리에게는 도움이 필요하다. 은혜의 하나님이 그 도움을 주실 뿐 아니라 우리를 만나 주신다. 이 도움은 처음부터 어떤 신학이나 명령 혹은 원리로서 우리를 찾아오지 않는다. 이 도움은 한 인격체의 모습으로 우리를 찾아온다. 하나님은 내가 죄와 벌이는 씨름이 너무 심각해서 나를 용서하시는 것만으로는 충분치 않음을 아신다. 그 용서도 물론 믿기지 않을 만큼 놀랍지만, 내게는 그 이상이 필요하다. 그래서 하나님은 나를 용서하실 뿐 아니라 성령으로써 내 안에 거하신다. 지금 내 안에 살고 계신 성령님은 내가 신경 쓰지 않는 순간에도 내 죄와 싸우신다. 성령님의 구원의 열정은 누구도 멈출 수가 없다. 그리스도를 전혀 모른다고 부인했던 베드로를 생각해 보라. 베드로가 예수님을 따르기로 자각했기 때문이 아니라, 예수님이 끊임없이 죄를 사하는 은혜로 베드로를 쫓으셨기에 그의 이야기는 계속될 수 있었다(요 18:12-14, 25-27, 21:15-19를 보라).

죄와의 전투에서 우리는 씨름하고 피하고 싸우고 기도하라는 명령을 받는다. 하지만 우리의 소망은 그렇게 행하는 우리의 능력에 있지 않고, 은혜의 하나님, 더는 죄가 없을 때까지 죄와 전쟁을 벌이시는 하나님께 있다. 하나님은 절대 지치지 않으시고, 절대 좌절하지 않으시며, 절대 포기하지 않으신다. 자, 그것이 바로 소망이다!

더 깊은 묵상과 격려를 위해 디도서 2장 11-14절을 읽으라.

디도서 2장 11-14절로 연결됩니다.

112

**예수님은 기꺼이 지상에서 집 없이 사셨다.
그래서 우리가 은혜로 아버지의 집에
영원히 살게 하셨다.**

이는 경이로운 이야기, 듣고 또 들어도 그때마다 새롭게 놀라게 되는 이야기다. 만왕의 왕이요 만주의 주께서 자기중심적인 반역자들을 위해 고난 당하고 죽으시려고 영광의 광휘를 버리고 망가져 못 쓰게 된 땅으로 오셨다. 메시아는 왕궁이 아니라 마구간에서 나셨다. 그분은 짐승들도 누리는 작은 사치, 즉 집을 사양하시며 순례자로 사셨다(마 8:20). 그분은 멸시당하고 거부당하시다가 급기야 사람들 앞에서 십자가에 달려 피 흘리며 고통 당하기를 마다하지 않으셨다. 게다가 그분은 이 모든 일을 의도적으로, 기꺼이 당하사 그 반역자들이 죄 사함 받게 하시고, 하나님께로부터 멀어진 사람들이 하나님과 더불어 영원히 함께하는 집을 갖게 하셨다. 그래서 은혜가 절박하게 필요한 사람들에게 그 은혜가 채워지게 하셨다.

성탄 찬송 "주가 보좌 떠나"(Thou Didst Leave Thy Throne)의 멋진 가사는 예수님의 고난과 그 결과 우리가 받게 된 복 사이의 놀라운 대조를 잘 포착하고 있다.

주가 보좌 떠나 면류관 버리셨네
날 위해 이 땅 오실 때
베들레헴 집에 누울 곳 없었네
강림하신 거룩하신 주

천사들 노래할 때 천국 문 울리고
주가 왕이심 선포했다네
비천한 탄생으로 이 땅에 오셔서
크게 자기를 낮추셨도다

숲속 나무 그늘 아래
여우도 쉴 곳 있고 새들도 둥지 있건만
주님 쉬실 곳 갈릴리 황무지 땅바닥이라
주 하나님의 아들이시여

살아 있는 말씀으로 오신 주님
그 말씀 주의 백성 자유롭게 해
그러나 조롱과 비웃음, 가시 면류관으로
저들 주님 갈보리로 끌고 갔다네

다시 오실 주님 승리하시네
천국이 울리고 천사들 노래할 때
주의 음성 나를 집으로 부르사 말씀하시네
너 있을 곳 있도다, 내 곁에 너 있을 곳 있도다

이것을 기억하라. 놀라운 은혜로 예수님이 기꺼이 자신의 집을 떠나 머리 둘 곳 없이 사셨기에 내게 영원한 집이 생겼다는 사실을. 더 깊은 묵상과 격려를 위해 누가복음 9장 57-62절을 읽으라.

누가복음 9장 57-62절로 연결됩니다.

113

예수님이 이 땅에서 잠시 아버지와 분리되심으로
내가 지금부터 영원까지 아버지께 받아들여지게 되었다.

예수님은 자신에게 어떤 일이 닥칠지 아셨다. 예수님은 어떤 값을 치러야 하는지 아셨다. 우리를 대신한다는 게 무슨 의미인지 아셨다. 예수님은 '잠깐의 고난=영원한 용납'이라는 하나님의 계산법을 잘 아셨다. 게다가 예수님은 기꺼이 그렇게 고난 받기로 하셨다.

엄청난 비극이 이 죄로 망가진 세상에 태어나는 모든 사람의 삶에서 날마다 벌어졌다. 하나님은 다른 어떤 피조물과도 다르게 인간을 하나님의 형상으로 창조하셨는데, 인간을 하나님과 친밀하고 다정하게 교제하는 무리, 하나님을 예배하는 무리로 삼기 위해서였다. 하나님과의 관계는 인간의 삶에서 가장 깊고 영향력 있는 동기여야 했다. 하나님과의 관계에 따라 모든 생각, 모든 욕망, 모든 말, 모든 행동이 결정되어야 했다. 그리고 하나님과의 이 교제는 언제까지나 영원히 깨지지 말아야 했다. 하지만 노골적인 반역과 난동 행위로 깨지고 말았다. 아담과 하와는 하나님이 명확히 정하신 경계를 넘었을 뿐 아니라 하나님 자리를 추구했다. 그렇게 인간 역사에서 가장 슬픈 그 순간이 왔다. 두 사람은 동산에서, 그리고 하나님의 임재에서 쫓겨났다.

피조물의 관점에서 볼 때 도무지 상상할 수 없는 일이었다. 사람이 하나님과 떨어져서 산다고? 이는 물고기가 물 없이 산다는 말과도 같았다. 창조 세계의 논리와 구도를 무시하는 일이었을 뿐 아니라 도저히 있을 수 없는 일이었다. 선천적으로 인간은 독자적으로 살도록 창조되지 않았다. 자기 힘으로 기능하는 존재로, 자기 지혜로 살아가는 존재로 지음 받지 않았다. 우리는 자신의 유한한 자원을 가지고 살아가는 존재로 지음 받지 않았다. 우리는 하나님과 부단히 연결되어 생명을 공급받으며 살아야 할 존재로 지음 받았다. 인간이 하나님과 떨어져 산다는 것은 기능적인 면에서나 도덕적인 면에서 재앙이다.

그래서 무엇보다도 이 재앙이 처리되어야 했다. 하나님과 인간 사이의 비극적 간격에 다리가 놓여야 했는데, 이를 위해서는 한 가지 방법밖에 없었다. 예수님이 두 번째 아담으로서 이 땅에 오셔서 우리 대신 완전한 삶을 사셔야 했다. 예수님이 우리의 반역에 대해 벌을 받으셔야 했다. 그리고 우리로서는 상상할 수 없는 일, 즉 아버지께 거부당하는 일이 예수님이 십자가에 달리시던 그 끔찍한 날 제 구 시에 일어났다. 이때 예수님이 큰 소리로 부르짖으셨다. "엘리 엘리 라마 사박다니"("나의 하나님, 나의 하나님 어찌하여 나를 버리셨나이까", 막 15:34). 하나님으로부터 분리된 우리의 비극을 친히 짊어지신 이 순간, 예수님은 가장 극한 고통 중에서도 가장 극한 고통을 겪으셨다.

이 순간이 바로 예수님이 세상에 오신 이유였다. 이 순간이 바로 천사들이 예수님의 오심을 기뻐한 이유였다. 잠시 아버지와 헤어진 아들이 되려고 예수님은 이 땅에 오셨다. 그리하여 우리가 하나님께 영원히 용납받는 자녀가 될 수 있게 하셨다. 이 이야기를 어찌 찬미하지 않을 수 있을까!

더 깊은 묵상과 격려를 위해 요한복음 12장 27-36절을 읽으라.

요한복음 12장 27-36절로 연결됩니다.

114

예수님이 이 땅에서 잠시 인간의 불의를 견디심으로
내가 영원히 하나님의 자비로 복 받게 되었다.

아기 예수님의 탄생만큼 은혜에 대한 찬양이 죄의 공포와 직접적으로 부딪힌 적이 또 있을까?

"그들이 떠난 후에 주의 사자가 요셉에게 현몽하여 이르되 헤롯이 아기를 찾아 죽이려 하니 일어나 아기와 그의 어머니를 데리고 애굽으로 피하여 내가 네게 이르기까지 거기 있으라 하시니 요셉이 일어나서 밤에 아기와 그의 어머니를 데리고 애굽으로 떠나가 헤롯이 죽기까지 거기 있었으니 이는 주께서 선지자를 통하여 말씀하신 바 애굽으로부터 내 아들을 불렀다 함을 이루려 하심이라 이에 헤롯이 박사들에게 속은 줄 알고 심히 노하여 사람을 보내어 베들레헴과 그 모든 지경 안에 있는 사내아이를 박사들에게 자세히 알아본 그 때를 기준하여 두 살부터 그 아래로 다 죽이니 이에 선지자 예레미야를 통하여 말씀하신 바 라마에서 슬퍼하며 크게 통곡하는 소리가 들리니 라헬이 그 자식을 위하여 애곡하는 것이라 그가 자식이 없으므로 위로 받기를 거절하였도다 함이 이루어졌느니라"(마 2:13-18).

구유에 누이신 아기는 지존하신 하나님의 아들이셨다. 하나님의 아들이 이 상상할 수 없는 폭력과 불의가 존재하는 곳으로 기꺼이 오셨다. 통치자의 진노가 마침내 그분께 미칠 터였다. 하나님의 아들은 악인들의 손에 의해 난폭하게 죽임을 당하실 터였다. 그분을 따르는 자들은 메시아의 죽으심에 울겠지만, 그분은 다시 살아나 이 땅에 오신 목적을 완수하실 터였다.

우리는 아름다운 성탄 장식 아래 모여 풍성한 축하 행사를 할 때에도 이 땅에 오신 예수님의 이야기가 공포와 폭력으로 시작해 공포와 폭력으로 끝났다는 사실을 잊어서는 안 된다. 이 이야기는 무시무시한 유아 학살로 시작해 하나님의 아들을 폭력적으로 살해하는 것으로 끝난다. 유아 학살 사건은 이 땅에 얼마나 은혜가 필요한지 보여 준다. 하나님의 아들이 살해 당하신 사건은 그 은혜가 주어지는 순간을 보여 준다.

구유 속을 들여다보라. 그리고 죽으려고 오신 분을 보라. 천사들의 노래를 들으라. 그리고 죽음만이 화평이 주어지는 유일한 길임을 기억하라. 크리스마스트리를 보면서 또 하나의 나무를 기억하라. 반짝이는 장식품이 아닌 하나님의 아들의 피로 얼룩진 그 나무를. 아기 예수 나심을 축하하는가? 지금 내가 축하하는 그분의 죽음이 있었기에 지금 내게 그분을 축하할 시간이 주어진 것이다. 이를 기억하고, 감사하라.

더 깊은 묵상과 격려를 위해 베드로전서 2장 23-25절을 읽으라.

베드로전서 2장 23-25절로 연결됩니다.

115

예수님은 기꺼이 어둠으로 들어가셔서
우리가 예수님의 임재의 빛 가운데 영원히 살게 하셨다.

"태초에 말씀이 계시니라 이 말씀이 하나님과 함께 계셨으니 이 말씀은 곧 하나님이시니라 그가 태초에 하나님과 함께 계셨고 만물이 그로 말미암아 지은 바 되었으니 지은 것이 하나도 그가 없이는 된 것이 없느니라 그 안에 생명이 있었으니 이 생명은 사람들의 빛이라 빛이 어둠에 비치되 어둠이 깨닫지 못하더라 하나님께로부터 보내심을 받은 사람이 있으니 그의 이름은 요한이라 그가 증언하러 왔으니 곧 빛에 대하여 증언하고 모든 사람이 자기로 말미암아 믿게 하려 함이라 그는 이 빛이 아니요 이 빛에 대하여 증언하러 온 자라 참 빛 곧 세상에 와서 각 사람에게 비추는 빛이 있었나니 그가 세상에 계셨으며 세상은 그로 말미암아 지은 바 되었으되 세상이 그를 알지 못하였고 자기 땅에 오매 자기 백성이 영접하지 아니하였으나 영접하는 자 곧 그 이름을 믿는 자들에게는 하나님의 자녀가 되는 권세를 주셨으니 이는 혈통으로나 육정으로나 사람의 뜻으로 나지 아니하고 오직 하나님께로부터 난 자들이니라 말씀이 육신이 되어 우리 가운데 거하시매 우리가 그의 영광을 보니 아버지의 독생자의 영광이요 은혜와 진리가 충만하더라 요한이 그에 대하여 증언하여 외쳐 이르되 내가 전에 말하기를 내 뒤에 오시는 이가 나보다 앞선 것은 나보다 먼저 계심이라 한 것이 이 사람을 가리킴이라 하니라 우리가 다 그의 충만한 데서 받으니 은혜 위에 은혜러라 율법은 모세로 말미암아 주어진 것이요 은혜와 진리는 예수 그리스도로 말미암아 온 것이라 본래 하나님을 본 사람이 없으되 아버지 품 속에 있는 독생하신 하나님이 나타내셨느니라"(요 1:1-18).

예수님 이야기는 사실 빛 이야기다. 그런데 도시의 밤을 장식하는 빛은 아니다. 크리스마스트리를 휘감는 빛이나 창문턱에 둔 촛불 같은 빛도 아니다. 그렇다, 이 이야기는 슬프게도 어둠 속으로 던져진 빛, 세상에 오신 빛에 관한 이야기다. 죄와 반역의 무거운 장막 아래 세상은 어두컴컴한 곳이 되었다. 부도덕, 불의, 폭력, 탐욕, 자기 의, 약탈, 인종차별, 그 외에도 수없이 많은 재난 가운데 세상은 빛을 간절히 필요로 했다. 누구라 할 것 없이 다 문제의 일부였고, 누구라 할 것 없이 모두가 문제로 고통 받았으며, 문제를 해결할 수 있는 이는 단 한 사람도 없었다.

하나님의 해법만이 유일한 길이었다. 하나님은 빛이신 분을 보내셔서 자신의 은혜로써 세상을 밝히는 빛이 되게 하셨다. 빛이신 분이 어둠 속에 임하셔서 우리가 영원히 빛과 생명을 알게 하셨다. 이 이야기는 오직 빛만이 어둠을 물리칠 수 있다는 이야기다. 그리고 그 빛이 임하셨다!

더 깊은 묵상과 격려를 위해 이사야 9장을 읽으라.

이사야 9장으로 연결됩니다.

116

예수님은 이 땅에서 잠시 멸시당하고 거부당하셔서
내가 영원히 아버지의 사랑과 용납을 받을 수 있게 하셨다.

우리가 지금부터 읽어볼 말씀은 아기 그리스도께서 이 땅에 오신 데 따른 영광스러운 결과가 무엇인지 보여 준다. 아기 그리스도께서는 구유에 누우셨고, 애굽으로 피하셨고, 집 없는 고통과 굶주림을 겪으셨고, 종교 지도자들에게 거부당하셨고, 제자들의 배신을 겪으셨고, 부당한 재판, 잔인한 죽음, 무덤을 겪으심으로써 이 말씀에 나타난 것들을 우리가 소유하게 하셨다. 그리스도께서는 우리를 위해 이 모든 일을 감당하셔서 우리 힘으로는 획득할 수도 없고 받을 자격도 없고 성취할 수도 없는 것을 영원히 소유하게 하셨다.

"그런즉 이 일에 대하여 우리가 무슨 말 하리요 만일 하나님이 우리를 위하시면 누가 우리를 대적하리요 자기 아들을 아끼지 아니하시고 우리 모든 사람을 위하여 내주신 이가 어찌 그 아들과 함께 모든 것을 우리에게 주시지 아니하겠느냐 누가 능히 하나님이 택하신 자들을 고발하리요 의롭다 하신 이는 하나님이시니 누가 정죄하리요 죽으실 뿐 아니라 다시 살아나신 이는 그리스도 예수시니 그는 하나님 우편에 계신 자요 우리를 위하여 간구하시는 자시니라 누가 우리를 그리스도의 사랑에서 끊으리요 환난이나 곤고나 박해나 기근이나 적신이나 위험이나 칼이랴 기록된 바 우리가 종일 주를 위하여 죽임을 당하게 되며 도살 당할 양 같이 여김을 받았나이다 함과 같으니라 그러나 이 모든 일에 우리를 사랑하시는 이로 말미암아 우리가 넉넉히 이기느니라 내가 확신하노니 사망이나 생명이나 천사들이나 권세자들이나 현재 일이나 장래 일이나 능력이나 높음이나 깊음이나 다른 어떤 피조물이라도 우리를 우리 주 그리스도 예수 안에 있는 하나님의 사랑에서 끊을 수 없으리라"(롬 8:31–39).

사랑하는 사람들과 이 본문을 큰 소리로 읽으며 이 이야기가 무엇에 관한 것인지 모두 기억하게 하라. 예수님은 끊임없이 거부당하시고, 그분을 죽음에 이르게 할 불의를 기꺼이 감당하셔서 우리가 불변하고 흔들림 없고 패배할 수 없는 하나님의 사랑을 영원히 누리게 하셨다. 예수님은 우리가 한결같은 사랑을 경험해서 알도록 사랑받지 못하는 사람들에게 기꺼이 가셨다. 거부당해 마땅한 우리가 영원히 사랑받을 수 있도록 사랑받아 마땅하신 분이 기꺼이 거부당하셨다. 예수님은 우리가 아버지의 성실하고 다함없는 사랑을 알게 하시려고 변덕스럽고 약해져가는 제자들의 사랑에 기꺼이 자기를 맡기셨다. 그 무엇도 우리를 아버지의 사랑에서 끊을 수 없게 하시려고 예수님이 그 끊어짐을 감당하셨다.

그리고 이 사실을 잊지 말라. 우리가 하나님의 사랑을 알게 하려고 하나님은 자기 아들을 기꺼이 포기하셨다. 그러니 우리가 필요로 하는 다른 모든 것들도 하나님이 그 아들과 함께 우리에게 주지 않으시겠는가? 이 이야기는 흔들림 없는 사랑을, 그리고 모든 필요가 다 채워지리라는 것을 우리에게 약속한다. 자, 축하할 만하지 않은가!

더 깊은 묵상과 격려를 위해 요한복음 10장 1–18절을 읽으라.

요한복음 10장 1–18절로 연결됩니다.

117

예수님은 이 땅에서 잠시 고난을 감당하셔서
우리가 영원히 고난을 피하게 하셨다.

예수님의 고난은 십자가에서 시작되지 않았다. 첫 호흡을 하실 때부터 승천하실 때까지 예수님은 고난 당하셨다.

- 예수님은 가축의 우리에서 불편하고 비위생적으로 태어나는 고난을 겪으셨다.
- 예수님은 유아 시절 목숨을 부지하려고 피신해야 하는 공포를 겪으셨다.
- 예수님은 어린 시절 성장과 학습이라는 시련을 겪으셨다.
- 예수님은 강력한 시험을 이겨내야 하는 고난을 겪으셨다.
- 예수님은 질병에 노출되는 고난을 겪으셨다.
- 예수님은 집 없이 살아야 하는 고난을 겪으셨다.
- 예수님은 굶주림을 겪으셨다.
- 예수님은 슬픔과 비탄을 겪으셨다.
- 예수님은 불충성과 배신을 겪으셨다.
- 예수님은 육체적 고통을 겪으셨다.
- 예수님은 무례와 조롱을 겪으셨다.
- 예수님은 오해되고 와전되는 고난을 겪으셨다.
- 예수님은 아버지께 거부당하는 고통을 겪으셨다.
- 예수님은 타인의 죄 때문에 징벌을 당하셨다.
- 예수님은 부당한 처사를 겪으셨다.

- 예수님은 폭력을 겪으셨다.
- 예수님은 죽음을 겪으셨다.
- 예수님은 이 타락한 세상에서 살면서 겪을 수 있는 역경이란 역경은 다 겪으셨다.

예수님의 소명, 예수님의 사명은 고난 당하는 것이었다. 그리고 예수님은 기꺼이 고난 당하셨다. 예수님이 당하신 고난은 광범위하고 지속적이었다. 메시아께 고난은 날마다 겪는 일상, 심지어 매 순간 겪는 일이었다. 그리고 예수님의 고난은 모두 누군가를 대신해 당하신 고난이었다. 예수님은 우리 대신 고난 당하셨다. 예수님은 우리가 겪는 모든 일을 다 겪으셔서 고난 중에 있는 우리의 구주가 되시고 우리의 고난을 종식시킬 수 있으셨다. 예수님은 모든 고난이 종식되는 날이 있게 하시려고, 우리가 더는 고난이 없는 세상에서 예수님과 더불어 살게 하시려고, 날마다 고난 당하셨다.

예수님은 왕의 광휘를 입고 이 땅에 오지 않으셨다. 예수님은 왕궁에서 살면서 왕으로 예우받으려고 이 땅에 오지 않으셨다. 예수님은 왕 중의 왕이셨지만, 고난 받으심으로써 우리를 우리 자신에게서 구하고 마침내 고난에서 구하는, 고난 받는 종으로 오셨다. 예수님의 고난이 우리의 구원이다. 예수님의 고난이 우리의 소망이다.

더 깊은 묵상과 격려를 위해 시편 22편을 읽으라.

시편 22편으로 연결됩니다.

118

> 나는 이제 하나님이 거하시는 전이기에
> 그리스도 안에서 절대 혼자일 수 없다.
> 그런데 왜 두려움에 무릎 꿇는가?

이는 사실이라고 하기에는 너무 좋은 이야기 정도가 아니다. 그보다 훨씬 더 좋은 이야기다. 너무 놀라워서 정상적인 인간의 모든 논리와 직관에 반할 정도다. 이것이 하나님이 은혜로써 피로 값 주고 사신 모든 자녀의 정체성이라니 기적 중에서도 기적이다.

우리가 은혜로써, 오직 은혜로써 하나님께 사함 받고 용납 받았다는 사실은 놀랍기 그지없다. 이 사실에는 자연스럽다 할 만한 부분이 전혀 없다. 우리는 하나님의 은총을 얻어 그분의 임재로 들어가려면 당연히 열심히 노력해서 이런 결과를 얻어야 한다고 생각한다. 하지만 성경이 하는 이야기는 우리에게 전혀 자연스럽지 않다. 성경은 하나님과의 관계를 바라지 않을 뿐만 아니라 설령 그 관계를 원한다 해도 이를 획득할 능력이 없는 반역자들의 이야기다. 성경은 하나님이 거룩하게 개입하시고, 거룩하게 대속하시며, 거룩하게 희생하시고, 거룩하게 은혜 주신 이야기다. 성경 이야기는 하나님이 자기 아들을 보내셔서 원래 우리가 살아야 할 삶을 살게 하시고 우리 각 사람이 죽어 마땅한 죽음을 죽게 하시고 하나님의 의로운 요구 조건을 충족시켜서 하나님의 진노를 가라앉히시고, 죄와 사망을 이기고 무덤에서 나오게 하신 이야기다. 이는 믿을 수 없는 인내와 친절, 연민, 사랑, 자비, 은혜의 이야기, 곧 자기 힘으로는 누릴 자격이 없는 자들이 죄 사함을 받고 확실히 용납받고 의롭다 하심을 얻은 이야기다.

하나님의 죄 사함과 용납하시는 은혜도 놀라운데, 더 놀라운 은혜가 있다. 하나님은 죄로 인해 우리 각 사람이 어쩔 도리 없는 심각한 도덕적 재앙에 처한 것을 아셨기에 우리를 용서하는 것만으로는 충분치 않음을 아셨다. 죄 사함의 가치를 깎아내리는 것이 절대 아니다. 다만 하나님은 우리에게 그보다 더한 것이 필요하다는 사실을 아셨다. 하나님은 우리가 죄 사함 받고 용납받은 후에도 날마다 도움이 필요하다는 사실을 아셨다. 우리는 자기 자신에게서 구제받아야 하며, 힘과 지혜와 해방이 필요하다는 사실을 아셨다. 그래서 하나님은 단지 우리를 용서하고 용납하기만 하지 않으셨다. 우리에게 오셔서 우리를 자신의 거처로 삼으셨다. "그런즉 이제는 내가 사는 것이 아니요 오직 내 안에 그리스도께서 사시는 것이라"(갈 2:20). 그런데 우리는 이 사실을 충분히 다루지 않는다. 이 사실을 충분히 찬미하지 않는다. 이 놀라운 정체성을 마음으로 충분히 묵상해야 하는데 그렇지 못하다. 오직 은혜로 우리는 지존하신 하나님의 거처가 된다. 오직 은혜로 하나님이 우리 안에 사신다. 오직 은혜로 하나님의 능력이 내 것이 된다. 오직 은혜로 하나님이 우리가 알지 못할 때에도 우리를 대신해 싸우신다. 오직 은혜로 하나님이 우리 안에 시작하신 은혜의 수고를 끝마치신다. 오직 은혜로 하나님이 우리가 옳은 일을 바라고 하도록 격려하신다. 오직 은혜로 하나님이 우리의 죄를 드러내시고 잘못을 깨닫게 하신다. 우리가 옳은 일을 선택하고 행할 수 있는 것은 오직 하나님이 은혜로써 우리 안에 거하면서 능력을 주시기 때문이다. 하나님은 단지 우리 죄를 사하기만 하지 않으신다. 우리를 거처로 삼으신다. 그리고 바로 그 사실에 우리의 진정한 소망이 있다.

더 깊은 묵상과 격려를 위해 에베소서 2장 11-22절을 읽으라.

에베소서 2장 11-22절로 연결됩니다.

119

기뻐할 수 있는 것도 은혜다.
나는 누릴 자격 없는 이 기쁨의 교향곡을
은혜로 날마다 누린다.

우리는 하나님께 날마다 기쁜 선물을 받는다.

- 봄날의 새소리
- 장미꽃의 섬세한 아름다움
- 다채롭게 펼쳐지는 저녁놀
- 깨끗한 담요처럼 쌓인 눈
- 부드러운 입맞춤
- 활짝 핀 꽃의 향기
- 맛도 다양하고 식감도 다양한 온갖 먹을거리
- 멋진 음악 한 곡이 주는 큰 기쁨
- 가을날 낙엽의 다채로운 색채
- 훌륭한 드라마가 주는 즐거움
- 위대한 화가의 그림에서 느껴지는 경이로움
- 어린아이의 달콤한 목소리
- 입이 떡 벌어지는 큰 산의 장대함

하나님은 놀랍도록 아름다운 세상을 우리를 위해 창조하셨다. 하나님은 우리를 창조하실 때 눈, 귀, 입, 코, 손, 두뇌와 같이 기쁨을 느끼는 통로를 만드셔서 기쁨을 알고 누리게 하셨다. 하나님은 선하고 아름다운 것들로 날마다 우리에게 복을 주신다. 이 말은 최고의 날은 물론이고 최악의 날에도 우리는 하나님이 직접 선물하시는 기쁨의 복을 받는다는 뜻이다. 내가 이런 기쁨을 누리는 것은 내 힘으로 획득했거나 받을 자격이 있어서가 아니라 하나님이 은혜의 하나님이시기 때문이다. 하나님이 우리에게 좋은 것들로 은혜를 베푸시는 이유는 하나님이 선하시기 때문이지 내가 선하기 때문이 아니다.

하나님이 주시는 좋은 것이란, 점심에 먹는 정말 맛있는 샌드위치 한 쪽일 수 있다. 나는 그 샌드위치가 주는 만족감을 누릴 자격이 없다. 그 맛과 식감을 즐길 수 있는 혀를 가질 자격이 없다. 샌드위치와 관련된 이 모든 경험을 이해하고 받아들이는 두뇌를 가질 자격이 없다. 이것은 하나님의 손에서 오는 또 하나의 선물이다. 내가 이런 과분한 선물을 날마다 받는 것은 하나님이 나를 사랑하시기 때문이다.

창밖에 붉은 색으로 타는 듯 물들어가는 나무 잎사귀가 보이는가? 숨이 멎을 듯한 그 아름다운 광경이 보인다면, 하던 일을 잠시 멈추고 놀라운 은혜의 하나님이 그 나무를, 그리고 나무를 보고 즐거워할 능력을 내게 주신 것에 감사하라. 내가 그 순간에 그 나무가 주는 즐거움을 경험하고 누릴 수 있는 것은 섬세하고 오래 참으시는 은혜의 하나님 덕분이다. "이는 하나님이 그 해를 악인과 선인에게 비추시며 비를 의로운 자와 불의한 자에게 내려주심이라"(마 5:45).

더 깊은 묵상과 격려를 위해 시편 104편을 읽으라.

시편 104편으로 연결됩니다.

120

> 그렇다, 변화는 가능하다.
> 하지만 내게 지혜와 힘이 있기 때문이 아니라
> 내가 예수님의 은혜로 복을 받았기 때문이다.

나는 콘크리트에 갇혀 있지 않다. 내 삶은 막다른 골목이 아니다. 변화의 가능성이 손가락 사이로 새어나가지 않는다. 변화의 가망이 거의 없어 보이는 곳에서도 우리는 변화가 가능하다. 왜인가? 변화를 일으키는 은혜를 주시는 분이 우리를 자신의 거처로 삼으셨기 때문이다!

'이미'와 '아직' 사이에서 하나님은 무엇을 하고 계시며 무엇에 힘쓰고 계실까? 한마디로 답하자면, '변화'다.

첫째, 신학자들이 점진적 성화라고 부르는 개인적인 성장과 변화의 과정이 있다. 나를 의롭다고 칭하신 하나님은 내가 그렇게 되도록 내 평생을 두고 힘쓰신다. 내 삶의 모든 상황, 형편, 관계 가운데서 하나님은 사람들, 장소, 그때그때 벌어지는 일들을 도구 삼아 나를 변화시키는 은혜를 베푸신다. 하나님은 쉬지 않으신다. 하나님은 손에서 일을 놓지 않으신다. 하나님께는 휴식이 없다. 하나님은 은혜의 최대치로 나를 변화시키기 위해 지치지 않고 일하신다. 하나님은 내가 조금 더 나아지는 정도에 만족하지 않으신다. 하나님은 내가 마침내 그리고 완전히 죄에서 벗어날 때까지, 즉 완전히 의로우신 하나님의 아들의 형상으로 빚어질 때까지 은혜로써 일하신다.

우리의 열정적인 구주께서는 또한 쉽지 만족하지 않으시는 창조주이시다. 창조주께서는 이 세상을 지금처럼 죄로 얼룩진 상태로 버려둘 마음이 없으시다. 언젠가는 그분이 만물을 새롭게 하실 날이 올 것이다. 자신이 만든 세상을 죄로 손상되기 전 상태로 되돌려 놓으실 것이다. 변화야말로 내 구주께서 열중하시는 일이다. 우리 개인의 변화(딛 2:11-14)와 환경의 변화(계 2:1-5)를 위해 구주께서 거룩한 열심으로 힘쓰신다. 자기 자신에게 실망했는가? 인간관계에서 겪는 죄 때문에 슬픈가? 이 세상의 형편에 화가 나서 변화를 부르짖는가? 그것이 구속주의 은혜가 열심으로 집중하는 핵심이다.

변화는 이것만 있으면 내 삶이 좋아질 거라고 생각되는, 내가 바라는 것들을 갖게 된다는 뜻이 아니다. 변화는 하나님이 주변 사람들을 내가 닮고 싶은 사람들로 바꾸어 주신다는 뜻이 아니다. 변화는 하나님이 자신의 권능을 발휘하셔서 내 삶을 내 생각에 좀 더 수월하고 쾌적하게 만드신다는 뜻이 아니다. 하지만 진짜 변화가 필요한 곳이라면, 그 변화가 정확히 어디에서 일어나야 하는지 아시고 내게 필요한 모든 것을 주셔서 그 변화가 일어나게 하시는 은혜의 하나님이 거기 계실 것이다. 나는 이를 확신하고 안심할 수 있다.

더 깊은 묵상과 격려를 위해 골로새서 3장 1-17절을 읽으라.

골로새서 3장 1-17절로 연결됩니다.

121

공동 예배는 수평적 차원의 소망이 꺾인 곳에
수직적 차원의 소망을 불어 넣는다.

본디 인간은 모두 소망을 품고, 소망에 관심을 갖는 존재로 지어졌다. 우리는 소망이 주어지고 지속되기를 끊임없이 추구한다. 소망이 좌절되면 우리는 낙심하고 무력해지기도 한다. 어떤 소망이 사라지면 가능한 한 빨리 또 다른 소망을 부여잡는다.

성경은 소망 이야기다. 성경은 잘못된 소망과 되찾은 소망에 관한 이야기다. 우리를 구원할 수 없는 소망과 우리에게 필요한 모든 것을 주는 소망에 관한 이야기다. 소망을 찾을 수 없는 곳과 참된 소망을 찾을 수 있는 유일한 곳에 관한 이야기다. 성경에 그려진 장대한 소망의 드라마는 사도 바울이 로마인들에게 보낸 편지 한가운데 있는 아주 중요한 몇 마디 말에 요약되어 있다.

"그러므로 우리가 믿음으로 의롭다 하심을 받았으니 우리 주 예수 그리스도로 말미암아 하나님과 화평을 누리자 또한 그로 말미암아 우리가 믿음으로 서 있는 이 은혜에 들어감을 얻었으며 하나님의 영광을 바라고 즐거워하느니라 다만 이뿐 아니라 우리가 환난 중에도 즐거워하나니 이는 환난은 인내를, 인내는 연단을, 연단은 소망을 이루는 줄 앎이로다 소망이 우리를 부끄럽게 하지 아니함은 우리에게 주신 성령으로 말미암아 하나님의 사랑이 우리 마음에 부은 바 됨이니"(롬 5:1-5).

바울이 여기서 하는 일에 주목하라.

- 바울은 우리의 소망과 우리의 칭의를 연결시킨다. 우리에게 소망이 있는 것은 우리에게 필요한 모든 것을 가지고 계신 분이 은혜로써 우리 죄를 사하시고 받아들여 주셨기 때문이다.
- 바울은 우리의 소망과 하나님의 영광을 연결시킨다. 우리의 소망은 하나님이 자신의 일을 끝마치시고 자신에게 합당한 영광을 취하시리라는 데 있다. 하나님의 영광이 우리의 유익이다.
- 바울은 우리의 소망과 우리의 고난을 연결시킨다. 고난 중에도 소망이 있는 것은 그 고난 가운데서 우리의 소망이신 하나님이 우리 안에서, 그리고 우리를 위해 선한 일을 하고 계시기 때문이다.
- 바울은 수직적 차원의 소망(하나님 안에 있는 소망)이 절대 우리를 부끄럽게 하지 않을 것이라고 말한다. 다른 모든 형태의 소망은 어떤 식으로든 우리를 실망시킨다. 피조물에게 소망을 둔다면 창조주께 소망을 둘 때 받게 될 것을 것을 절대 받을 수 없다.
- 바울은 우리의 소망과 우리 안에 거하시는 성령님을 연결시킨다. 우리가 소망을 갖는 궁극적인 이유가 여기 있다. 하나님은 우리를 자신이 거할 처소로 삼으셨다. 곧 우리의 상상을 초월하는 일을 하실 수 있는 분이 항상 우리와 함께 계시고 항상 우리 편에서 일하신다는 뜻이다.

이것이 바로 소망이다! 다른 신자들과 함께 하나님을 예배하고 하나님의 말씀이 선포되는 것을 들을 때, 내 소망에 다시 불이 붙을 것이다.
더 깊은 묵상과 격려를 위해 히브리서 6장 9-20절을 읽으라.

히브리서 6장 9-20절로 연결됩니다.

122

> 하나님이 내 안에서 하시는 일은 하나의 과정이지 사건이 아니다.
> 이 과정은 서너 가지 거대한 순간이 아니라
> 수만 가지 사소한 변화의 순간으로 진행된다.

우리는 새해가 되면 연례행사처럼 내 삶에서 금방 의미 있는 변화가 일어나기를 기대하며 그 소망에 불을 지핀다. 그러나 현실을 보자. 한순간의 결단으로 정말 담배를 끊는 애연가는 거의 없다. 비만인 사람들이 한순간의 극적인 서약으로 날씬해지고 건강해지는 경우도 거의 없다. 빚더미에 앉은 사람이 소비 생활에 변화를 주겠다고 결심을 했다고 해서 정말 이들의 생활 방식이 바뀌지는 않는다. 극적인 결심 한 가지로 결혼생활이 달라지는 일도 없다.

변화는 중요한가? 그렇다, 변화는 어떤 식으로든 우리 모두에게 중요하다. 약속은 필수적인가? 물론이다! 여러 가지 면에서 우리 삶은 우리가 하는 약속에 따라 구체화된다. 하지만 은혜 안에서 자라는 일은 그 핵심에 예수 그리스도의 복음이 있는데, 이 일은 크고 극적인 변화의 순간에 소망을 두지 않는다.

사실 은혜가 이루는 변화는, 연속된 극적인 사건이라기보다 재미없고 일상적인 하나의 과정이다. 우리의 마음과 삶의 변화는 언제나 하나의 과정이다. 그렇다면 어디에서 그 과정이 진행되는가? 이 과정은 우리가 날마다 살아가는 곳에서 진행된다. 그렇다면 우리가 사는 곳은 어디인가? 자, 우리의 주소는 모두 동일하다. 우리의 삶은 하나의 엄청난 순간에서 또 하나의 엄청난 순간으로 급히 이동하지 않는다. 그렇다, 우리는 다 지극히 평범한 일상을 산다.

우리 대부분은 역사책에 기록되지 않을 사람들이다. 우리가 평생 내릴 중대 결단이라고 해봤자 서너 번이 고작일 것이며, 우리가 죽고 수십 년이 지나면 사람들은 우리가 생전에 무슨 일을 했는지 기억조차 못할 것이다. 우리는 사소한 순간들을 살고 있으며, 하나님이 우리의 그 사소한 순간들을 다스리지 않으시면, 하나님이 그 순간들 가운데서 우리를 재창조하는 일을 하지 않으시면 우리에게는 아무 소망이 없다.

인생의 사소한 순간들이 심히 중요한 이유는 바로 그 순간들이 우리를, 우리 삶을 빚기 때문이다. 신앙생활을 대하 드라마처럼 생각한다면, 사소한 순간들의 중요성을, 그리고 그 순간에 우리와 마주치는 '작은 변화'의 은혜를 과소평가할 수 있다. 그 결과, 그 순간들에 노출되는 죄를 간과할 수 있다. 모든 작은 순간 우리에게는 은혜가 주어진다. 그러나 우리는 그 은혜를 받으려고 하지 않는다. 한 사람의 성품은 두세 번의 극적인 순간에 결정되는 것이 아니다. 수만 번의 사소한 순간들 속에서 결정된다. 그 사소한 순간들을 통해 형성되는 성품이 우리가 인생의 중대한 순간에 대응하는 방식을 결정한다.

그러면 무엇이 이 모든 성품의 변화를 가능하게 하는가? 바로 우리의 사소한 삶을 끈질기게 변화시키는 은혜다. 그러기에 우리는 매일 아침 잠깨어, 겸손하고 기대에 찬 마음으로, 눈을 크게 뜨고 일상의 작은 순간들을 살아내는 데 전념할 수 있다.

더 깊은 묵상과 격려를 위해 요한복음 1장 16절을 읽으라.

요한복음 1장 16절로 연결됩니다.

사명선언문

너희가 흠이 없고 순전하여……세상에서 그들 가운데 빛들로
나타내며 생명의 말씀을 밝혀 _ 빌 2:15-16

1. 생명을 담겠습니다
만드는 책에 주님 주신 생명을 담겠습니다.
그 책으로 복음을 선포하겠습니다.

2. 말씀을 밝히겠습니다
생명의 근본은 말씀입니다.
말씀을 밝혀 성도와 교회의 성장을 돕겠습니다.

3. 빛이 되겠습니다
시대와 영혼의 어두움을 밝혀 주님 앞으로 이끄는
빛이 되는 책을 만들겠습니다.

4. 순전히 행하겠습니다
책을 만들고 전하는 일과 경영하는 일에 부끄러움이 없는
정직함으로 행하겠습니다.

5. 끝까지 전파하겠습니다
모든 사람에게, 땅 끝까지, 주님 오시는 그날까지
복음을 전하는 사명을 다하겠습니다.

서점 안내

광화문점	서울시 종로구 새문안로 69 구세군회관 1층 02)737-2288 / 02)737-4623(F)
강남점	서울시 서초구 신반포로 177 반포쇼핑타운 3동 2층 02)595-1211 / 02)595-3549(F)
구로점	서울시 동작구 시흥대로 602, 3층 302호 02)858-8744 / 02)838-0653(F)
노원점	서울시 노원구 동일로 1366 삼봉빌딩 지하 1층 02)938-7979 / 02)3391-6169(F)
분당점	경기도 성남시 분당구 황새울로 315 대현빌딩 3층 031)707-5566 / 031)707-4999(F)
일산점	경기도 고양시 일산서구 중앙로 1391 레이크타운 지하 1층 031)916-8787 / 031)916-8788(F)
의정부점	경기도 의정부시 청사로47번길 12 성산타워 3층 031)845-0600 / 031)852-6930(F)
인터넷서점	www.lifebook.co.kr